U0636403

1919 年 5 月 4 日，北京的爱国学生在天安门前示威游行

五四运动中，北京学界游街大会被拘留的北京高师（今北京
师范大学）爱国学生于 5 月 7 日返校

中国共产党第一次全国代表大会会场

1921 年，中共一大在浙江嘉兴南湖继续会议时用的船

中国共产党第二次全国代表大会会址

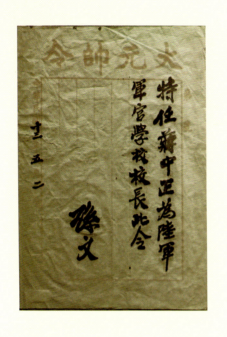

1924年5月2日，孙中山任命蒋介石为陆军军官学校（黄埔军校）校长的任令

孙中山手书"天下为公"

省港罢工纪念章和中华全国总工会省港罢工委员会职员证章

20世纪初，上海公大纺织工厂的女工

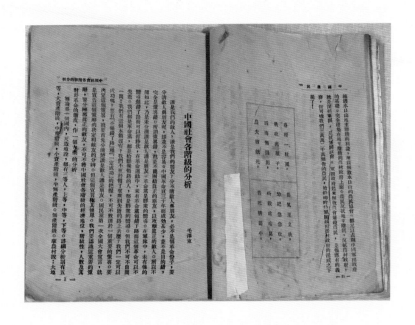

1925 年 12 月，毛泽东发表《中国社会各阶级的分析》

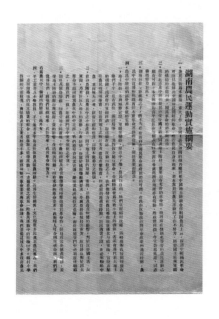

《湖南农民运动实施纲要》

1927 年 3 月，毛泽东发表
《湖南农民运动考察报告》

1927 年南昌起义旧址——江西大旅社

1927年12月1日，蒋介石与宋美龄在上海举行婚礼

中原大战爆发前夕，蒋介石在国军编遣会议上与冯玉祥（左）、阎锡山（右）的合影

中原大战后，准备撤回山西的阎锡山部队

古田会议会址

九一八事变中，日军轰炸东北军兵营

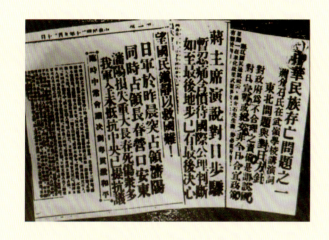

九一八事变后，报刊的相关报道

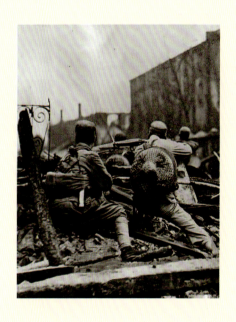

一·二八事变中，国民革命军第十九路军
奋勇抗敌

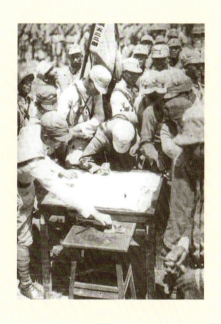

一·二八事变后，国民革命军第五
军官兵战前签名宣誓

塘沽谈判现场。1933年5月,国民政府地方当局与日本签订了丧权辱国的《塘沽协定》

遵义会议旧址。1935年1月,中共中央政治局在贵州遵义召开了扩大会议

红军长征中写的木板宣传标语

红军长征时用的脸盆

红军女战士翻越雪山时穿的防滑鞋

1936 年 10 月，长征胜利结束，红一、红二、红四方面军与红十五军团团以上干部合影

一二·九运动中，游行学生与军警搏斗

1937 年 7 月 7 日，卢沟桥事变爆发，日军炮轰宛平县城

1937 年 7 月 31 日，七君子在苏州监狱被释放前的合影。左起：王造时、史良、章乃器、沈钧儒、沙千里、李公朴、邹韬奋

淞沪会战中遭日军轰炸的上海南火车站，一名受伤幼童坐在废墟中哭泣

1937 年 12 月 12 日，日军攻击南京中华门

南京大屠杀期间，秦淮河旁堆积的中国平民遗体

武汉会战期间，中国军队向日军射击

1945年4月，中国共产党第七次全国代表大会在延安召开

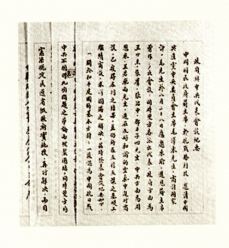

毛泽东在重庆谈判期间曾使用过的南方
局机要电台

《双十协定》的原本影印

青年学生正在进行抗日宣传

1945年9月9日，在南京举行的日本投降签字仪式上，日本中国派遣军参谋长小林浅三郎向中国陆军总司令何应钦递呈投降书

北平民众欢呼抗战胜利

1949年10月1日中华人民共和国成立，第一面五星红旗在天安门广场上升起

白寿彝
史学二十讲

轉折與新生

近代后编

|1919—1949|

白至德 编著

红旗出版社

图书在版编目（CIP）数据

转折与新生：近代后编：1919-1949 / 白至德编著．
—北京：红旗出版社,2017.7
（白寿彝史学二十讲）
ISBN 978-7-5051-4133-9

Ⅰ.①转…Ⅱ.①白…Ⅲ.①中国历史—1919-
1949—通俗读物Ⅳ.①K260.9

中国版本图书馆CIP数据核字(2017)第060263号

书　　名	转折与新生·近代后编（1919-1949）		
编　　著	白至德		
出 品 人	高海浩	责任编辑	赵智熙
总 监 制	李仁国	封面设计	王　鑫
出版发行	红旗出版社	地　　址	北京市沙滩北街2号
邮政编码	100727	编 辑 部	010-57274504
E-mail	hongqi1608@126.com		
发 行 部	010-57270296		
印　　刷	北京雁林吉兆印刷有限公司		
开　　本	787毫米×1092毫米　1/16		
字　　数	263千字	印张　19	
版　　次	2017年10月北京第1版　2017年10月北京第1次印刷		
ISBN 978-7-5051-4133-9		定价　45.00元	

欢迎品牌畅销图书项目合作 联系电话：010-57274627
凡购本书，如有缺页、倒页、脱页，本社发行部负责调换。

目　录

第十二讲 由国内战争向抗日战争的过渡

第十三讲 全国抗战的开始与三种不同性质的政权

第十四讲 抗战相持阶段及其形势的演变

第十五讲　太平洋战争的爆发及国统区、解放区的状况

第十六讲　抗日战争的反攻及最终的胜利

第二十讲　世界历史进程向中国提出问题

前　言

　　2011年是辛亥革命的100周年纪念。辛亥革命是一次伟大的革命运动。辛亥革命是近代中国比较完全意义上的资产阶级民主革命。它在政治上、思想上给中国人民带来了不可低估的解放作用。胡锦涛同志在纪念辛亥革命100周年大会上的讲话称：

　　100年前，以孙中山先生为代表的革命党人发动了震惊世界的辛亥革命，开启了中国前所未有的社会变革。今天，我们隆重纪念辛亥革命100周年，深切缅怀孙中山先生等辛亥革命先驱的历史功勋，就是要学习和弘扬他们为振兴中华而矢志不渝的崇高精神，激励海内外中华儿女为实现中华民族伟大复兴而共同奋斗。

　　《白寿彝史学二十讲》是一套科学普及中国史学知识的丛书，共11册。本书为丛书的第11册，即"近代后编（1919—1949）"，是本套丛书的最后一册了。我们为什么不继续写下去呢？因为白先生在1986年3月18日曾经讲过，"1977年，我在草拟《中国通史纲要》编写计划的时候，曾考虑把1919年至1949年的历史时期写进书里。后来，因为事实上的困难，没有这样办。八个多年头过去了，这个想法到现在才得以实现。有的同志还建议把1949年以后以至近几年历史也写进书里。我想，这倒不必，我们的通史写到1949年就算告为结束。1949年以后的历史，究竟怎样写，这要另作打算了。"如此看来，在1977年，就连"1919年至1949年的历史"也难编写出版，到了1986年，这段历史才写进书里，白先生的"这个想法到现在才得以实现"。

　　在"近代后编（1919—1949）"册中，最为突出的是让我们打开了

1919 年至 1949 年的中国历史，并也同时打开了几十年来习惯上称为"中国现代史"的学术新视野。为什么这样讲呢？白先生也曾讲过，"按照多年来的习惯，1919 年至 1949 年的历史应称作'中国现代史'，在写法上，是写中国共产党的历史。我认为，这个时期历史也属于中国近代史的范围。因为这个时期的社会性质仍然是半殖民地半封建社会，这个时期的革命性质，仍然是反帝反封建的民主革命。这个时期的革命因有了共产党领导，而是新民主主义革命，从而与前一时期的旧民主主义革命相区别。"

由于受现实政治的影响，在很长一段时间里，中国现代史被囿于中国革命史和中共党史的框架内。20 世纪 80 年代初，学术界鉴于中国现代史有被中国革命史、中共党史所取代的情况，提出了要建立科学的中国现代史体系的问题，并由此引发了一场热烈的学术争论。在争论中，大多数人达成了这样一种认识：即中国现代史"是中国通史的 1919 年至 1949 年部分"，它叙述的是在这一历史时期内的全国政治、经济、军事、外交、社会、文化思想等各方面的发展情况；中共领导的革命斗争，只是中国现代史极为重要的内容，而不是中国现代史的全部。这种认识，扩大了学人们研究中国现代史的视野，促进了中国现代史的整体研究。20 世纪 80 年代以来，全国各地相继出版了数十种具有通史意义的现代史著作，正是上述认识的产物。

综观现今所见的中国现代史著作，应该说学者们在构建中国现代史自身的体系上取得了较大的成就。但从整体上看，还存在着下列问题：一是在构筑中国现代史体系上，还摆脱不了中国革命史、中共党史的框框；二是在研究内容上，仍把占据中央统治地位的北洋军阀政府和南京国民政府放在可有可无的位置；三是在研究领域上，基本上仍停留在政治的层面。如何做到真正从通史的角度来构筑中国现代史的体系，这至今仍是学者们在不断探讨的问题。《中国通史》（白寿彝总主编）第 12 卷在这方面做了有益的探索。

在《白寿彝史学二十讲》的系列丛书"近代后编（1919—1949）"册中，同样也与前 10 册一样，只能讲 20 个专题，所以只能讲述白先生在这个历史时段中所涉及的一些史学研究的部分内容，当然在书中还要兼顾读者感兴趣的一些史学问题，这也就不可能对这个时段的研究做出较为全面、系统的论述了。在这册书中，我们力争突出科学性、普及性、趣味性，贴近大众，尽力让读者了解白寿彝的史学观点之精髓，并使广大的读者在学习中国史时有所帮助，也为不同层次的读者提供一些参考，从中获得更多的史学知识。我们相信，只要我们用心去触摸史学，就可以感悟到历史的真谛，努力做到彰往而知来。

《白寿彝史学二十讲》，因为是普及史学科学的读物，所以我们对于引用材料的来源都没有注明。虽然这些材料的来源没有注明，但是这些材料也都出自白寿彝先生生前审阅过、修改过，并在最后亲自定稿的内容。我们现在如此的做法也是延续了白先生的一贯所为，依旧如同《白寿彝史学二十讲》1—10册一样，全部文字之中都渗透着他老人家的笔墨与汗水。我们还应特别指出的是，书中采用了楷体字的，是白寿彝讲史学的文字部分；编者插入的辅助文字部分为宋体字，这主要是为了使读者更好地了解白寿彝所讲的史学内容，并使全书内容体例一致，方便读者的阅读。

《白寿彝史学二十讲》系列丛书的出版，应该感谢我的父亲白寿彝赋予我的力量与勇气，以及他的挚友、同仁、学子和弟子们的热情、广泛而又全面的支持和帮助。当然，还应该特别感激出版公司的领导和编辑们，因为他们为出版这套丛书付出了极大的努力和热忱，甚至不辞辛苦。我的小孙女白知灵，对于我的写作，亲力所助，在我的全程写作中显得越来越突出了。

如今，我们已经跨入了崭新的 21 世纪，中华民族奋进的步伐，越迈越大，越迈越快，这个崭新的 21 世纪是属于我们的。触摸史学，就可以感悟到历史的真谛。我们只有重视历史的功能和作用，通过加强历史教育，弘扬和培育民族精神，才能最终实现我们中华民族的伟大复兴。

白至德

2011 年 10 月 1 日　林萃书屋

近代后编（1919—1949）

《近代后编》是中国近代史的后编，论述1919年至1949年的中国历史。

1919年至1949年的中国历史，在经济形态和阶级关系上，同近代前编（1840—1919）的历史是一致的，仍然是半殖民地半封建社会的性质。中国革命的根本任务仍然是一致的，即推翻帝国主义和封建主义在中国的统治。所不同的是，自1919年五四运动以后，无产阶级力量壮大起来，马克思列宁主义传入了中国。中国共产党的诞生，使中国革命面目焕然一新。中国的民主革命在中国共产党的领导下取得了最后的胜利。

1919—1949年的中国历史属于近代后期。这是因为，在这个阶段里，中国社会的性质和近代前期相比没有变化，但是由于新的政治力量的成长，中国社会的发展又出现了新的前景。

从国际地位上看，中华民国的建立没有改变中国的屈辱地位，各种各样的不平等条约和帝国主义列强的侵略与干预，使中国更深地卷入了列强们操纵与控制的世界体系，成为它们共有的半殖民地，部分地区还一度沦为日本的占领地。从经济与政治结构看，中国近代工业有了初步发展，交通、通讯和近代文化教育事业开始兴起，但是军阀割据的封建统治依然存在，国家政权在频繁的更迭中没有得到民主化改造，封建军阀的统治和封建地主的剥削继续阻碍着经济和社会的进步。所以，反对帝国主义和封建主义，争取民族独立和人民解放，为实现整个国家和社会的现代化创造必要的政治前提，仍然是这个时期中国社会发展的主要任务。

中国近代工业的发展，引起了中国社会阶级关系和政治力量对比的重要变动。马克思主义的传播和中国化，为近代中国提供了新的可供选择的社会主义前途。中国共产党的成立和它所领导的人民革命力量的壮大，使中华民族在走向现代化的道路上出现了更加光明的前景。所要考察的，就是这 30 年里中国社会发展的主要趋势，以及每一个小的历史阶段和每一个大的历史事件后历史发展的主要方向，以便人们从宏观上把握近代中国历史揭示出来的主要规律。

中国现代史（按习惯称法，下同）是一门新建立的历史学科，1949年中华人民共和国成立以前，中国史学中没有这一门学科，高等学校历史系也没有这一门课程。1949 年以后，这门学科才得以建立，因此，在研究内容的深度和广度上都是不够的，并存在着若干空白，在学科体系上是不完备的，在史料的来源上是有空缺的（许多档案没有公布，公之于世的大量资料还未被利用）。这样，本卷的撰写在主观上和客观上局限是很大的。在中国现代史这门学科发展史上，是先有中国革命史、中共党史，后有现代史的。因此，不论在研究者的视野上、思路上，还是在科学体系上，后者都受前者的影响。近些年来，中国现代史研究者对此做了很大努力，大大扩展了现代史的内容，建立了中国现代史体系。《近代后编》所写的内容是按着中国现代史的要求确定的。适当地改变某些旧说，对中国近代后期历史作较为准确的论述，这是本卷编写中努力去做的。

《近代后编》的编撰是在几乎全无依傍的情况下编写的。在编写过程中，遇到了不少的问题，我们认为这是正常的。我们只有努力，尽先解决比较重要的问题，能解决多少写多少。历史上还有许多一时不能解决的问题，需要做长期的打算，不能着急，更不能草率从事。我们的任务是还要和同志们一齐继续努力研究下去。

第一讲　中国的近代史学

1. 中国史学的近代化

（1）史学近代化的特点

鸦片战争到辛亥革命前后救亡图强的爱国主义史学思潮，反映了旧民主主义革命时期的社会主要矛盾和时代要求，鼓舞人们反抗侵略、挽救危亡；20世纪初的新史学思潮对于封建史学进行了多方面的批判，从而为"五四"时期史学的近代化和马克思主义史学的建立准备了条件。

新文化运动和五四运动后，中国革命形势有了深刻的变化，旧民主主义革命转化为新民主主义革命，这在思想、文化领域里的反映是：政治思想的革命扩大到学术思想的革命，历史的批判深化到史学的批判，马克思主义的辩证唯物主义和历史唯物主义成为指导革命行动的指南针。

毛泽东说，五四运动是反帝国主义的运动，又是反封建的运动。五四运动的杰出的历史意义，在于它带着辛亥革命还不曾有的姿态，这就是彻底地不妥协地反帝国主义和彻底地不妥协地反封建主义。五四运动所以具有这种性质，是在当时中国的资本主义经济已有进一步的发展，当时中国的革命知识分子眼见俄、德、奥三大帝国主义国家已经瓦解，英、法两大帝国主义国家已经受伤，而俄国无产阶级已经建立了社会主义国家，德、奥（匈牙利）、意三国无产阶级在革命中，因而发生了中国民族解放的新希望。五四运动是在当时世界革命号召之下，是在俄国革命号召之下，是在列宁号召之下发生的。五四运动是当时无产阶级世界革命的一部分。在20世纪初年这样一个国内条件和国际环境中出现的新文化运动和五四运动，是中国近代史上划阶段的飞跃。这反映在史学发展上也是一个飞跃。彻底地反对帝国主义和封建主义是此后30多年间中国史学的最大特色和主流，也是中国史学近代化的最大特色和主流。在这以前，中国史学也有反帝国主义和封建主义的内容，但绝没有表现得这样鲜明和彻底。

在近代化过程中，史学界出现了引人注目的新情况，它一般表现为这样几点：

一是史学工作的主要内容变了。以前的史学工作是以帝王将相和其他方面历史上的大人物为主要的研究对象。现在注意力转移到所谓"文化史"方面，其中包括民族史、语言文字史、经济史、政治史、学术思想史、宗教史、文艺史、风俗史等，实际上就是要以社会的制度、社会生活及有关意识形态方面的历史为主要内容。这不只是在研究对象上大大恢廓了，更主要的是动摇以至撤除了帝王将相等历史人物在历史舞台上高踞一切的宝座，而代之以新的内容。

二是传统的某些历史观点受到了批判，研究中国遭受侵略的历史跟研究世界史、国际关系史得到一定的联系。历史传统的观点认为尧、舜、禹、汤以至神农、伏羲、黄帝，再远可以上推到盘古，都是客观存在的，而且他们的时代都是中国历史上的黄金时代。这些沿袭久远的传统观点经过批判后，相信的人很少了，而这些观点起源和演变本身的历史还受到了审查。以前，儒家的经书被尊为不可怀疑的圣典，现在不是那么尊贵了。原来所谓"今文尚书"，也被认为其中有不可轻易置信的东西，原来作为"五经"之一的《诗经》，被认为有不少是男女美慕的篇章，经书的灵光失掉了它的光辉。中国遭受侵略历史的研究，不再是就事论事，而是被放在世界史、国际关系史中去考察，这也就比过去前进多了。

三是在史料方面，利用了古老的文化遗存，利用了出土的文献，还利用了佛教、道教的典籍和档案材料，利用了域外的材料和语言学的材料。其成绩好的，可以改变某一历史时期或某些历史重大问题的研究面貌。"五四"以后，在史料考证上的成绩，继承了乾嘉考据学的传统，而又大大发展了这个传统，是远非乾嘉考据学所能比的。我们可以称之为新考据学。

四是用新的有系统的形式写的中外交通史、各种专门史和有系统的长篇论文相继出现。专门性的历史刊物也相继出现。这都是以前所没有的。

像这样的情况，都是"五四"以前根本没有的，或很少有的。现在它们的存在是相当普遍了。它们存在于马克思主义历史学者之间，也存在于资产阶级历史学者之间。

（2）马克思主义史学对史学近代化过程的影响

在史学近代化的过程中，马克思主义历史学者发挥了主力军的作用，也只有他们是彻底地不妥协地反帝国主义和彻底地不妥协地反封建主义的主要力量。毛泽东在1940年说，由于中国政治生力军即中国无产阶级和中国共产党登上了中国的政治舞台，这个文化生力军，就以新的装束和新的武器，联合一切可能的同盟军，摆开了自己的阵势，向着帝国主义文化和封建文化展开了英勇的进攻。这支生力军在社会科学领域和文学艺术领域中，不论在哲学方面，在经济学方面，在政治学方面，在军事学方面，在历史学方面，在文学方面，在艺术方面（又不论是戏剧，是电影，是音乐，是雕刻，是绘画），都有了极大的发展。20年来，这个文化新军的锋芒所向，从思想到形式（文字等），无不起了极大的革命。其声势之浩大，威力之猛烈，简直是所向无敌的。其动员之广大，超过中国任何历史时代。我们细细思索毛泽东的这段话，可以认识到"五四"以后，马克思主义史学在中国的发展之重大的历史意义。

"五四"以后的史学，无论在对历史发展过程的全面理解上，在问题探索的深度上，在观察问题的角度上，马克思主义史学家的成就都不是别人可比的。特别是在揭示历史规律、指出历史前途的问题上更是这样。但在具体史料的考订上，具体问题的认识上，资产阶级的历史学者及其他不接触不理解马克思主义的历史学者也有他们的成就，这是应受到尊重以至应有所继承的。在史学近代化过程中，有主流，有旁流，还有逆流，而逆流甚至有很大的影响，在后来也还继续有影响，这是应该注意的。马克思主义史学的发展并不是一帆风顺的，是在斗争中成长的。

因为关于马克思主义史学在中国的发展的情况在本书有关章节中作了论述，这里只论说另外的史学流派，其中三个历史家——梁启超、胡适和顾颉刚在理论上有较大的影响，另外三个历史家——王国维、陈寅恪和陈垣在新考据学上有比较显著的成就。

2. "五四"后的梁启超史学

（1）梁启超史学思想的变化

20 世纪初年梁启超对封建史学展开猛烈的批判，张起资产阶级"新史学"的旗帜，提倡史学革命，认为史界革命是救国的头等大事。新史学理论的一个重要论点，是认为历史在不断进步，历史进化过程中有"公理公例"，因此史学要研究"公理公例"。随着历史的进一步发展，世界无产阶级革命风暴震撼西方，中国无产阶级壮大成长，梁启超在世界大动荡中，拾取西方的学术思想，他的史学思想发生了变化。他的多变而杂驳的史学思想从一个侧面反映了这个时代社会的变动。

20 世纪初年，梁启超从日本到欧洲，看到世界无产阶级革命高涨。他感到很恐惧，在《欧游心影录》中说："现在社会人心都陷入怀疑畏惧之中，好像失了罗针的海船，遇着风，遇着雾，不知前途怎生是好。"他的心情如他自己所说，是"无限凄惶失望"。他看到贫富两个阶级战争渐渐到了不能不发生的时代，梁启超在这样动荡的年代里，感受是"不寒而栗"。"五四"前后，中国的共产主义知识分子广泛传播马克思主义，梁启超认为思想界发生了巨大变化，"马克思差不多要和孔子争席"。

梁启超在"五四"后写的《清代学术概论》（1920 年）、《中国近三百年学术史》（1923—1925 年）、《什么是文化》（1922 年）、《治国学的两条大路》（1922 年），以及 1922 年到 1927 年间在天津南开大学所作讲演等，后来辑成《中国历史研究法》和《中国历史研究法补编》，是梁启超在"五四"后的主要的史学著作，在中国近代史学史上占有重要的地位，较为集中地表达了梁启超的史学思想，也反映出他的史学思想发生的变化。

梁启超在《中国历史研究法》中抛开历史发展有公理公例的思想，集中论说历史联系的因果关系，说："史者何？记述人类社会赓续活动之体相，校其总成绩，求得其因果关系，以为现代一般人活动之资鉴者也。"他进而又把这种因果关系视为与佛教因缘果报有相同的意思，说："果因之义，晰言之，当云因缘果报，一史迹之因缘果报，恒复杂幻变至不可思议，非深察而密勘之，则推论鲜有不谬误者。"再往后倒退一步，梁启超连历史有"因果"关系也否定了。他认为历史是文化现象的"复写品"，自然科学中有因果关系，然而把自然科学所用的工具扯来装门面，不但是不必要的，而且也不可能。他忏悔自己谈历史因果律，是"病根"，是"矛盾不彻底的见解"，说"历史现象只是'一趟过'。自古及今，从没有同铸一型的史迹"。他用历史现象的一度性否定历史的必然性，以历史事件的个别性来否定个性中有共性，历史因此成了一笔糊涂账。因此，学习历史、认识历史前途是不可能的，历史的趋向在他看来，"不惟旁人猜不着，乃至连他自己今天也猜不着明天怎么样，这一秒钟也猜不着后一秒钟怎么样，他是绝对不受任何因果律之束缚限制"。

梁启超否认历史变化是不断进步的，他过去批判过的历史循环论，现在又重新加以肯定，梁启超说他过去信奉的是进化主义，很不喜欢孟子说的话："天下之生久矣，一治一乱。"并且写过文章批驳这种治乱循环的观点；但近来不敢坚持了，说："我们平心一看，几千年中国历史，是不是一治一乱的在那里循环？何止中国，全世界只怕也是如此。"梁启超把整个历史都看成是"一治一乱循环"的变化，不存在今胜于昔的可能。历史前途悲观的观点反映梁启超对历史变动的迷茫。

关于历史变化的另一个重要问题，究竟是英雄造时势呢，还是时势造英雄呢？梁启超认为历史是少数伟大人物活动的产物。英雄、豪杰是"历史的人格者"中的"首出的人格者"，而群众作为集团是"群众的人格者"。英雄的"首出的人格者"不能离开"群众的人格者"创造历史，但归根结底是英雄的作用，而且在他看来，"历史即英雄"的观念在古代表现得尤其明显。这种"历史人格"论的实质是"心力"造史的理论，是"人类心力发展之功能"在历史变化中起着主要的作用的。因此，研究历史是要揭示这其中的"秘密"，"史家最要之职务，在觑出此社会心理之实体，观其若何而蕴积，若何而发动，若何而变化，而更精察夫个人心理之所以作成之、表出之者，其道何由能致力于此，则史的因果之秘密藏，可以略觑矣。"

梁启超否认中国有阶级存在的事实，认为全部西洋史，一言以蔽之，可以说是"阶级斗争史"，西方资本主义国家有种种的阶级分野；而中国没有这种阶级的分野。但是"五四"前后的历史是严酷的，梁启超在无法解释历史和现实时，采用新的办法来否认中国历史有阶级斗争的事实。

他或者将阶级与等级、种族混为一谈；或者把阶级说成是时而出现、时而消失，而毫无规律；或者编造所谓"有枪阶级"与"无枪阶级"的理论。梁启超从根本上反对马克思主义的阶级斗争的学说。

关于地理环境在历史发展中的作用，梁启超认为地理环境影响学术风气的形成等，影响民族性格，还有合理的因素，但进而断定民族性格遗传构成民族历史的原动力，则是错误的。

梁启超自称："保守性与进取性常交战于胸中，随感情而发，所以往往自相矛盾。尝自言曰，不惜以今日之我，难昔日之我。"他自述写《中国历史研究法》时，研究因果关系，为这个问题，"着实恼乱我的头脑。我对于史的因果很怀疑，我又不敢拨弃他"。这可见梁启超对于自己史学主张，包括很重要的主张，并不一定是认真对待的，所以后来不惜一改再改。

梁启超称自己"可谓新思想界之陈涉"；又说自己在学术上是"务广而荒"；"'学问欲'极炽，其所嗜之种类亦繁杂"，这真是"有自知之明"的按语。他的史学思想是复杂的，变化也大。

1923 年，中国发生的"科学与玄学"之争，也称为科学与人生观的论战。这实际上是资产阶级哲学思潮中不同的派别的斗争。无论是"科学派"的丁文江、胡适、吴稚辉，还是"玄学派"的张君劢、梁启超都反对马克思主义，在社会史观上反对唯物史观。中国共产主义知识分子陈独秀、瞿秋白对他们反对马克思主义的言论给以批判，促进了马克思主义的传播和发展。瞿秋白在《现代文明的问题与社会主义》中说："从根本否认社会现象之有规律起，到相对的承认社会现象之目的论的规律性为止，都是现代学者反对社会主义之策略。"他在《自由世界与必然世界》中以马克思的唯物史观的原理对他们错误的历史观点，作了系统的批驳。瞿秋白指出，求社会现象的规律，不能以个人动机或群众动机作为社会现象的唯一因素，社会发展的最后动力是经济。社会现象确是有因果律、公律可寻，这种因果律不是随意的，而是一种客观的"必然"。知道因果律的"必然"，才能获得应用规律的"自由"。历史的"必然论"，而不是"宿命论"。人们根据因果律的"必然"，推测"将来之现实"，就是"现时之理想"。"人要克服社会的自生自灭性，必须知道社会律。"我们能应用这种社会律，达到共产社会。伟大的人物是历史发展的一因素，也是历史发展的一结果。这些科学的阐发是对当时形形色色唯心史观的深刻批判。

（2）对清代学术的总结

《清代学术概论》和《中国近三百年学术史》是梁启超在"五四"后清代学术史研究的代表作品。《清代学术概论》本来是为一本叫作《欧洲文艺复兴史》的书所写的序言。他说："本书属稿之始，本为他书作序，非独立著一书也。"（第二自序）脱稿后独立构成书。《中国近三百年学术史》原来是梁启超在清华大学、南开大学编写的讲义。这本书概称三百年学术，是因为"晚明的二十多年，已经开清学的先河，民国十年来，也可算清学的结束和蜕化"。这本书也可以说是17、18、19三个世纪的中国学术史。《清代学术概论》的范围和这本书差不多，但材料和组织不同。两本书互为补充。

《清代学术概论》按照梁启超的说法，以清前半期的"考证学"与后半期的"今文学"为两大主要潮流来概述清代学术的演变与成果。《中国近三百年学术史》论述300年清学的渊源流变及政治影响，对清人整理旧学的成就分门别类加以综述、评价。

梁启超总结清学，对学术发展前途寄予期望，希望中国的学术也能如欧洲资产阶级文化的文艺复兴那样得到新生。

这两部书以学术史的形式总结清学。梁启超吸收中国古代学术史总结的好传统，认为作学术史有四个必要条件：第一，叙一个时代学术，须把那时代重要各学派全数网罗，不可以爱憎为去取；第二，叙某家学说，须将特点提掇出来，令读者有很清晰的观念；第三，要忠实传写各家真相，勿以主观上下其手；第四，要把各人的时代和他一生经历作大概的叙述，看出那人的全人格。梁启超称赞黄宗羲的《明儒学案》，因为这部书具备这四个条件。梁氏也是按照这四个方面去概括、叙述300年清学成就的。但应当重视的是他从学术流变与影响上、从学术思潮上把握学术的发展，做到"知人论世"；注意把学术成果总结和学者的人格精神、治学特点结合起来研究。对300年学术变化，了如指掌；学脉分析，成果评品，如数家珍，在中国近代学术著作中，是两部很有影响的作品。

梁启超对清学总结，体现对当代史研究的重视。他说："史事总是时代越近越重要，考证古史，虽不失为学问之一种，但以史学自任的人，对于和自己时代最接近的史事，资料较多，询访质正亦较便，不以其时做成几部宏博翔实的书以贻后人，致使后人对于这个时代的史迹永远在迷离徜详中，又不知要费多少无谓之考，才能得其真相，那算史家对不起人了。"他指出研究和自己时代最接近的史事，是史家义不容辞的责任。

对清代的乾嘉考据学，梁启超从两个方面给以肯定的评价，一是在文献整理与编修上的业绩，在校注古籍、辨伪书、辑佚书、旧史补作、改作与史表的补修、前史的考订以及经学、小学、音韵学、金石学、目录学、校勘学、曲乐学、历算学等科学和方志学、地理学、谱牒学上取得的成果，其中以经学为中坚。二是乾嘉学者的研究精神和方法。他说："至于他们的研究精神和方法，确有一部分可以做我们模范的，我们不可看轻他们，他们所做过的工作，也确有一部分把我们所应该做的已经做去，或者替我们开出许多门路来，我们不能不感谢。"梁启超称赞乾嘉考据学有"实事求是"精神，其归纳的方法有科学精神。

乾嘉考证的学风可归结为：一、凡立一义，必凭证据；二、选择证据，以古为尚；三、孤证不为定说；四、隐匿证据或曲解证据，皆认为不道德；五、罗列同类事项，作比较研究；六、采用旧说，必说明出处；七、所见不同，则相辨诘；八、辨诘以本问题为范围，词旨务笃实温厚；九、喜欢专治一业，为"窄而深"的研究；十、文体贵朴实简洁，最忌"言有枝叶"。这也就是梁启超论考证学的实事求是之意和科学精神的方方面面。

清代考据学的缺点，梁启超认为，第一是脱离现实的静止地观察问题的方法。他说："吾侪可以看出乾嘉学派的缺点，彼辈最喜研究僵死的学问，不喜研究活变的学问。"在这方面，他们有罪。第二，研究内容琐屑无用，清初治学，一反明人空疏之学，但又专门从书本上钻研考索，因此很多工作是浪费气力。第三，研究范围狭小，十分之九的精力是在考证古典上，但这只是人文科学中的一小部分。

梁启超研究清学300年史，提倡学术应该创新，这种创新包括两个方面，一是对于旧学派"非持绝对严正的攻击态度，不足以摧故锋而张新军"。二是虽然启蒙时代学者，其造诣不必极精深，"但常规定研究之范围，创革研究之方法，而以新锐之精神贯注之"。顾炎武成为一代的开派的宗师，一是"贵创"，不是蹈袭古人、摹仿古人、依傍他人。二是"博证"，乾嘉治学的优点是由顾炎武开其端绪。三是致用，"务使学问与社会关系增加密度"。这几点构成梁启超学术创新的内容。

300年的清学发展到梁启超写的时候，已经非更革不可。梁启超说："总而论之，清末三四十年间，清代特产之考证学，虽依然有相当的部分进步，而学界活力之中枢，已经转移到'外来思想之吸收'，一时元气虽极旺盛，然而有两种大毛病：一是混乱，二是肤浅，直到现在，还是一样。这种状态，或者为初解放时代所不能免，以后能否脱离这状态而有新建设，要看现时代新青年的努力如何了。"梁启超对清学总结，看清学变革的必要性，看出20世纪前半期学术上中西文化交汇的情形，考证之学存在的问题的症结，一是"混杂"，二是"肤浅"。

（3）历史研究法

《中国历史研究法》和《中国历史研究法补编》是梁启超的两本关于历史研究方法论的作品，在中国近代史学发展史上产生较为深远的影响。1923年10月他写了《研究文化史的几个重要问题》的文章，对《中国历史研究法》中的几个重要观点，又作了修正。梁启超在"五四"后，史学思想在反复变化中向后倒退，在这些作品中明显地反映出来。

关于历史统计、文献的辨伪等，梁启超也写有专门的作品。

《中国历史研究法》共有六章，就是"史之意义及其范围""过去之中国史学界""史之改造""说史料""史料之搜集与鉴别""史迹之论次"。这六章论述史学方法的一些理论问题，具体介绍史料搜集、鉴别等方法，和对史书编纂的见解。《中国历史研究法补编》由"绪论""总论"和五个"分论"组成。这本书除了对"史的目的"和"史家的四长"作了叙述外，以大量的篇幅介绍各种专史的研究方法。

《中国历史研究法》开篇对"史"作了定义："史者何？记述人类社会赓续活动之体相，校其总成绩，求得其因果关系，以为现代一般人活动之资鉴者也。"但在《研究文化史的几个重要问题》中，连历史有因果的关系也否定了，历史联系只有"互缘"，没有"因果"。这些我们在第一节中已作了分析。

研究中国历史的主要目的，梁启超归纳为四点，第一，说明中国民族成立发展之迹而推求其所以能保存盛大之故，且察其有无衰败之征。第二，说明历史上曾活动于中国境内者几何族，我族与他族调和冲突之迹何如，其所产结果何如。第三，说明中国民族所产文化以何为基本；其与世界他部分文化相互之影响何如。第四，说明中国民族在人类全体上之位置及其特性，与其将来对于人类所应负之责。这四点，强调中国历史研究的出发点是认识探索中华民族的由来、组成、发展的趋向和中华民族在世界各民族中的联系和地位。他表达出民族自强的愿望。

梁启超从史书体裁、史学思想、史著繁富及史学根底几个方面对中国古代史学发展历史作了小结，提出改造史的主张。史家写史不应该只是供帝王臣僚读。旧史白今"贵族性"，"助成国民性之畸形发展"。写史应当是"养成人类"的"种性"，即发扬民族精神；要"以生人为本位的历史代死人本位的历史，实史界改造一要义也"。在著史的出发点、史著的内容、范围、史书编纂方法、观察历史的思维特征等方面，新史和旧史不同，梁启超希望有史学兴味的学者联合起来，写出一部"理想的新史"。

《中国历史研究法》将史料分成两类，第一类"在文字记录以外"的，包括现存之实迹，传述之口碑，遗下之古物。具体地说是：保存完好的实迹及口碑，部分保存下来的实迹及口碑，已经湮没的史迹又突然发现的，珍贵的文物宝藏或再度出现的，以及实物的模型和图影。第二类是"文字记录的史料"，包括：旧史、与史迹有关的文献（如档案文件、函牍、行状、家传、墓文等），史部以外的群籍（如经、子、集部作品，乃至寻常百姓家中的有关文字记录），古佚书和重新发现的已散失的文件，金石文献和外国文献。

史料在搜集后要鉴别。鉴别是求真和正误、辨伪几个方面的结合。而辨伪又有辨伪书和辨伪事两个内容。伪有全部伪或部分伪。作者之伪的情况又有不同情形。从鉴别史料到史书编写，《中国历史研究法补编》中分析为几个方面：

甲、求得真事实。梁启超在这里把鉴别求真概括为钩沉法，即重新寻出沉没了的实事；正误法，改正前人记错的事实，对以前忽视的材料，如诗歌等，给予新的注意。另外有搜集排比法、联络法等。

乙、予以新意义。这是对历史事实本身的意义重新发现。

丙、予以新价值。

丁、供吾人活动之资鉴。

梁启超说的这些，概括起来是两个方面，即搜集考证与研究得出独到的认识。

梁启超将史著分成专门史和普遍史两类。普遍史与专门史分为两途，而又相互联系。专门史研究成熟，作普遍史较为容易。普遍史不是专门史的"丛集而成"，作普遍史尤其要具有通识。

专史有五类，一、人的专史，包括列传、年谱、专传、合传、人表。二、事的专史。三、文物的专史，包括政治专史、经济专史、文化专史、文物专史。四、地方的专史。五、断代的专史。

梁启超在《中国历史研究法补编》中提出建立史学史学科的设想。他说："史学，若严格的分类，应是社会科学的一种。但在中国，史学的发达比其他学问更利害，有如附庸蔚为大国，很有独立做史的资格。""中国史书既然这么多，几千年的成绩，应该有专史去叙述他。"他设想中的中国史学至少有四部分：一、史官，二、史家，三、史学的成立及发展，四、最近的史学趋势。中国的史学源远流长，史学以一种专门学问自成一家应当始于孔子作《春秋》。"中国史学的成立与发展，最有关系的有三个人：一、刘知幾；二、郑樵；三、章学诚。"梁启超关于中国史学史学科的见解，对史学史学科的建立产生了重要的影响。

梁启超在提出历史研究法的同时指出史家应有"四长"。一、史德，即史家要端正心术。有完美史德的史家要铲除著史中的毛病。这些缺失包括：（1）夸大；（2）附会；（3）武断。二、史学，长于史学者贵专精不贵杂博。三、史识。史识讲历史家的观察力，要养成正确精密的观察力，应当注意不为因袭传统的思想所蔽，也不为自己成见所蔽。四、史才。史才专讲史家的文章技术。这种技术有两部分，一为作品的结构，即组织，这实际上是史书编纂方面的事；二为文采，这实际上是历史文学方面的事。梁启超认为文采有两条最重要的要求，即史文要简洁和飞动。培养史才的途径是多读、多作、多改。

梁启超的史家"四长"说，发挥了刘知幾的史家"三长"论和章学诚的史德论，对史家加强自身的修养有一定的意义。

在讲历史研究方法时，要强调史学理论、史学思想、史学见解。梁启超认为几千年中国史学发展过程中研究史家的义法，而能领会史学精神、心知其意者只有刘知幾、郑樵、章学诚三人。章学诚生在清乾嘉时代，而乾嘉的考证之学者没有同样见地，"以致有清一代史学仅以摭拾丛残自足"。史学和别的学问一样，要有理论，"先有经验，才可发现原则；有了原则，学问越加进步"。史家要重视理论总结，有了理论认识，又可促使史学向前发展。认识到这一真谛，可是他没有获得对历史正确的理论认识，他关于史学的理论有值得肯定的东西，由于没有进步的历史观，又受到西方不同史学思想的影响而不能有抉择，所以在总体上说，他的史学上的理论变幻不定，难以构成系统。

《中国历史研究法补编》对《中国历史研究法》作了检讨，其中值得重视的意见中，有一条是提倡大规模作史，反对把历史研究法当作琐屑的考订方法，他说："我从前著《中国历史研究法》，不免看重了史料的搜集和别择，以致有许多人跟着往捷径上去，我很忏悔，现在讲《中国历史研究法》，特别注重大规模的做史，就是想挽救已弊的风气之意。"他又说："不过这种大规模做史的工作很难，因为尽管史料现存而且正确，要拉拢组织，并不容易。一般作小的考证和钩沉、辑佚、考古，就是避难趋易，想侥幸成名，我认为是病的形态。真想治中国史，应该大刀阔斧，跟着从前大史家的做法，用心做出大部的整个历史来，才可使中国史学有光明、发展的希望。"

梁启超关于中国通史和中国文化史的设想和他的大规模作史的主张相通。谈梁启超历史研究法，而不注意梁氏关于大规模作史的思想，是很不全面的。关于中国文化史，他写出了《社会组织篇》。关于中国通史，他有《太古及三代载记》《纪夏殷王业》《春秋载记》《战国载记》。这些作品，都表现了他写史的才华。

3. 胡适的学术研究方法论和顾颉刚的"古史辨"

（1）胡适的实用主义

胡适的哲学观点和历史观点是实用主义，他鼓吹的学术研究方法也明显地反映出实用主义的特征，这种实用主义的方法论在中国近代史学史上产生相当大的影响。

1915 年胡适在美国哥伦比亚大学研究院师从实验主义的代表人物杜威，接受实用主义的观点，并宣扬这种学术思想。他写了一篇《实验主义》的文章，全文长达三万字。所谓"实验主义"即"实用主义"的别译。这篇文章的中心论点是说："实验主义绝不承认我们所谓'真理'就是永远不变的天理，他只承认一切'真理'都是应用的假设，假设的真不真，全靠他能不能发生所应该发生的效果。"他认为 19 世纪以来的科学家们渐渐地知道了"科学上许多发明都是运用假设的效果，因此他们渐渐地觉悟，知道现在所有的科学体例不过是一些最适用的假设，不过是现在公认为解释自然现象最方便的假设"。他还举例来说：

"譬如行星的运行，古人天天看见日出于东，落于西，并不觉得什么可怪。后来有人问日落之后到什么地方去了呢？有人说日并不落下，日挂在天上，跟着天旋转，转到西方又转向北方，离开远了，我们看不见它。便说日落了，其实不曾落，这是第一种假设的解释。后来有人说地不是平坦的，日月都从地下绕出；更进一步，说地是宇宙的中心，日月星辰都绕地行动；再进一步，说日月绕地成圆圈的轨道，一切星辰也依着圆圈运行。这是第二种假设的解释，在当时都推为科学的律例。后来天文学格外进步了，于是哥白尼出来说日球是中心，地球和别种行星都绕日而行，并不是日月星辰绕地而行。这是第三个假设的解释。后来的科学家，如开普勒、如牛顿，把哥白尼的假设说得格外周密。自此以后，人都觉得这种假设把行星的运行说得最圆满，没有别种假设比得上它，因此它便成了科学的律例了。即此一条律例看来，便可见这种律例原不过是人造的假设用来解释事物现象的，解释的满意，就是真的，解释的不满人意，便不是真的，便该寻别种假设来代它了。"

科学上的假设，是根据客观世界的有关现象归结出来的。假设，要经过实验或实践去检证它在多大范围和多大程度上具有真理性，从而确定它是否是科学的规律。如果经受不起验证，这个假设就不能成立。人们对于客观世界的认识有一个不断发展的过程，因而后人对于前人科学理论也有一个不断发展的过程。"任何过程，不是属于自然界的和属于社会的，由于内部的矛盾和斗争，都是向前推移向前发展的，人们的认识运动也应跟着推移和发展。"胡适认为科学的假设是人们提出的科学的律例。是为了应付环境的需要，而客观的真理并不存在。他还有一句很露骨的话，说客观现实世界是一个任人摆布的女孩子，"百依百顺地由我们替她涂抹起来，装扮起来"。很显然，他这种观点，是主观唯心主义的。只注意他所举的一些例子，好像很有道理，实际上恰好说明科学认识是一个不断深化的过程，这些例子并不能支持他的论点。

（2）实用主义的学术研究方法论

胡适说他治中国思想和中国历史的著作，都是围绕"方法"这一观念打转的。"方法"主宰了他40年来所有的著述，而"这一点实在得益于杜威的影响"。他研究诸子、考证《红楼梦》、写《中国哲学史大纲》、研讨《水浒传》《醒世姻缘》、校勘《水经注》，都是显示他的研究方法，都可说是方法论的文章。

胡适的学术方法论，最根本的是所谓"十字真言"，即"大胆的假设，小心的求证"。他又说"有几分证据，说几分话，有五分证据，只可说五分的话。有十分证据，才可说十分的话"。他这些话的核心，在于"大胆"，在于"小心求证"。所谓"证据"是在"大胆"的前提下找出来的，"小心"地"求"出来的。这个前提很难不是主观的。这是实用主义在史学方面的应用。他不是要研究历史真相和历史发展的规律，而是把史学作为自己应付环境的工具，按照自己的需要对历史进行任意的解释。正是他熟练地运用了这个工具，因而得以荒谬地宣扬他的民族虚无主义，说中国在历史上并无可爱之处，五千年来无时能够自立，近百年来就越来越不成了。

胡适的学术方法论的根本是实用主义的，其中又夹杂其他的西方学术思想，其中有一个因素，是进化的观念。这样就构成了所谓的"历史演进的方法"。他说："我曾用进化的方法去思想，而这种有进化性思想的习惯，就做了我此后在思想史及文学工作上的成功之钥。"用变化、演进的观点看待历史现象，并进而探讨其中的原因。但历史有渐进，也有突变，有演进、变化，也有质的或部分质的变化，社会变化有性质的变化，这是"历史演进方法"包含不了的。胡适的"历史演进法"主要是文献前后版本比勘的方法，更重要的是，在"大胆的假设，小心的求证"的前提下，"历史演进"的进程也是事先"假设"，然后"小心求证"，这和历史实际的进步不是一回事。因此，胡适"研究"的一些结论也是荒唐的，如说王莽是社会主义者，等等。

胡适把中国传统的治史方法，用近代的逻辑方法作了概括，然后纳入到他的治史方法论的总体系中。胡适注意到先秦诸子、汉学、宋学，一直到近代章太炎的历代学者的治学方法。1916年，胡适用《大英百科全书》第11版的文献考证（Textual Criticism）的观点来"统摄"王念孙父子、段玉裁、孙诒让和诸家的训诂术，总结出例证之法。在《中国哲学史大纲》上册的"导论"中概括出史料审定的方法和整理史料的方法。说做一部中国哲学史必须用的方法是，第一步搜集史料，第二步审定史料的真假，第三步须把一切不可信的史料全行删除不用，第四步须把可靠的史料仔细整理一番：先把本子校勘定好，次把字句解释明白，最后又把各家的书贯串领会，使一家一家的学说，都成为有条理有系统的哲学。

在审定史料和整理史料中，胡适提出辨别文献真伪、校勘，训诂及贯通等具体事项。

胡适又介绍了西方的学术方法论的著作，如 Windelband、C. V. Langlois 和 Ch. Seignobos 的有关著作。在胡适的支持下，何炳松讲授并先后译、著出有关历史研究方法方面的作品。

历史研究有一定的方法，把中国历代学者治史方法加以条理化是有意义的事，评介评述西方学术方法论的著作，对于中国学者了解世界学术，并促进自己学术工作，也是有价值的。我们注意方法在研究中有意义的同时，要看到历史观点起支配性的作用，各种方法都受一定的历史观点支配。如果历史观点错误，方法的使用并不能从根本上纠正对历史的错误见解，特别是关于历史过程上的见解。避开对历史根本问题的回答，单纯讲方法论是不行的。胡适一生提倡鼓吹方法论，在中国近代学术史上有较大的影响，但由于实用主义历史观和哲学观点的支配，也就不可能获得对历史过程的科学认识。历史研究方法成为验证先验观点的手段。

胡适，安徽绩溪人，1891 年 12 月出生。1910 年赴美留学，其先在美国康奈尔大学农科学习，不久转文科。1915 年，入哥伦比亚大学研究院，从杜威学哲学。1917 年 6 月回国，"五四"前后鼓吹文学革命。1918 年，发表《多研究些问题，少谈些主义》。以后又提出"整理国故"的口号，提出改良主义的政治主张。1962 年去世。

胡适的历史观点和哲学观点的影响相当广泛。在"五四"新文化运动中，他的工作对推动思想解放运动是有意义的；但他传播实验主义、反对马克思主义，在中西文化观上提出"全盘西化"论是错误的。其代表作有《中国哲学史大纲》上卷、《胡适文存》三卷和《胡适论学近著》。

（3）顾颉刚的"古史辨"

顾颉刚（1893—1980 年），江苏苏州人。1913 年，进入北京大学预科。1916 年夏，考入北大本科，入哲学门。在当时学术新思潮的影响下，顾颉刚原先接受的传统史学中的疑古辨伪思想得到了发展。"五四"新文化运动爆发，这些对他的思想以深刻的影响。他回忆说，五四运动以后，西洋的科学的治史方法和新史观的输入，"过去人认为历史是退步的，愈古的愈好，愈到后世愈不行；到了新史观输入以后，人们才知道历史是进化的，后世的文明远过于古代，这整个改变了国人对于历史的观念"。顾颉刚的"古史辨"活动就是在这样基础上发展起来的。

顾颉刚"古史辨"活动受到胡适的影响，他辨古史的方法与胡适的"历史演进法"有密切的联系。他把《诗》《书》和《论语》的上古观念整理一下，比较一下"忽然发见了一个大疑窦——尧、舜、禹的地位问题"。禹是西周时就有的，尧、舜是到春秋末年的文献中才有记载。"越是起得后，越是排在前面。等到有了伏羲、神农之后，尧、舜又成了晚辈，更不必说禹了。我就建立了一个假设：古史是层累地造成的，发生的次序和排列的系统恰是一个反背。"

"古史层累地造成的"观点，主要有以下几个方面的内容：（一）在古史记载中，"时代愈后，传说的古史期愈长"。周代人心目中最古的人是禹，到孔子时有尧、舜，到战国时有黄帝、神农，到秦有三皇，到汉以后有盘古。（二）"时代愈后，传说中的中心人物愈放愈大。"如舜，在孔子时只是一个"无为而治的圣君"，到《尧典》就成了一个"家齐而后国治"的圣人，到孟子时就成了一个孝子的模范了。（三）我们"不能知道某一件事的真确的状况，但可以知道某一件事在传说中的最早的状况。我们即使不能知道东周时的东周史，也至少能知道战国时的东周史；我们即使不能知道夏商时的夏商史，也至少能知道东周时的夏商史"。

他按照这个观点，认为必须打破古史"人化"的观点。古人对于神和人，原没有界限，所谓历史差不多完全是神话。自春秋末期以后，诸子奋起，把神话中的古神都"人化"了。对于这些后出的附会，要一一地剥离下来。他认为，还要打破把古代看作黄金世界的观念。古代的神话中人物"人化"之极，把古代说成了黄金世界。其实关于古代的一些观念是春秋以前的人所没有的。所谓"王"，只有贵的意思，并无善的意思。从战国起，政治家要依托古王去压服今王，极力把"王功"与"圣道"合在一起，于是大家看古王的道德功业真是高到极顶、好到极处。要懂得五帝、三王的黄金世界，原来是战国后的学者造出来给当代君王看的。

顾颉刚对古史的这种基本观点，很接近胡适对于科学律例的说法。关于古史的传说是后人编造的，而且是不断地扩大编造，古史记载不可信。顾颉刚的观点受到胡适的影响，是显著的。但顾颉刚是要通过对传说的怀疑和剖析，去探索古史的真相，这跟胡适否认真理的存在是有差别的。

018

顾颉刚的基本观点对有关迷信古史传说起了廓清之功，而历代相传三皇五帝的神圣地位一下子也就失去了依托。这对于当时的学术界是一个很大的震动，对于古史研究的发展起了积极的作用。但在具体古史问题的处理上，他往往有"疑古"过头的地方。后来，他从对古史的"破坏"转到对古史的"建设"上来。他做出了成绩。但因没有正确的理论指导，他对于古史研究的工作基本上停留在文献整理阶段。所谓辨古史，到后来成为辨古书，他认为这是建设新古史的工作。

顾颉刚后来对唯物史观有了自己的认识，《古史辨》说："我自己绝不反对唯物史观。我感觉到研究古史年代、人物事迹、书籍真伪，需用于唯物史观的甚少，无宁说这种种正是唯物史观者所亟待于校勘和考证学的借助之为宜，至于研究古代思想及制度时，则我们不该不取唯物史观为基本观念。"晚年他回忆这段文字时，说："现在看来，这段话还有需要修正的地方，但是我不反对唯物史观和认为研究古代思想及制度要用唯物史观来指导的看法是非常明确的。"这从一个侧面反映中国近代史学发展大趋势，也说明唯物史观的影响深入，也表明顾颉刚和胡适的不同的一个重要方面。

（4）《禹贡》杂志与边疆地理研究

顾颉刚在开始古史考辨的时候，也开始对历史地理的研究。中国当代历史地理这门学科，是在他倡导下开展起来的，在这中间又培养了一批历史地理研究者的队伍，为建立、发展这一科学立下根基。他的历史地理研究是从研究《禹贡》文献开始的。他感到《禹贡》的问题太多，牵涉到中国古代全部地理，只有通过深入研究，才能把问题搞清楚，1934年，他创办了历史地理学的专业刊物《禹贡》半月刊。

"九一八"以后，日本帝国主义的侵略更为猖獗，中国民族危机加深，边疆危机加深。《禹贡》杂志创办在这样的形势下，不久，杂志研究的重心从古代历史地理转向边疆地理。《禹贡》半月刊突出反映出爱国主义的史学思想。顾颉刚先生在治学道路上，由为学问而学问的客观主义态度，转向对国家民族前途的关切。《禹贡》是一个重要标志。

《禹贡》一开始就张起爱国主义、民族主义的旗帜。以《尚书·禹贡》的"禹贡"作为刊物的名称，是要人们看到古代的中华民族在文献中反映出来的广大地域的认识，"实为吾民族不灭之光荣"，今日谈及禹域，都会想到"华夏之不可侮与国土之不可裂"。

《禹贡》的《古代地理专号·序言》说："自从东北四省失陷以来，我们的国家受外侮凌逼，可算到了极点，所以有血气的人们，大家都暂时放弃纯学术的研究而去从事于实际工作。至于留在学术界的人物，也渐渐转换了研究的方向。"学术研究重心的转移，是爱国思想的体现。

《禹贡》的文章表达了维护领土完整、反对帝国主义侵占我国领土的思想。研究古代的地域，是要把我们祖先开发的土地作一个总结，今天被帝国主义侵占的土地是我们自己的家业，以这样的研究来激起海内外同胞的爱国的热诚，爱护我们的国土，维护领土完整。《禹贡》把边疆问题和民族、宗教问题结合起来作研究，主张全民族奋斗，共同抵抗帝国主义的侵略。杂志上的文章还提出加强边防，开发边疆的认识，"谋民族自救之方"。《禹贡》杂志的文章还揭露帝国主义对中国史地研究包藏的祸心。日本帝国主义的所谓史地研究以及社会历史与地理的调查，都是作为他们军事行动的先导。他们的史学、"东亚学"是侵略的史学，是蓄意为侵略我们而制造的种种舆论、口实。《禹贡》半月刊的爱国史学思想引起日本帝国主义者的恐慌。日本的《历史学杂志》发表文章攻击《禹贡》，《禹贡》杂志给予回击。《禹贡》半月刊的宗旨、研究工作的安排及内容反映鲜明的爱国思想，在中国近代史学史上占有重要的地位。

顾颉刚对于民俗学特别是对民间文艺有浓厚的兴趣。他关于古史的基本观点，中国史学史教本也是从民间文艺传说的演变情况中，得到启发后形成的。抗日军兴，他利用民间文艺的形式，把历史上英勇抗击敌人的故事和当时抗日斗争的事迹，编印成小册子，并且请艺人演唱这些内容，宣传抗日。这一类活动表明了这位历史家对祖国前途的信心。

顾颉刚在中国近代史学史上是一位有影响的史学家。他编著的《古史辨》，是考辨古史的名作。对于《尚书》的研究，他用力最勤，发表不少有重要学术价值的文章。在民间文学和民俗学两个领域里，顾颉刚都有开拓性的贡献。《吴歌甲集》和《孟姜女故事演变》是这方面的有代表性的作品。

4. 王国维、陈寅恪、陈垣的史学

（1）王国维的古史新证

王国维（1877—1927年）在历史和历史文献的考据上有突出的成就，他考证的方法富有特色，开拓了很多的学术的新领域，对中国近代史学的发展有重大的影响。

19世纪末20世纪初，中国近代考古的发掘和科学整理文物资料的工作得到进一步的发展，这一方面标志史学研究领域在扩大，而新材料的发现和整理的成果又为史学研究提供新的资料和手段。其中有重要意义的是甲骨的发现、整理和甲骨文字的释读。清光绪二十五年（1899年）王懿荣发现了甲骨文。刘鹗继续收集，并做了整理，1903年，《铁云藏龟》一书出版。这以后，甲骨文的研究成了专门学问，为中国古史研究开了一方新天地。罗振玉在甲骨文整理研究方面颇有发明。号称"三堂"的学者即王观堂（国维）、董彦堂（作宾）、郭鼎堂（沫若）在甲骨学的建立过程之中，有开山之功。此外，汉晋简牍的发现、整理，敦煌文书的发现、著录和内阁档案的整理、著录等，都为历史研究提供了丰富的资料。金石文献的研究也有进一步的发展。

王国维的历史研究的最大特点，是把新发现的材料跟古史记载结合起来，从而获得对古史的新解。在清华学校研究院的讲义《古史新证》中，王国维谈到他的学术工作和治学的方法，说："吾辈生于今日，幸于纸上之材料外更得地下之新材料。由此种材料，我辈固得据以补正纸上之材料，亦得证明古书之某部分全为实录，即百家不雅驯之言，亦不无表示一面之事实。此二重证据法惟在今日始得为之。"用二重证据法研究古史，把新发现的材料跟古史记载结合起来，这种古史新证，是王国维的学风和成就所在。

陈寅恪对王国维在古史新证上的方法特点和主要成就，作了概括，说王国维的研究是：

一曰取地下之实物与纸上之遗文互相释证。凡属于考古学及上古史之作，如《殷卜辞中所见先公先王考》及《鬼方昆夷猃狁考》等是也。二曰取异族之故书与吾国之旧籍互相补正。凡属于辽金元史事及边疆地理之作，如《萌古考》及《元朝秘史之主因亦儿坚考》等是也。三曰取外来之观念，与固有之材料互相参证。凡属于文艺批评及小说戏曲之作，如《〈红楼梦〉评论》《宋元戏曲考》《唐宋大曲考》等是也。此三类之著作，其学术性质固有异同，所用方法亦不尽符会，要皆足以转移一时之风气，而示来者以轨则。吾国他日文史考据之学，范围纵广、途径纵多，恐亦无以远出三类之外。

这样的评价是恰当的，说明王国维在近代新考据学上的重要地位。

王国维在甲骨学研究上成就是多方面的，在典制考订、历史地理研究、辨析字形以及甲骨的断代与缀合研究上都有创获。特别是把甲骨文材料应用于古史研究上，获得前所未有的成绩。

1916 年王国维写的《殷卜辞中所见先公先王考》及《殷卜辞中所见先公先王续考》是两篇重要的古史研究著作。他因卜辞中见王亥之名查出《山海经》《竹书纪年》《世本》《楚辞》《吕氏春秋》的有关记载，证明王亥即《史记·殷本纪》和《三代世表》中的亥，《汉书·古今人表》中的亥，是殷的先王。以此为线索，逐步探索，得知卜辞中所见殷王室世系跟《史记·殷本纪》所记基本相同。因而《殷本纪》作为历史资料的可靠性得到证实，而中国古代信史可以上推到殷商之初。他又从卜辞中考出殷王室继承制度是兄终弟及，祀先王之典有等差，而于兄弟之间，无论长幼及是否即王位，祀典及名号却没有差别。这两篇文章对古史研究的发展有重大意义，是中国考据学史上从没有过的大文章。

《殷周制度论》是王国维的另一篇有影响的文章，文章谈到殷周制度的重大变化。一、周人王位是立子立嫡之制，以及由此而产生的亲法及丧服之制和封建子弟之制。二、庙数之制。三、同姓不婚之制。文章开篇说："中国政治与文化之变革，莫剧于殷周之际"，以及说古代制度的建立都出自圣人之心，"出万世治安之大计"，后世帝王所不能梦见的，这些论述显然是不正确的。

在汉晋木简和敦煌写卷的研究上，王国维有开创之功。关于木简，他著有《流沙坠简考释》《坠简考释补正》《简牍检署考》。他在一封信中说，他同罗振玉考释《流沙坠简》，"考释虽草草具稿，自谓于地理上裨益最多，其余关乎制度名物者亦颇有创获"。敦煌写卷方面，王国维和罗振玉合编的《敦煌石室遗书》等8种，共编辑敦煌遗书200余种。

王国维勤于金文之学，对鼎彝文字的诠释，具有通识，他说："自来释古器者，欲求无一字之不识，无一义之不通，而穿凿附会之说以生。穿凿附会者，非也。谓其字之不可识，义之不可通而遂置之者，亦非也。""苟考之史事与制度文物以知其时代之情状，本之《诗》《书》以求其文之义例，考之古音以通其义之假借，参之彝器以验其文字之变化，由此而之彼，即甲以推乙，则于字之不可释、义之不可通者，必间有获焉。然后阙其不可知者以俟后之君子，则庶乎其近之矣。"他写的《毛公鼎考释》《散氏盘考释》《生霸死霸考》《说商》《说殷》以及其他考释金文的文章，既通释了文字上的疑滞，也弄明白了古史上的一些问题。

王国维在古文字学、古音韵学及经学上的素养是深厚的，在这些领域内都有重大发现。而这些成就为他的治史提供了重要的条件，他治金石、甲骨，训释文字音韵讨论版本、校勘古籍具有历史的眼光，而这些方面的研究和治史又是紧密结合在一起的，有的本身就是历史的具体研究。

王国维早年爱好文学，后来兴趣转移。在戏曲史、美学方面有重要的成就。《宋元戏曲史》《人间词话》为文学史和文学批评、美学领域内的名作。《人间词话》中有一段话，可以看作是他一生治学精神的概括。《词话》说："古今之成大事业、大学问者，必经过三种之境界。'昨夜西风凋碧树，独上高楼，望尽天涯路。'此第一境也。'衣带渐宽终不悔，为伊消得人憔悴。'此第二境也。'众里寻他千百度，蓦然回首，那人却在，灯火阑珊处。'此第三境也。"这当是王国维治学所得的体会，也是他治学进展的历程。《词话》又以"隔"与"不隔"来论词的意境，评论某人的词"虽格韵高绝，然如雾里看花，终隔一层"。这虽是论词，然可以移以论学。王国维所写学术文章，切实凝练，使读者很少"隔雾看花"之感，这也是他在学风上的优点。

王国维学术上的成果，为近代中国史学的发展提供了条件，中国马克思主义史学的形成发展，从王国维的研究中吸收了有益的成果。"大抵在目前欲论中国的古学，欲清算中国的古代社会，我们是不能不以罗（振玉）、王（国维）二家之业绩为其出发点了。"王国维在历史和历史文献考据方面的成就是大的，然终以考据自限，没有也不可能接受正确的理论指导。

王国维是浙江海宁人，22岁至上海，入时务报任书记校对，并学习日文，1902 年留学日本，时间很短。1911 年的 11 月再次东渡，在日本近 5 年。曾任教于北京大学研究所、清华学校国学研究院。1923 年 4 月任清废帝溥仪南书房行走。由于严重脱离现实，他一直背着前清遗老的包袱，面临着时代急剧的变化，无法解决思想激起的矛盾，终于在 1927 年，当北伐军胜利进军之际，自沉于颐和园的昆明湖。王国维留下遗书，说："五十之年，只欠一死。经此世变，义无再辱。"这反映了他的心态。《观堂集林》汇集了他的主要著作。

（2）诗文笺证和"民族文化之史"

陈寅恪（1890—1969 年）通晓多种东方古代和欧洲的语言文字，熟习佛典，中年以后，致力于两晋南北朝史、隋唐史和明清间史事的研究。

陈寅恪在近代考据家中是最有史识的学者。无论在史料学上或对"民族文化之史"的论述上，他都有相当开阔的看法。

陈寅恪对史料有精到的见解。他认为今天我们看到的史料，仅是当时遗留下来的残余断片。必须立足于当时的历史条件之下，具有艺术家欣赏古代绘画、雕刻的眼光和精神，才能有真正的理解，不至于有隔阂、肤浅的毛病。他指出，不要穿凿附会，不要用现代人的思想和处境强加在古人的身上。史料中的"私家纂述易流于诬妄，而官修之书，其病又在多所讳饰"。如"能于官书及私著等量齐观，详辨而慎取之，则庶几得其真相，而无诬讳之失"了。

在史料学上，陈寅恪指出对史料，包括伪材料，要善于审定和利用。材料中有真、有伪，真材料中有可能有部分伪。他说："以中国今日之考据学，已足辨别古书之真伪。然真伪者，不过相对问题，而最要在能审定伪材料之时代及作者，而利用之。盖伪材料亦有时与真材料同一可贵。如某种伪材料，若径认为其所依托之时代及作者之真产物，固不可也。但能考出其作伪时代及作者，即据以说明此时代及作者之思想，则变为一真材料矣。中国古代史之材料，如儒家及诸子等经典，皆非一时代一作者之产物。昔人笼统认为一人一时之作，其误固不俟论。今人能知其非一人一时之所作，而不知以纵贯之眼光，视为一种学术之丛书，或一宗传灯之语录，而断断致辩于其横切方面，此亦缺乏史学之通识所致。"陈寅恪提出史料学的"通识"，是近代新考证学史料学观点的重要特点。

诗词、小说，以及稗史、丛谈笔记，也应加以利用，作为研究历史的史料。如李复言的《续玄怪录》，它透露出永贞内禅及宪宗被弑的消息，而这些是正史中所不能得到的资料。

陈寅恪通晓多种文字语言，对史料有开阔的见解，因而他"比勘参考"的考证，在近代考据学中显示自己的特色，考定佛教典籍，重视语言比较考据，他和俄人钢和泰（Baron Stall-Holstein）合作，能取古今中外有关此《经》之著述及乾隆时的满、蒙、藏文的译本参校推绎，又以梵文为准，看此《经》是否合乎梵文之文法及意义，以确定中文译本的价值。在语言比较考证材料的同时，进行中文与各种文本的比勘，陈寅恪注意把语言问题和社会历史的背景联系起来，说："一时代之名词，有一时代之界说。其涵义之广狭，随政治社会之变迁而不同，往往巨大之纠纷讹谬，即因兹细故而起，此尤为治史学者所宜慎也。"

诗文笺证是以历史记载去笺证诗文。同时诗文又可用证史，探讨史事的新线索，从而扩大视野，得到新解。他写的《读秦妇吟》，为"治唐五代史者之参究"。

《元白诗笺证稿》是这方面的又一部成功的作品，以诗证史，开治学新途径。他晚年写《柳如是别传》，用了十多年的时间写成80万字的巨著。这部书以钱谦益和柳如是的故事为主线，引用大量的诗文，考订了明末清初一些重大事件，有许多情况是史书里没有的。其他如《桃花源记旁证》，文章从寓言文字甲联系到西晋末年的屯聚堡坞。《读东城老父传》考订小说中所写的长安少年有胡心和长安风俗服装之渐染胡化。《读莺莺传》把《莺莺传》看作唐"贞元朝的良史料"，由小说看当时有关的婚姻和男女关系间的礼俗。这些作品都很有新意。

"民族文化之史"是陈寅恪先生自己提出来的，内容很广泛，包括政治制度、社会习俗、学术思想、文学艺术等，而没有经济。下列的几段话，比较集中地论述了他在这个问题上的观点。他说：

"中国自秦以后，迄于今日，其思想演变之历程，至繁至久。要之，只为一大事因缘，即新儒学之产生，及其传衍而已……儒者在古代本为典章学术所寄托之专家。李斯受荀卿之学，佐成秦治。秦之法制实儒家一派学说之所附系。

汉承秦业，其官制法律亦袭用前朝。遗传至晋以后，法律与礼经并称，儒家周官之学说悉采入法典。夫政治社会一切公私行动，莫不与法典相关。

而法典为儒家学说具体之实现。故二千年来华夏民族所受儒家学说之影响，最深最巨者，实在制度、法律、公私生活之方面，而关于学说思想之方面，或传有不如佛道二教者。如六朝士大夫号称旷远，而夷考其实，往往笃孝义之行，严家讳之禁。此皆儒家之教训，固无预于佛老之玄风者也。

释迦之教义。无父无君，与吾国传统之学说，存在之制度，无一不相冲突。输入之后，若久不变易，则决难保持。是以佛教学说，能于吾国思想史上，发生重大久远之影响者，皆经国人吸收改造之过程。其忠实输入不改本来面目者，若玄奘唯识之学，虽震动一时之人心，而卒归于销沉歇绝。近虽有人焉，欲然其死灰，疑终不能复振。其故匪他，以性质与环境互相方圆凿枘，势不得不然也。

六朝以后之道教，包罗至广，演变至繁，不似儒教之偏重政治社会制度，故思想上尤易融贯吸收。凡新儒家之学说，几无不有道教，或与道教有关之佛教为之先导。至道教对输入之思想，如佛教摩尼教等，无不尽量吸收，然仍不忘其本来民族之地位。既融成一家之说以后，则坚持夷夏之论，以排斥外来之教义。此种思想上之态度，自六朝时亦已如此。虽似相反，而实足以相成。后来新儒家即继承此种遗业而能大成者。"

这几段话，论述了先秦儒学逐渐演变而成新儒学及儒学与法典相结合而成为支配公私生活的力量；论述了佛教和道教在学说思想方面的影响比儒学要大，而道教以善于吸收因而包罗很广，佛教以外来宗教在得到改造之后，才能在中国站住脚跟。陈寅恪这些论述的特点，在于纵观中国两千年的历史，阐述了民族文化传统力量的分配和演变，中外文化接触后互相影响的状况，这是近代考据学家作品中最精彩的论述。

陈寅恪着重以"相反相成"来说明民族文化上的变化，是具有明显的辩证法因素的。他写的两本著名的史论，《隋唐制度渊源略论稿》和《唐代政治史述论稿》所以能在烦琐考证中具有一定的吸引力，其原因即在于两书具有辩证法的因素。《隋唐制度渊源略论稿》研究问题的方法，陈寅恪称之为"论其源流""分析因子"。他说：

"夫隋唐两朝为吾国中古极盛之世，其文物制度流传广播，北逾大漠，南暨交趾，东至日本，西极中亚，而迄鲜通论其渊源流变之专书，则吾国史学之缺憾也。兹综合旧籍所载及新出遗文之有关隋唐两朝制度者，分析其因子，推论其源流，成此一书。"

当世史家认为隋唐制度是继承西魏北周的。陈寅恪先分析隋唐制度渊源有三个因素，一为北魏、北齐，二为梁、陈，三为西魏、周。从隋唐的礼仪及职官、刑律、音乐、兵制、财政的各种制度的渊源看，比较起来，这些受到西魏、周的影响不如其他两个来源重要。陈寅恪以联系、变化的观点讨论典章制度和政治文化生活的各种影响，典制在一定历史条件下变迁，其中某种、某些方面加入新的因素，有着新的形式和内容，表现出新的特点。有的因素消亡了。隋唐制度渊源的三个因素中以北魏、北齐的情形最为复杂，它是中原、河南、江左三个方面的文化因素的总汇。因此，北魏、北齐制度通过各种渠道汇合汉魏以后的华夏文化的各种因素，构成隋唐制度中的主流。

《隋唐制度渊源略论稿》和《唐代政治史述论稿》两书，重视中国各个地区的政治文化的发展不平衡，实际上把魏晋以后的中国分成几个有差别的地区，第一是江南地区，即所谓的江左区域；第二是所谓的山东区域；第三是关中区域；第四是河湟一带的河西区域。在这样认识的基础上，提出关中本位和学术文化中心转移的理论。关中本位和关陇统治集团形成联系在一起。关中本位政策"范围颇广……要言之，阳傅周礼经典制度之文，阴适关陇胡汉现状之实而已"。关中本位的论述是陈寅恪魏晋南北朝隋至唐初的史论中的重要理论。

此外，陈寅恪提出各个民族、地区以及中原和周边地区、民族的盛衰相互关联的看法，这同样是历史通识。但是他认为有超时空的理性存在，脱离经济谈文化政治的变化，他所谓的民族文化，包罗甚广。但他不谈经济基础在历史上的作用；在分析文化政治问题时，把阶级和阶层混为一谈，这些是他认识上的局限性。

陈寅恪生于1890年，出生地是今湖南长沙市。祖父陈宝箴是清末的维新人士，任过直隶布政使、湖南巡抚，推行过新政。其父陈三立，字伯严，号散原，为维新爱国人士，清末民初的著名学人、诗人。陈寅恪在政治上是一个爱国的学者。他13岁随长兄赴日本学习，以后又至欧美留学多年。他说他的思想变化："余少喜临川（王安石）新法之新，而老同涑水（司马光）迂叟之迂。"这句话对理解他的生平有一定的意义。

（3）宗教史、文献学、"表微书"

陈垣（1880—1971年）对于中国宗教史和历史文献学颇多贡献，晚年又有"表微"书之作。而重史源，讲类例，是他在学风上的特点。

从1917年到1923年，陈垣先生先后写成了《元也里可温教考》《开封一赐乐业教考》《火祆教入中国考》《摩尼教入中国考》，后来合称为"古教四考"。这是他在宗教史上的重要著作，补上了中国古宗教研究的空白。同时，这也是关于中外关系史的著作。1923年和1927年，他陆续发表了《元西域人华化考》，这是他在民族关系史和中外关系史方面的重要著作，也跟宗教史有关。"西域人"，把新疆人以至葱岭以西广大地区都包含在内，这是袭用元人的提法，今天看来，是不妥当的。但这并不能减低这一著作在有关研究上的地位。

也里可温是基督教的一个宗派。《元也里可温教考》研究在中国已经消失了的这一教派，同时，这也是元史研究的重要成果。

1927年，陈垣写《回回教进中国的源流》，次年改名为《回回教入中国史略》，一直到现在，对中国伊斯兰教史的研究还是有影响的。他还想编写《中国回教志》，没有成书。

关于佛教和道教的历史研究，陈垣著有《中国佛教史籍概论》《释氏疑年录》《明季滇黔佛教考》《清初僧诤记》和《南宋初河北新道教考》。后三书合称"宗教三书"。《中国佛教史籍概论》论述了佛教重要史籍大概流传情况，并给予评价。《释氏疑年录》收录了清初以前2800多僧人，明确了许多历史上悬而未决的僧人生卒年问题。此外，他还搜集了道教碑文1300余篇，编成《道教金石录》100卷。

《明季滇黔佛教考》"此书作于抗日战争时，所言虽系明季滇黔佛教之盛，遗民逃禅之众，及僧徒拓殖本领，其实所欲表彰者乃明末遗民之爱国精神、民族气节，不徒佛教史迹而已"。《清初僧诤记》是宗教史著述，陈垣以宗教史的研究来揭露变节者，以此抨击卖国求荣的汉奸。《南宋初河北新道教考》同样是有为之作，他说："卢沟桥变起，河北各地相继沦陷，作者亦备受迫害，有感于宋金及宋元时事，觉此所谓道家者类皆抗节不仕之遗民，岂可以其为道教而忽之也。因发愤为著此书，阐明其隐……诸人之所以值得表扬者，不仅消极方面有不甘事敌之操，其积极方面复有济人利物之行，固与明季遗民之逃禅者异曲同工也。"宗教三书在当时的历史条件下，不仅在宗教史上有重要的学术价值，而且表现了陈垣爱国的民族情操。

在历史文献学方面，陈垣做了不少的工作，其中包含目录学、年代学、史讳学、校勘学等几个方面。下面分别叙说陈垣的重要贡献。

（一）目录学。陈垣详细研究《四库全书总目提要》，编写《文津阁四库全书册数、页数表》《四库书目考异》《四库全书纂修始末》《四库书名录》《四库撰人录》等。另外，《中国佛教史籍概论》《敦煌劫余录》都是这方面的专书。

（二）年代学。陈垣在这方面的著作有《二十史朔闰表》《中西回史日历》等。《二十史朔闰表》对中国旧历的著作作比较研究，"根据诸书。参以各史纪志，正其讹误，终于清宣统三年，为旧历作一总结"。同时吸收西历之长"又按西历四年一闰之月日，创为表格，然后考定之中历朔闰及回历月首，按表填入"。他的重要著作，如《书内学院新校慈恩传后》《大唐西域记撰人辩机》和《回回教入中国史略》等，都以善于利用年代学的方法，排难解纷，获得新解。

（三）避讳学。中国历史上存在避讳的现象，为阅读古书增加了不少困难。但利用避讳，也可解释历史文献上的疑难问题。陈垣写成《史讳举例》一书，为避讳学做出了新的贡献。《史讳举例》举出 82 个例，前 42 例，讲避讳所用的方法，避讳的种类，避讳改动史实以及由避讳产生的讹误。后 40 例，讲避讳学知识的应用有关的问题，《史讳举例》一书"意欲为避讳史作一总结束，而使考史者多一门路，一钥匙也"。

（四）校勘学。陈垣以《元典章》的校勘为范例，用五种本子同沈刻本对勘。发现沈刻本伪、误、衍、脱、颠倒、妄改的地方很多。他进行校补，写成《元典章校补释例》一书。这本书后来改称为《校勘学释例》。在我国校勘学史上是一本带总结性的著作。

陈垣写的《旧五代史辑本发覆》，是运用校勘学方法校勘古籍获得的重要成果。他用《册府元龟》《资治通鉴》和欧阳修的《新五代史》等，与和清代馆臣辑出来的薛居正等编的《旧五代史》进行比勘，把辑本《旧五代史》的改窜字句校勘出来，并指出清馆臣改动，是对清朝统治的不满。

陈垣注意总结前人在历史文献学工作上的经验，并使之条理化、系统化，善于从个体看一般，从类例的探索中引导学生进窥问题的全貌，并总结出文献学工作的法则，给读史书、研究历史的人"以经济的时间得最高的效能"，这是陈垣高于一般文献学工作的思想境界和他的文献学工作的一个重要特点。

陈垣所讲的类例，是一种分类法。他在一个专题下搜集许多材料，区分类别，找出一定范围内的通例，然后组织成文。他的第一篇著名的文章《元也里可温教考》就是用的这种方法。他自己曾说这是"搜集关于也里可温之史料，分类说明之，以为研究元代基督教史者之助"。后来他写的《元西域人华化考》，用的是这种方法，晚年的代表作《通鉴胡注表微》也是用这种方法。陈寅恪为《元西域人华化考》刻本作序，说这本书"材料丰富，条理明辨"。这八个字说出了陈垣的学风和文风。"条理明辨"是由于作者的渊博和谨严。但《元也里可温教考》等书虽运用了分类法而取得成果，但还不足以尽陈垣分类法之长，即这些作品却还是类集了具体的史事而没有说什么"例"来。陈垣运用类例之法，在历史文献学方面的工作中获得很大的成效。如《史讳举例》成书 8 卷，为例 82。如《元典章校补释例》，于 12000 多条材料中，选取其十分之一，分类别属，加以疏解，成书 6 卷，为例 50。《旧五代史辑本发覆》也是属于校勘性质的专书，不以例称，但也是运用类例的方法的，全书 5 卷，收录材料 194 条，为例 10。陈垣的类例法，也有举其一端以例其余的意思。所以他在《元典章校补释例序》中说："将以通于元代诸书，及其他诸文，非仅为纠缠沈刻而作也。"但这种类例法，用在史学工作上，有很大的局限性，它往往平列一些事例，而很难在历史运动过程中观察问题，解决问题。

陈垣在史料学工作中，重视史料来源，是陈垣治史的又一重要特点。过去的史书很少注明出处，找出它所记载的来源很不容易。在实践中认真做好这个工作的人不太多，即使名家作品，因为组织材料时不严格或理解上的错误，也往往有失实的地方。如果不认真对待史源，作品会因为依据不足而降低学术价值。甚至因为引用的材料本身没有可信的依据，写出的作品就失去价值。辛勤的陈垣特别重视这个问题，在高等学校里开设《史源学实习》的课程，对学生进行专门训练，这是他在历史教学上很突出的特点。在他的著作里，讲求史源的地方很多，近刊的《陈垣史源学杂文》是关于他指导实习的一些文章的集录。陈垣提出"史源"，和陈寅恪对待史料的认识相比较，在深度上有所不足。

抗日战争时期，陈垣写的《通鉴胡注表微》是他著作中最有代表性的作品，这本书集中反映出他在治史、文献学各个方面的成绩和见解。这本著作不仅是陈垣的治史的已有的成就的简单总汇，而且在原有基础上得到进一步的升华。《表微》言史法，是从整个史学工作的各个部分之间的关系上着眼，把考据放在一个恰当的位置上。同时这本书把校勘、目录、考证等各类的方法作为相互关联的内容，作为一个方法的整体来把握。《表微》言史法和言史事有机结合起来，把前人的"通经致用"的治史传统提高到一个新的高度，把研究历史和对中国近代社会现实的关注结合起来，表现出对历史前途和民族命运的思考。这部书是他的"学识记里碑"。

《通鉴胡注表微》总结的史学方法，符合中国史学自身的特点，陈垣提出具有民族特点的史学方法论，这部书体现出史家的时代感和历史感。《表微》和宗教三书、《旧五代史辑本发覆》都是"表微"性质的著述。所谓"微"，出于《左传》成公十四年和昭公三十七年"《春秋》之称微而显"语句中，意思是说用曲折婉转的言辞去表示讽刺或谴责。陈垣在新中国成立后致友人书中说：

"九一八以前，为同学讲嘉定钱氏之学；九一八以后，世交日亟，乃改顾氏《日知录》，注意事功，以为经世之学在是矣。北京沦陷后，北方士气萎靡，乃讲全谢山之学以振之。谢山排斥降人，激发故国思想。所有《辑覆》《佛考》《诤记》《道考》《表微》等，皆此时作品，以为振国之道止此矣。所著已刊者数十万言。言道，言僧，言史，言考据，皆托词，其实斥汉奸，斥日寇，责当政耳。"

这封信说出了他治学的历程，说出了他在抗战时期所写各书的时代意义。这些书具有重要的学术上的价值。

5. 中国近代考古学对史学的影响

（1）中国近代考古学

20 世纪 20 年代，中国近代考古学在艰难的环境中成长起来。考古学在形成过程中不断取得的成果，对中国近代史学的变化产生重大的影响。

19 世纪下半叶，一些西方学者开始注意收集石器。甲骨的发现，甲骨文字的释读、整理取得的进展又刺激发掘地下文物的活动。1903年，一个德国人带回一箱龙骨，经过鉴定，其中有一颗古人类的牙齿。日本人在东北、蒙古一带做考古的研究，以收集资料。

1923年，法国人德日进和桑志华在宁夏、绥远等地考察地质，发现旧石器遗址——这就是河套文化遗址。在此之前，中国地质调查所人员在辽宁、热河及河南等地采集了数百件石器。当时农商部矿业顾问安特生在辽宁沙锅屯、河南渑池仰韶村、甘肃等地作考古发掘。"仰韶文化"的新石器文化展现于世。1926年冬中国学者李济等主持山西夏县西阴村灰土岺遗址的发掘工作，发现与仰韶文化相同的遗存。西阴村的发掘工作开创了中国学者自己用近代科学的方法，从事考古研究的道路，它冲破了传统金石学的范围。考古学成为新的学科。

1928年，当时的中央研究院历史语言研究所成立，研究所把殷墟的发掘作为重要的研究工作之一。1928年至1937年10年间，发掘工作共进行了15次，发现了商代帝王墓和商代宫殿遗址，发掘出丰富的青铜器、玉器、灰陶、白陶和釉陶及石、骨器等。特别是出土了甲骨2万4000多片，这是重大的发现。

北京周口店的旧石器遗址及猿人化石的发现，随后的北京猿人完整头盖骨的发现，在考古学、史学上都是有着特别重要意义的事件。

东北地区、甘青地区、东南华南地区和西南地区的文化遗存发掘成就是很大的，使我们对中国历史有了更新的认识。

中国近代考古学的成就对史学的近代化有着特殊的意义，这体现在历史观点的更新上，也体现在史料学领域的拓宽、研究方法的发展和史书编纂等方面。

（2）中国猿人的发现

1921年、1923年，澳人师丹斯基与中国学者杨钟健、裴文中在周口店采集了许多化石。在这之前安特生已发现中国猿人化石地点。1926年师丹斯基又有新的发现。当时地质调查所决定在周口店正式发掘。1927年步林又发现一个牙齿。经研究，定名为中国猿人北京种。1929年12月2日，裴文中等发现一个完整的头盖骨及各种石器，这引起世界学者的注意。

采用不同的方法对北京人遗址的年代进行测定，其结果互有出入。但总的看法趋于一致，即北京人在周口店一带的生存年代距今70万年左右到 20 万年左右，这也就是说北京人堆积连续沉积长达 50 万年。

北京人使用的旧石器分为砍砸器、尖状器、石锤、石砧、刮削器、两端刃器、斧状石器等。在遗址中，最早发现用火的遗迹是 1935 年出土的被火烧过的鹿角，后来又有用火的痕迹不断被发现。北京人洞穴从上到下有各个文化层，有许多层堆积着很厚的灰烬，沉积层次较分明，在层中还埋着烧石和烧骨。

北京人头盖骨显示其原始人的特征，从各种骨骼可以考察其人种的属性。北京人是在艰难的环境中生产生活，过着狩猎与采集的生活。

新中国成立前发现的中国猿人的头盖骨及资料在抗日战争时期弄得下落不明。新中国成立后，1966 年又在周口店发现一个头盖骨。

除中国猿人最早被发现外，1933 年发现山顶洞人。1963 年在陕西蓝田发现蓝田猿人化石。1965 年 5 月，我国地质工作者在云南省元谋县发现两颗古人类化石，这是元谋人，是我国南方迄今发现最早的直立人的代表。元谋人牙龄属早更新世，距今 170 万年左右。

以北京猿人为代表的猿人化石的发现在考古学、人类学上是重大的事件，对中国近代史学产生深刻的影响。

第一，科学地证明劳动创造人的真理。猿人已经是人，他们和猿猴有着本质的区别。北京人会制造工具，进行劳动，使得我们的祖先得以生存繁衍下来，而且在劳动中，人的体质又在发展，从旧石器到新石器，猿人的社会生产、生活及组织也在发展。

第二，原始人遗址的发现，把中国的历史向前推进了 170 万年左右，相比之下，有文字的历史的几千年，只是一瞬间，中国的可信的历史大大向前延伸，所谓"史前期"的提法，只能限定在"有文字的历史以前的历史"这样的定义下。这远远地超出"疑古""信古"的争论，人们的历史观念得到更新。

第三，中国原始社会的历史得到科学的证明。旧石器、新石器遗址的发现，为原始社会历史的研究提供了直接的依据。

第四，史书编纂，特别是通史编纂发生根本性的变化，从原始社会开始写中国通史的做法已为史界普遍接受。

第五，有关远古传说的文献得到了考订的一种依据。有些本来认为是荒唐的传说，现在有了科学的阐释或赋予新的含义。这些材料也变成可利用的史料。

旧石器、新石器遗址发掘，证明中国原始社会是一个由低级到高级的进步过程，表明中国远古历史文化的复杂性、传承性以及发展的不平衡性。没有这种考古的发掘，中国历史，特别是上古历史，只能是若明若暗。

中国猿人的发现，打破西方某些人制造的言论，这些言论否定中国有悠久的历史文明。莫尔甘曾说："中国文化，只能追溯到公元前七或八世纪；至于史前时代我们则完全不知。"洛发尔说中国无石器时代。中国猿人为代表的中国原始社会遗址以及其他的旧石器、新石器遗址的发现、发掘，宣告这些言论的破产。

（3）甲骨学对近代史学的影响

甲骨文的发现是 19 世纪末年的事。1899 年山东福山王懿荣由商贾而得甲骨，并得识甲骨文字。这批甲骨以后又转到刘鹗的手里。甲骨的发现、甲骨文字的释读的成就，引起世人的注意，也刺激收集甲骨的活动进一步发展。罗振玉自 1906 年开始搜集。在早期甲骨文字的整理和释读中，罗振玉的贡献是突出的。他和历来的古董家不同，不仅搜集有文字的甲骨，也注意整理与研究甲骨文，并搜集与骨片同时出现的各种相关的地下文物。1911 年前后，他一个人搜集到的甲骨达到 3 万多片，先后编成著作有《殷墟书契》《殷墟书契菁华》《殷墟书契考释》《铁云藏龟之余》《殷墟书契后编》及《殷墟古器物图录》等。

1928 年至 1937 年，前中央研究院历史语言研究所在安阳殷墟的系统发掘中，获得 24000 多片甲骨。20 年代后，王国维、郭沫若在甲骨文的研究上取得重大的成果，使得研究甲骨成为一门专门的学问。关于王国维、郭沫若在甲骨文研究上的贡献，在相关的篇章中已经做了说明。

甲骨的卜辞是研究殷商历史的十分重要的材料。卜辞最长者有 50 余字。

甲骨上卜辞涉及当时社会生活各个方面。

甲骨文在研究中国古史，特别是殷商历史上起着十分重大的作用。王国维考商代的世系、研究殷周制度的特征，就是凭借甲骨卜辞的材料。郭沫若的《中国古代社会研究》《奴隶制时代》等开风气的著作，也建立在甲骨研究的基础之上。郭沫若说："得见甲骨文字以后，古代社会之真情实况灿然如在目前。得见甲骨文字以后，《诗》《书》《易》中的各种社会机构和意识才得到了它们的泉源，其为后人所粉饰或伪托者，都如拨云雾而见青天。我认定古物学研究在我们也是必要的一种课程，所以我现在即就诸家所已拓印之卜辞，以新兴科学的观点来研究中国社会的古代。"所以甲骨学的形成及进展，对于中国历史研究的影响是深远的，对于中国史书的编纂，有着重要的意义。

甲骨学的成就对于古文献的认识、使用有重要价值，一是辨证古籍的史料的可信程度，二是纠正古籍记载中的舛误。王国维的《殷卜辞中所见先公先王考》及《续考》对殷代历史的探索，取得重大的成就。王国维以卜辞考古史，证实《史记》所载殷世系确为可信的同时，也表明了《山海经》《竹书纪年》等具有研究古史的重要价值。《先公先王考》《续考》等都证明了《史记》及其他古文献中也有记载不确实的地方。王国维古史研究勇于破旧说，信而有证，信中有破，这和仅在文献范围内的"疑古""信古"的研究相比，别有洞天。古史研究重大进展得力于甲骨学的成就，是明显的事实。

甲骨学的成就直接影响到史学研究的方法。王国维的古史新证、二重证据研究历史法为近代史学的重大发展的标志，这与甲骨文的成果相关。胡厚宣说："中国古典之学，如所谓经史子书，因为古书词句语法的不同，和几千年辗转传抄的错误，有很多地方，我们已经难懂，惟有甲骨金文尚可据以比勘。近年来的学者，有所谓'新证'之学，如所谓《古史新证》《古籍新证》《群经新证》《诸子新证》等都是根据甲骨金文等直接资料以印合古书的例证。""新证"之学的重要进展之一是研究方法的变化，这又是得力于甲骨文、金文及其他新发现的材料。

敦煌写卷、汉晋木牍等考古成果对历史研究同样有重大的意义。古代中世纪的墓葬发掘及其他文物的鉴定，应用于史学，对认识古代社会的生活、风习、阶级、制度，增添了新的内容，考证古代文献有了新的门径。近代中国史学展现出的新的面貌与这些方面的进展密切不可分。

总之，中国近代考古学的成就，对史学产生了多方面的影响。

第二讲　马克思主义史学在中国的初步建立

1. 马克思主义史学在中国的逐步传播

在中国史学近代化过程中，各种不同的倾向几乎齐流并进，而马克思主义史学的传播则是其中的主流。新中国成立后，这一主流更成为支配的力量。

1919 年至 1949 年的 30 年间，是我国马克思主义史学初步建立的时期。这个时期可分为四个阶段，这是跟我国革命形势的发展相一致的。

1919—1927 年是第一个阶段。随着马克思主义在我国的传播，中国的马克思主义史学产生了。李大钊（1889—1927 年）是我国马克思主义史学的第一个奠基人。他的《史学要论》是我国第一部系统地阐述历史唯物主义，并把它跟一些具体的史学工作相结合的著作，是为我国马克思主义史学开辟道路的著作。蔡和森（1895—1931 年）的《社会进化史》，阐述有史以前人类演进之程序，家庭之起源与进化，财产之起源与进化，国家之起源与进化，是我国第一部用马克思主义唯物史观写成的社会发展史。

1927—1937 年是第二阶段。在这个阶段里，用马克思主义的历史理论观察整个中国历史的进程并跟当时的革命实践结合起来，是一个很突出的特点，这 10 年中，在全国范围内，思想界、学术界展开了关于中国社会性质、中国社会史分期和中国农村性质的三大论战。郭沫若（1892—1978 年）出版了《中国古代社会研究》，这是中国学者用马克思主义理论系统地阐述中国历史的第一部书。此后，他又对金文、甲骨文进行了系统的搜集、考订和研究，在历史文献学领域里做出了优异的成就。吕振羽（1900—1980 年）在这一阶段写出了《史前期中国社会研究》《殷周时代的中国社会》等著作。

抗日战争时期（1937—1945 年）是第三阶段。

解放战争时期（1946—1949 年）是第四阶段。

在这些战争的岁月里，我们的史学家们面对着民族的生死存亡和反动政权的残酷统治，以严肃的科学态度总结祖国的历史，发掘祖国的优秀文化传统，显示了中华民族对历史前途的信心，鼓舞了全国人民、特别是青年一代反对内外反动派的斗志。从科学水平来看，一般地说，这两个阶段的史学比以前两个阶段要成熟得多。进步的史学家们既努力运用马克思主义理论，又详细地占有必要的材料，从而得出了独立的学术见解，为我国马克思主义史学的发展创立了一代优良学风。在这些艰难的岁月里，马克思主义史学是富有成果的。郭沫若、范文澜（1893—1969 年）、邓初民（1889—1981 年）、翦伯赞（1898—1968 年）、侯外庐（1903—1987 年）、吕振羽等在这两个阶段都做出了成绩。

2. 李大钊的贡献

李大钊是五四运动时期革命文化运动的组织者和领导者之一，他热情地传播马克思主义，并把马克思主义引进我国的史学领域。

1919 年 9 月和 11 月，李大钊在《新青年》杂志上连续发表《我的马克思主义观》。从 1920 年起，他在北京大学等高等学校开设"唯物史观研究""史学思想史""史学要论"等课程，并先后发表了《唯物史观在现代史学上的价值》《研究历史的任务》等论文和他的重要史学著作《史学要论》。

李大钊在他的论著中，第一，阐释了马克思主义唯物史观的基本原理，把马克思主义唯物史观概括为两个要点。"其一是说人类社会生产关系的总和，构成社会经济的构造，这是社会的基础构造。一切社会上政治的、法制的、伦理的、哲学的，简单说，凡是精神上的构造，都是随着经济的构造变化而变化。""其二是说生产力与社会组织有密切的关系，生产力一有变动，社会组织必须随着它变动。"他又阐述了马克思主义的阶级斗争学说，他说："历史的唯物论者，既把种种的社会现象不同的原因总约为经济的原因，更依社会学上竞争的法则，认为许多组成历史明显的社会事实，只是那直接、间接、或多、或少，各殊异阶级间团体竞争所表现的结果。他们所以牵入这竞争中的缘故，全由于他们自己特殊经济上的动机。"

在宣传唯物史观的同时，李大钊还有力地批判了形形色色的错误的或反动的历史观。使马克思主义的唯物史观跟其他各种各样的史观划清了界限。特别应当提到的是，李大钊在《桑西门的历史观》（1923年）一文里，划清了空想社会主义和科学社会主义在历史观上的界限。他说空想社会主义者"主张依人间理性的力量能以实现社会主义的社会。这是空想社会主义者的理想的历史观"；而"科学的社会主义把它的根据置在唯物史观的上面，依人类历史上发展的过程的研究，于其中发现历史的必然的法则；于此法则之上，主张社会主义的社会必然的到来"，即是说，社会主义社会不是"理性"的恩赐，而是"历史的命令"。

李大钊在他的论著中，第二，指出了唯物史观对于史学和人生的重要意义。他认为："吾侪治史学于今日的中国，新史观的树立，对于旧史观的抗辩，其兴味正自深切，其责任正自重大。吾愿和治斯学者共策勉之。"他说的"深切"的"兴味"和"重大"的"责任"是什么呢？一是对旧的史学体系的改造，一是对新的人生观念的培养，而前者也是为后者服务的。他认为，在历史的长河中，如一个人不明察历史的性质和趋向，前途渺渺，后顾茫茫，这就"有如荒海穷洋，孤舟泛泊，而失所归依"，这样的人生将毫无意义。因此，"历史观者，实为人生的准据，欲得一正确的人生观，必先得一正确的历史观"。李大钊在《史学要论》里，以专章阐述"现代史学的研究及于人生态度的影响"。他认为，现代史学，即唯物史观指导下的史学，能够帮助人们建立起进步的世界观和积极的人生观。他说："过去、现在、未来是一线贯下来的。这一线贯下来的时间里的历史的人生，是一趟过的，是一直向前进的，不容我们徘徊审顾的。历史的进路纵然有一盛一衰、一衰一盛的作螺旋状的运动，但此亦是循环着前进的，上升的，不是循环着停滞的，亦不是循环着逆返的，退落的，这样子给我们以一个进步的世界观。我们既认定世界是进步的，历史是进步的，我们在此进步的世界中，历史中，即不应该悲观，不应该拜古，只应该欢天喜地的在这只容一趟过的大路上向前行走，前途有我们的光明，将来有我们的黄金世界。这是现代史学给我们的乐天努进的人生观。"他还说："研究历史的趣味的盛行，是一个时代正在生长、成熟，正在寻求聪明而且感奋的对于人生的大观的征兆。"他的这些话，凝结着一个革命家、一个无产阶级理论家、一个马克思主义史学的先驱者对人生的热烈而坚定的信念，对人类前途的真挚的憧憬，以及对马克思主义史学的崇高的期望。

第三，李大钊提出了马克思主义的史学方法论。马克思主义的世界观和方法论是统一的。李大钊在阐释马克思主义的唯物史观的同时，还提出了马克思主义的史学方法论，而他讲方法论，又是跟讲研究历史的任务结合在一起的。《史学要论》一书，不仅贯串着马克思主义的历史观，也处处体现出马克思主义的史学方法论。因此，可以认为，《史学要论》是我国第一部用马克思主义理论写成的史学概论。综观《史学要论》及李大钊的其他著作，他提出的史学方法，首先是要区别记述的历史和生活的历史。这就是要区别历史的记录和客观历史本身。其次，是要从经济关系上去说明历史。再次，考察个别事实要与研究一般理论相结合。还有，是重视史学与其相关学科的关系，并在《史学要论》里设专章阐述这个问题。他这四点看法，对于研究历史，一直到现在还是有指导意义的。

李大钊在史学上虽没有鸿篇巨制，他所阐述的马克思主义的历史观和方法论也并非尽善尽美，但是，他为我国马克思主义史学发展所开辟的道路是广阔的，所指示的方向是正确的。

3. 郭沫若的贡献

郭沫若在1928年旅居日本后，开始研究中国古代历史，至1978年逝世为止，整整半个世纪中，他为中国马克思主义史学的发展做出了重要的贡献。

郭沫若开辟了运用马克思主义理论研究中国历史的科学道路。他在1929年写成的《中国古代社会研究》，是中国史学史上第一部试图以马克思主义解释中国历史发展全过程的著作。

郭沫若在《中国古代社会研究·自序》里说："对于未来社会的待望逼迫着我们不能不生出清算过往社会的要求。古人说：'前事不忘，后事之师。'认清楚过往的来程也正好决定我们未来的去向。""目前虽然是'风雨如晦'之时，然而也正是我们'鸡鸣不已'的时候。"所谓"风雨如晦"，指的是1927年国民革命失败后蒋介石反动统治的年代。作者写这部书，正是要担负起"鸡鸣不已"的任务，揭示中国历史发展的客观规律，从而指出中国历史的必然的前途。他的这些话，表明了一个马克思主义史学家的深刻的时代感和庄严的责任心。郭沫若在 20 世纪 20 年代初开始接受马克思主义。此后，他研究了《资本论》《家庭、私有制和国家的起源》，翻译了《政治经济学批判》《德意志意识形态》。这些马克思主义著作，使他的历史研究工作一开始就在马克思主义理论指导下进行。

《中国古代社会研究》论证了中国历史上有奴隶制的存在，而奴隶制由原始公社制转化而来，奴隶制本身后来又转化为封建制。这一论点震动了当时国内外的史学界和思想界。它论证了马克思主义关于人类社会发展学说是一个普遍的规律，而中国历史的进程同样是受这个普遍规律所制约的。这是郭沫若对中国史学的重要贡献，也是有利于中国革命的重要论点。

《中国古代社会研究》一书出版的时候，正值当时思想界进行三大论战。这是一次历时长久的学术领域的论战，同时也是政治领域的论战。就其性质来说，是马克思主义和假马克思主义、反马克思主义的论战，主要任务是要解决中国社会是不是半殖民地半封建社会的问题。因为只有解决了这个问题，才能正确认识革命的性质、对象、动力、任务及前途等问题。社会史问题论战的焦点之一是中国究竟有没有奴隶制社会，这实际上就是说马克思主义关于人类社会发展学说是否适合于中国的国情。郭沫若肯定地回答了这个问题，有力地打击了帝国主义的一些御用学者和国民党反动文人对马克思主义的挑战，也澄清了不少史学家中的一些模糊认识。尽管后来郭沫若几经修改他对于奴隶制的上限和下限的看法，但是这无损于《中国古代社会研究》一书在当时和后来所产生的重大影响。

1945 年，郭沫若出版了《青铜时代》和《十批判书》，这是研究先秦学术思想的姐妹篇，前者偏于考证，后者偏于批评。这表明他在对古代社会的面貌有所理解之后，把兴趣逐渐转移到意识形态方面来了。

郭沫若还为中国古史研究做出了文献学方面的卓越成就。他在古文字学、古器物学的研究上有很深的造诣。他根据形式、花纹、文体和字体，为中国青铜器的分期提出了权威性的看法。他关于甲骨文字和殷周青铜器铭文的一系列著述，包括《甲骨文字研究》（1931 年）、《卜辞通纂》（1933 年）、《殷契萃编》（1937 年）、《殷周青铜器铭文研究》（1931 年）、《两周金文辞大系考释》（1932 年）、《金文丛考》（1932 年）和《古代铭刻汇考》（1933 年），都是在马克思主义指导下所结出的硕果。

郭沫若始终把史学作为无产阶级革命事业的一部分。他的"清算过往社会的要求"，是产生于"对未来社会的待望"。他是为着"未来"而研究"过往"的。他写《中国古代社会研究》，是为了打击那些高喊"我们的国情不同"从而抵制马克思主义、反对革命的人。举例来说，他写《甲申三百年祭》，是为了一方面揭露反动统治者的腐败，一方面以李自成所领导的农民起义从胜利走向失败的史实为一面历史的镜子，提醒革命者在胜利的关头不要"纷纷然，昏昏然"，骄傲起来。毛泽东称这篇文章是有大益于中国人民的史论。

郭沫若说过："我自己的兴趣是在追求，只想把没有知道的东西弄得使自己知道。知道了，一旦写出过，我便不想再写了。"所谓"兴趣是在追求"，实际上就是他在学术上的创新精神。他始终是努力遵循马克思主义唯物史观的指导原则进行创新的。当时曾有一些人侈谈"国故"，他嘲笑他们说："你们除饱读戴东原、王念孙、章学诚之外，也应该知道还有马克思、恩格斯的著作，没有辩证唯物论的观念，连'国故'都不好让你们轻谈。"他的甲骨文字研究和殷周彝铭研究，就是在继承前人积累的材料的基础上，独辟蹊径，自成体系的。

4. 通史、社会史、思想史等方面的成就

在抗日战争和解放战争时期，我国马克思主义史学在通史、社会史和思想史等方面的研究都取得了显著的成就。

在社会史方面，吕振羽着手较早。他在 1934 年就出版了《史前期中国社会研究》，1936 年又出版了《殷周时代的中国社会》。这两部书是运用马克思主义观点研究中国原始社会史的早期著作，距离郭沫若《中国古代社会研究》出版的时间最多只有 6 年。1942 年，吕振羽出版了《中国社会史诸问题》一书，这本书收入《关于中国社会史的诸问题》《"亚细亚生产方式"和所谓中国社会"停滞性"问题》《中国社会史上的奴隶制度问题》《创造民族新文化与文化遗产的继承问题》等四篇论文，是对二三十年代关于中国社会史问题论战的较系统的总结。作者认为这部书

"反映了中国新史学在历史科学战线上的斗争过程中的若干情况，也反映了有关各派对中国史问题的基本立场、观点、方法及其在一定时期的发展过程，可作为中国马克思主义史学史的参考资料"。

1940年和1942年，邓初民先后出版了《社会史简明教程》（后改称《社会进化史纲》）和《中国社会史教程》。第一本书论述一般的人类社会历史的发展过程及其规律，第二本书讲中国的社会历史的发展过程及其规律。《社会史简明教程》是继蔡和森的《社会进化史》之后，又一部马克思主义的社会发展史著作。全书要回答的中心课题是："社会是怎样的构成着，社会又是怎样的变革着。"它论述的方法是："在竖的分期，是把社会进化分为原始共产社会、古代社会、封建社会、资本主义社会、社会主义社会各阶段，而叙述了由原始公社到社会主义时代的全系列；在横的内容，是把人类的主要社会生活分为经济的、政治的、精神的，由社会的经济结构进而考察政治的形式、精神的意识形态，以探求各个社会阶段的特征。"《中国社会史教程》也是遵照这个方法进行论述的。作者指出："中国社会发展史的前途是光明灿烂的；中国社会发展史的伟大前途，决不能袖手坐待，需要我们努最后必死之力，加以争取。"

侯外庐在1947年出版了《中国古代社会史》（1955年再版时改名《中国古代社会史论》）一书。它由14篇论文集成，从时间上看，自殷迄秦；从内容上看，包括生产方式、政治结构、阶级关系、国家和法及道德起源等。这部书是中国古代社会史研究工作中富有创见的书，提出并阐述了不少有关的重大历史问题，是作者史学著作中的代表作，也可以说是我国马克思主义史学初步建立时，中国古代社会史研究工作趋向发展的一个标志。

在通史方面，吕振羽、范文澜、翦伯赞等先后出版了有关的著作。

1941年，吕振羽出版了《简明中国通史》上册。著者在初版序言里说这书"与从来的中国通史著作颇不同"，"主要是把中国历史作为一个发展过程在把握；并注重于历史的具体性，力避原理、原则式的叙述和抽象的论断；还尽可能照顾到中国各民族的历史及其相互作用"。1948年，作者写出本书的下册，下限到鸦片战争。作者在跋语里强调其基本精神是"在把人民历史的面貌复现出来"。这是我国历史学家运用马克思主义理论做指导编撰中国通史的最早的尝试。作者在序、跋里提出的关于编撰中国通史的一些基本原则，尤其是关于中国各民族的历史及其相互作用的原则，对推动我国马克思主义史学的发展起了积极的作用。

范文澜于1940年8月至1941年年底，写成《中国通史简编》一书的上册（五代十国以前）和中册（宋至鸦片战争前）。1942年，《简编》全书在延安出版。它是我国第一部运用马克思主义观点系统地叙述中国古代历史的著作。它在历史思想和编撰方法上的主要成就是：第一，肯定劳动人民是历史的主人，否定了旧史书以帝王将相为历史主人的传统观点。第二，按照社会发展规律划分中国历史的段落，改变了旧史书以朝代划分阶段的循环观点和静止观点。第三，指出中国历史走着大螺旋式和无数小螺旋式的发展路线，这是封建社会延续很久的一个基本原因。第四，对于历史上的阶级斗争的表述，着重讲腐化残暴的统治阶级如何压迫农民和农民如何被迫起义，对于民族间的矛盾，着重写了民族英雄和人民群众的英勇斗争。第五，注意写出生产斗争的具体面貌，对古代科学发明及有关农业、手工业的知识也写得不少。范文澜后来对他的《简编》作了多次修改，但本书初版的历史价值是仍然存在的。他在1941年5月为《简编》上册所撰的序言中写道："我们要了解整个人类社会的前途，我们必须了解人类社会过去的历史；我们要了解中华民族的前途，我们必须了解中华民族过去的历史；我们要了解中华民族与整个人类社会共同的前途，我们必须了解这两个历史的共同性与其特殊性。只有真正了解了共同性与特殊性，才能真正把握社会发展的基本法则，顺利地推动社会向一定目标前进。"他关于社会过去的历史和未来的前途的关系的见解，对今天的史学工作者仍有重要的指导意义。

1943年和1946年，翦伯赞出版了《中国史纲》第一卷史前史与殷周史和第二卷秦汉史。《中国史纲》是一部未完成的通史著作，但它仍然能显示出自己的特点。这书在材料上，重视考古材料并注意历史文献和考古材料的结合。在观点上，这书注意把中国历史置于世界历史的总的环境中加以考察。这两点，一直到现在，对于史学工作还是有指导意义的。

在思想史方面，吕振羽于1937年出版了《中国政治思想史》（上下册）一书，这是我国第一部运用马克思主义理论论述中国政治思想和哲学思想的历史著作。这部书的断限，上起自殷代，下终于鸦片战争前，共有10编，按社会性质及其发展阶段分别论述。作者说，本书是"首先把中国史全部过程划分为各个阶段，各个阶段又划分为其发展过程的各时期；从各个社会阶段和时期的阶级阶层的构成上及其相互关系的变化上去论究政治思想的各流派，又把每个派别中各思想家的思想，作为其自己的一个体系去论究"。作者在解释"政治思想"的含义时写道："它并不是和经济思想相对立的东西，毋宁是人类各别阶级的阶级斗争思想的集中表现，而为其行动指导的原理。所以政治思想史，本质上系同于社会思想史，只有其范围大小的差异。"作者还指出："在中国封建社会的全时期中，随着封建制的历史前行一步，封建统治阶级的哲学，也便随着变化，而予以多多少少的修正或改变；其次，在封建社会内部之渐变的过程中而引起了部分的突变，便相应产生哲学上的流派；在另一方面，随着社会内部敌对矛盾的发展，便反映到意识形态上之敌对矛盾的发展。"作者的这段话，集中地表达了本书的指导思想。作者在1937年写的初版序言介绍并剖析了"五四"以来20年中国内外关于中国哲学史研究的各流派，揭露了思想领域里的尖锐斗争及其本质，指出"深入地开展对民族文化思想之史的研究，把研究的结果提供到实践上去，对中国马克思主义者来说是必要的课题"。

20世纪40年代，侯外庐在思想史的研究和撰述方面，建树最多。这期间，他先后出版了《中国古代思想学说史》（1944年）、《中国近世思想学说史》（1945年）和《中国思想通史》第一卷（1947年）。郭沫若于1945年去苏联报告《中国战时历史研究》时，盛赞侯外庐在思想史研究上"能力很强，成就甚大"，说明这些著作在当时思想界、学术界的影响是不小的。

《中国古代思想学说史》，跟《中国古代社会史论》是姐妹篇，是"历史与思想史相互一贯的自成体系"。《中国古代思想学说史》共13章，起于殷代，迄于战国。它所着重探讨的问题是："社会历史的演进与社会思想的发展，关系何在？人类的新旧范畴与思想的具体变革，结合何存？人类思想自身的过程与一时代学说的个别形成，环链何系？学派同化与学派批判相反相成，其间吸收排斥，脉络何分？学说理想与思想术语，表面恒常掩蔽着内容，其间主观客观，背向何定？方法论犹剪尺，世界观犹灯塔，现实的裁成与远景的仰慕恒常相为矛盾，其间何者从属而何者主导？何以为断？"作者为自己提出了一系列的深刻的问题，并且有深度地分别做出解答。

《中国近世思想学说史》，论述了17世纪至20世纪初的中国思想学说。全书三编17章，分别论述三个时期的思想学说。作者认为：17世纪的启蒙思想，"气象博大深远"；18世纪的汉学运动，"为学问而学问，正是乾（隆）嘉（庆）对外闭关、对内安定的学术暗流"；19世纪中叶以至20世纪初叶"更接受了西洋学术的直接影响，内容殊为复杂多面"。可能是因为收入史料较多，作者曾经自谦地说，他的这部书"基本上是一种读书笔记"，但它仍然是一部富有创见的书。

《中国思想通史》第一卷，是侯外庐主编，杜国庠、赵纪彬参加撰写的。全卷三篇，有《中国古代思想绪论》《孔墨显学》和《战国百家并鸣之学》。作者在初版序中指出："斯书注重之点，特在于阐明社会进化与思想变革的相应推移，人类新生与意识潜移的联系；斯书尤重在：一方面要全般地说明中国思想在世界文化中所扮演的角色，有时不能不做对称比较的研究；他方面更要具体指出中国思想发展的特别传统与其运行的特别路向，以期掘发出我国数千年来智识宝藏的真面目，进而凭借这一遗产，以为所应批判地接受与发扬之明鉴。"本卷是在《中国古代思想学说史》的基础上进行修改、充实和整理的，在全卷结构和论点上更为严整，在《中国思想通史》全书中也是最有功力的一卷。但也有《中国古代思想学说史》中一些精到的论述未能在本卷中充分吸收。

在马克思主义史学初步建立时期，除了在通史和社会史、思想史的研究方面取得了显著成绩外，在其他专史研究方面也有所建树。胡绳在1949年出版的《帝国主义与中国政治》，是这时期的马克思主义的专史著作的代表作。这是一部通俗的政治读物，也是一部严肃的历史著作。全书共六章，上限起于1840年，下限断至1924年，包含85年史事。毛泽东曾说，帝国主义侵略中国的历史，就是中国的近代史。《帝国主义与中国政治》一书，正是突出地论述了中国近代史上的这一重大课题。但是，正如作者所说，帝国主义列强与半殖民地中国之间的政治关系，内容极其复杂。为了深入地揭示这一重大课题的本质，作者在本书中着重阐明"帝国主义侵略者怎样在中国寻找和制造它们的政治工具"；"它们从中国统治者与中国人民中遇到了怎样不同的待遇"，"一切政治改良主义者对于帝国主义者的幻想曾怎样地损害了中国人民的革命事业"。所有这些，都表现了作者的马克思主义的历史见识。这本书篇幅不大，但长期拥有广大的读者，起着广泛的影响。

1946年8月，侯外庐在他的《中国古代思想学说史·再版序言》中说："中国学人已经超出了仅仅于仿效西欧的语言之阶段了，他们自己会活用自己的语言而讲解自己的历史与思潮了；他们在自己的土地上无所顾虑地能够自己使用新的方法，掘发自己民族的文化传统了……同时我相信这一方面的研究会在业绩方面呈现于全世界的文坛，虽则说并不脱离其幼稚性，而安步总在学步之时可以看出来的。"这一段话，可以看作是对于我国马克思主义史学初步建立时期的一个总结。所谓"使用新的方法，掘发自己民族的文化传统"，就是运用马克思主义理论来总结中国的历史遗产，亦即使马克思主义带上中国作风和中国气派。这无疑是中国史学史上的一次伟大的变革。在那些艰难的岁月里，我国马克思主义史学是富有成果的；而一批先进的史学家——马克思主义史学家，已逐渐在斗争中度过了"学步"阶段不断成熟起来，成为广泛传播马克思主义史学的中坚力量。

5. 在斗争中建立起来的中国马克思主义史学

20 世纪 20 年代至 40 年代，中国马克思主义史学是在斗争中逐步建立起来的。这个斗争，一方面和马克思主义在中国的历史命运息息相关，另一方面又与中国人民反帝反封建的革命斗争息息相关。

马克思主义唯物史观在中国的传播，并不是一帆风顺的。在它面前，存在着形形色色的唯心史观：有封建的，也有资产阶级的；有传统的，也有舶来的。只有对它们进行斗争，马克思主义唯物史观才能占领阵地。在这方面，李大钊做了艰苦的开辟工作。1919 年，胡适写文章宣扬"实验主义"，否认客观真理的存在，又宣扬"多研究些问题，少谈些'主义'"。他这些论点的矛头是指向马克思主义的。李大钊立即给予批驳，他著《再论问题与主义》，严正地指出："我们的社会运动，一方面固然要研究实际的问题，一方面也要宣传理想的主义；布尔什维主义的流行，实在是世界文化上的一大变动。"在文章中，作者着重阐明了唯物史观的基本原理：经济基础和上层建筑的关系，经济规律和阶级斗争的关系。接着，他又发表了《我的马克思主义观》，详细地阐述了"马克思独特的唯物史观"。"问题"与"主义"的论战，暴露了胡适的唯心史观，也促进了唯物史观的传播。1920 年，李大钊在《史学思想史》里，尖锐地批判了各种唯心史观。他写道：神权的、精神的、个人的、退落的或循环的历史观可称为旧史观，而人生的、物质的、社会的、进步的历史观可称为新史观；时至今日，循环的、退落的、精神的、"唯心的"历史观，犹有复活反动的倾势。马克思主义史学的任务是在"抗辩"旧史观中树立新史观。中国共产党成立后，资产阶级改良派更趋向保守。1923 年，李大钊在《时》这篇文章中指出："中国的思想界，退落的或循环的历史观，本来很盛，根深蒂固，不可拔除。至于今日，又有反动复活的趋势。"指出这些人在"行间字里，几全为悲观的论调所掩蔽，全为退落的历史观张目，而于进步的历史观深致其怀疑"。与此相反的，李大钊提出的马克思主义历史观是"奋兴鼓舞的历史观，乐天努力的人生观"。

第二次国内革命战争时期，中国思想界、理论界展开的"三大论战"，对中国的马克思主义者和进步的史学家是一次严峻的考验。其中，关于中国社会史问题论战对史学界的影响尤其重大。

中国社会史论战主要围绕这样三大问题：一、什么是"亚细亚生产方式"？中国历史上是否出现过这样的时代？二、中国历史上有没有奴隶制社会？三、中国封建社会有什么特征？中国封建社会的发生、发展及其没落的情况怎样？论战是学术的，又是政治性的。就后者来看，当时关于第一、第二个问题的争论，本质上乃是是否承认马克思主义具有普遍指导意义的问题，亦即马克思主义是否适合中国国情的问题；关于第三个问题的争论，则与中国社会性质论战有直接联系，即关系到对当时中国革命的对象、任务、性质和前途做怎样的认识。因此，这些问题的论争，具有直接实践的意义，因而也就显得更加重要。当时，李季、陶希圣、王礼锡、胡秋原等人，从各个方面向马克思主义进行挑战。李季认为，中国历史上缺了一个奴隶经济时期，所以在原始社会与封建社会之间，缺了一个奴隶社会，而填补这个空格的则是"亚细亚生产方式时代"；认为周代是"封建的生产方式时代"，秦至鸦片战争前为"资本主义的生产时代"，鸦片战争以后是"资本主义时代"。陶希圣始而认为中国自有神话传说以来，至鸦片战争前，都是封建社会，继而又提出战国至后汉是奴隶社会；他一时说中国从来没有封建社会，一时又说中国自有史以来就是封建社会，同时又说秦汉以来的中国是"前资本主义社会"。胡秋原甚至宣称"不是奴隶社会先于封建社会，而是封建社会先于奴隶社会"，在中国则未曾有过奴隶社会，封建社会是氏族社会的继承者；秦至鸦片战争这一段历史是"专制主义时期"，在此之后则是资本主义社会。王礼锡同胡秋原一样，也认为在没落的氏族社会中，已孕育了封建社会的萌芽，不承认中国有奴隶社会的存在；鸦片战争以后是资本主义社会，而由此上溯至秦则是一个"谜的时代"。综观他们这些五花八门的"历史见解"，根本目的在于：第一，否认中国历史上存在过奴隶制社会，从而否认马克思主义是普遍真理；第二，否认鸦片战争前的中国社会是封建社会，从而否认西方殖民主义对中国的入侵；第三，否认鸦片战争后的中国社会是半殖民地半封建社会，从而否认近百年来，特别是中国共产党成立以来中国人民反帝反封建革命斗争的必要性。可见，如何运用马克思主义的世界观和方法论，阐明中国社会史分期问题，从历史上论证中国共产党所领导的反帝反封建的革命斗争的必然性和必要性，回击形形色色的假马克思主义者与反马克思主义者的挑战，是当时革命的和进步的史学家的庄严责任。这雄辩地说明了马克思主义史学对革命工作的深刻意义。在这个论战中，马克思主义取得了胜利，中国的马克思主义史学由此得以建立在更加坚实的基础之上。此后，中国继续出现了一批马克思主义史学的早期著作，逐渐形成了一支马克思主义史学队伍。马克思主义史学的胜利，甚至连它的敌人也不得不承认。可以说，30 年代末至 40 年代问世的一些马克思主义史学著作，不少是在这次论战的推动下写出来的。

在抗日战争和解放战争年代，马克思主义史学队伍已成为中国共产党领导下的革命的科学文化大军的一支重要方面军。马克思主义史学在同一些非马克思主义史学和反马克思主义史学的思想体系的斗争中，进一步发展、壮大起来。

附：社会科学与自然科学之奋进

1919 年至 1949 年是中国历史上新民主主义革命成功的时期。这个时期突出地表现了中国由旧到新的转变。这是一个人民革命意志昂扬奋进的时代，是一个开创性的时代。这个时期的一切几乎都带有过渡的性质。这个时期的学术文化，在许多方面，是研究的开创性意义，大于实际取得的成果；对外国的东西，单纯的介绍和抄袭，多于细致的消化和吸收；对中国传统的东西，简单的蔑视和抛弃，多于合理的发扬和利用。理论上的提炼和升华远远落后于群众革命实践的成果。这时的科学研究虽然还缺乏融汇中西、贯通今古的辉煌成就，但是总的来说，学术文化上的成绩无愧于这个伟大的时代。在这个多变的急骤的历史过渡期，在许多方面幼年性是不可避免的现象。但在有些领域，不管是从世界范围还是中国学术发展史来看名列前茅的成果还是不少的。当然每一个具体的学术文化部门的发展并不是齐一的，取得的成果也不会是相等的。

跟中国人生长在中国这块土地上一样，中国的学术文化是生长在长期形成的旧有的社会与文化的土壤里的。现代学术与文化的发展，不管在积极方面也好，消极方面也好，都离不开中国的传统。因此这个时期的学术文化，在表现上，既有优秀遗产的继承发扬，也有沉积糟粕的浊流泛起。同时中国人从外国介绍进来的东西，有好的和坏的两个方面，坏的东西也对中国产生了影响。这里不能论述整个学术文化领域，只对几个方面做些不完全的叙述。

1. 马克思主义的哲学来到中国

西方的哲学从清朝末年开始传入中国。在"五四"后兴起的马克思主义宣传运动中，马克思主义的哲学被介绍到中国来。在中国早期共产主义者所写的宣传马克思主义、批判非马克思主义思想的论著中，传播了唯物史观的基本思想。其中李大钊的《我的马克思主义观》，陈独秀的《马克思学说》《答适之》等，是重要的篇章。与此同时，西方各种哲学思想，如实用主义、马赫主义、柏格森哲学、尼采哲学、康德哲学、黑格尔哲学等，也被大量介绍到中国来。1924年至1926年，瞿秋白先后发表《现代社会学》《社会哲学概论》《社会科学概论》《唯物的宇宙观概说》等著作，对历史唯物主义和辩证唯物主义，作了比较系统的论述。瞿秋白对介绍马克思主义哲学和推动马克思主义哲学在中国的发展，都有不可磨灭的功绩。

20世纪30年代，马克思主义原著和国外阐述马克思主义哲学的著作。被大量翻译出版，如《费尔巴哈论》《反杜林论》《自然辩证法》《唯物主义和经验批判主义》及《论一元论历史观之发展》等，都有了中文译本。一时间，辩证唯物论和唯物辩证法风行全国。这种状况引起资产阶级学者和唯心主义者的不安和反对，于是，自1931年起，哲学界发生了持续几年的关于新哲学和唯物辩证法的论战。张东荪发表《我亦谈谈辩证的唯物论》《唯物辩证法之总检讨》《动的逻辑是可能的吗？》等文章，出版《认识论》《道德哲学》《价值哲学》等专著，编辑《唯物辩证法论战》一书，宣传自己的哲学，反对马克思主义的哲学。张东荪提出"架构主义"的概念，认为客观外界"只是空的架构","有物理而无物质，有生理而无生命"，"一切都是架构，而无实质"，而"架构"又不能离开"我们的认识"。

在认识论上，张东荪主张知识是由外界条理、先天格式、名理设准、经验概念四种要素合并组成。他把这叫作多元的认识论。张东荪否定辩证法的三大规律，说辩证法是"过时的古董"，马克思的辩证法更是"错误到不可救药"。当时的叶青以新唯物论和辩证法的捍卫者自居，起来批判张东荪的哲学。他写了《哲学向何处去》《张东荪哲学批判》等书。叶青主张"哲学消灭论"，认为"在科学独霸知识界的时代，哲学的本土没有了"，因此，"企图任何哲学体系的建立，都是反动的行为"。这就从根本上否定了马克思主义哲学。

艾思奇等发表了一系列文章，回击张东荪等人的攻击，揭露叶青假马克思主义者的面目，宣传马克思主义哲学。这种哲学思想上的斗争促进了马克思主义哲学在中国的成长。从1934年11月起，艾思奇在上海《读书生活》杂志上连续发表《哲学讲话》。他以通俗生动的语言，阐明辩证唯物论的基本原理和唯物辩证法的基本规律。《讲话》的单行本，在1936年出第四版时改名《大众哲学》。此后至1948年共印行32版。它对普及马克思主义哲学起了重要作用。1935年李达印行《社会学大纲》一书，1937年5月又增订出版。它是中国人自己写出的一部系统阐述马克思主义哲学的著作。李达在苏联学者研究的基础上，正确地阐明了"对立统一的法则，是辩证法的根本法则，是它的核心"。这个法则是"认识任何事物的根本法则"。他提出和阐述了"拮抗的矛盾"和"不拮抗的矛盾"即对抗性矛盾和非对抗性矛盾的观点。在马克思列宁主义的认识论问题上，他阐述了能动的反映论和认识的"圆运动"，强调实践对认识的决定意义。《社会学大纲》在中国马克思主义哲学发展史上占有十分重要的地位。在20世纪30年代的后半期，毛泽东进行了哲学方面的研究。他研究的显著特点是把马克思主义哲学原理同中国革命实践密切结合起来，用前者指导后者，又用后者的经验说明和丰富前者的内容。他在1937年写的《实践论》和《矛盾论》，科学地阐释了马克思主义的知行观，即认识论和辩证法的核心矛盾学说。《实践论》强调认识对实践的依赖关系，指出"实践的观点是辩证唯物论的认识论之第一的和基本的观点"。他论证和表述了认识的全过程，指出"实践、认识、再实践、再认识，这种形式，循环往复以至无穷，而实践和认识之每一循环的内容，都比较地进到了高一级的程度。这就是辩证唯物论的全部认识论，这就是辩证唯物论的知行统一观"。

三四十年代，当权的国民党蒋介石集团为了强化其反动统治，大力宣扬"力行哲学"（或叫诚的哲学）和唯生论。力行哲学是蒋介石歪曲孙中山的知行学说，利用法西斯主义的哲学观点而提出来的。他说："古今来宇宙之间，只有一个'行'字才能创造一切。'行'的哲学为唯一的人生哲学。力行的起点在于'诚'，诚是行的原动力。"这种力行哲学，就是法西斯的行动主义。大力宣扬唯生论的是陈立夫。陈立夫借用孙中山使用过的"生元"一词，写成《唯生论》《生之原理》，发挥了一套唯生论的哲学。他既反对"唯心一元论"，又反对"唯物一元论"，"主张唯生一元论"。他说，宇宙的本体是"生元"。"生元"，"具有精妙的智慧与伟大的能力"，是"宇宙间有生无息大智万能的主宰"。即"西洋人所谓'上帝'，我们之所谓'造物者'"。这是一种彻头彻尾的唯心主义论调。

在上述各种哲学以外，构成自己的哲学体系和阐述自己的哲学观点的，还有冯友兰、金岳霖、熊十力、贺麟等。他们的哲学思想和哲学体系的形成，主要在40年代。冯友兰的代表作是关于"新理学"的六本书：《新理学》《新事论》《新世训》《新原人》《新原道》《新知言》。新理学主要是程朱理学的再版与发挥，同时糅杂了佛道哲学和西方哲学。冯友兰虚构一个"先于实际底世界"的"理世界"，那里"万理俱备"，现实世界中的"物"，不过是"理之实现"。这是客观唯心主义。在讲人生问题时，冯友兰区分四种"境界"，其最高境界是"天地境界"。"天地境界"中的人"体与物冥"，"万物皆备于我"，"我"成了"大全的主宰"。这里，冯友兰又从客观唯心主义倒向主观唯心主义。金岳霖的代表作是《论道》和《知识论》。他在《论道》中提出和阐发了"道""式""能"的概念。他说，"式类似理与形"，"能类似气与质"，"道"则是"能"与"式"的综合。"无无能的式，无无式的能。""式与能无所谓孰先孰后。"他认为"能"是不可感觉也不可言说的。金岳霖的哲学体系倾向于唯物主义。熊十力的代表作是《新唯识论》。他主张"体用不二"。本体即是功能，即是现象，三者是一回事。他反对超脱于现象界之上的本体是现象的根本，而认为"吾人的本心"就是本体。熊十力的哲学是主观唯心主义的。他的哲学很难懂，因而影响不大。贺麟的代表作有《当代中国哲学》《近代唯心论简释》等。他的哲学是陆王心学和西方新黑格尔主义相结合的产物。贺麟认为"心为物之体，物为心之用。心为物之本质，物为心之表现"。在知行关系上他主张"知行合一"，认为知行"同时发动"，"无先无后"；知为本质，行为现象，知为主，行为从。他又说唯物史观只研究"外表现象"，是"外观法"，而唯心史观的"内观法"，才"注重本质"。贺麟的哲学也是唯心主义的。冯友兰、贺麟的哲学受到马克思主义者的批评。陈家康、杜国庠、胡绳等人著文揭露了他们哲学观点的谬误。

2. 新文化运动之重于文学革命

新文化运动的一个重要内容是文学革命。1917 年 1 月《新青年》发表了胡适的《文学改良刍议》，它是由少数人酝酿发展到兴起新文学运动的标志。紧接着陈独秀发表《文学革命论》，"高张'文学革命军'大旗"，这是文学革命的正式宣言。"五四"前后，关于文学革命主张的探讨较前广泛和深入，发表了人的文学、平民文学、写实主义文学、为人生的文学等主张，提出了较完整较系统的新文学理论。"五四"后白话文成为文学的正宗。文学革命有力地促进了思想解放运动的开展，有效地配合了五四反帝爱国斗争。它是中国文学发展史上一次真正伟大的革命，奠定了现代文学的基础，揭开了文学史的新篇章。

"五四"以后纯文学社团雨后春笋般地涌现，并且孕育出不同的文学流派。据统计，从 1921 年到 1925 年出现的文学社团和刊物各有 100 多个，几乎遍布各大中城市。其中影响较大、成绩显著的是文学研究会和创造社。文学研究会是由郑振铎、沈雁冰、叶绍钧等发起，于 1921 年 1 月在北京正式成立的。它主张为人生的文学，是现实主义流派。创造社是由在日本的留学生郭沫若、郁达夫、田汉、成仿吾等，于 1921 年 7 月成立的。它主张为艺术而艺术，是浪漫主义流派。

五四时期兴起的文学革命运动，它的主流逐步向"革命文学"前进。这表现在，首先，共产主义文化思想对新文学运动的指导进一步加强。1923 年 6 月改组后的《新青年》，中国共产党作为用马克思主义指导意识形态各个领域的"罗针"。《新青年》的"新宣言"，宣布要继承和发扬五四新文化运动的战斗传统，体现了共产党对新文学的有意识的指导。第二，文学理论主张中无产阶级文艺思想因素增加。1923 年后，共产党人邓中夏、恽代英、萧楚女等发表文章，初步宣传了马克思主义的文学主张。1925年沈雁冰发表《论无产阶级艺术》，从性质、题材、内容、形式等方面对无产阶级文艺做了初步说明。次年郭沫若发表《革命与文学》，指出时代所要求的文学，"是同情于无产阶级的社会主义的写实主义的文学"。这些表现了文学革命向"革命文学"的发展趋势。

这个时期在文学创作方面取得了前所未有的成就，小说有鲁迅的《狂人日记》《祝福》《阿Q正传》等；新诗有郭沫若的《女神》等。鲁迅（1881—1936年），原名周树人，字豫才，鲁迅是笔名，浙江绍兴人。他在《阿Q正传》中塑造了一个在封建势力压榨下的落后的农民典型形象。阿Q惯用自尊、自慰、自卑、自欺的"精神胜利法"，来排解身受的痛苦，聊以满足一下反抗报复的心理。然而这只能给自己带来更大的屈辱。但是当革命来临时，阿Q也燃起了自发的革命热情，要求革命。然而反革命势力不准他革命，把他判处死刑。《阿Q正传》深刻地反映了辛亥革命前后中国的社会面貌和农村的阶级关系，反映了革命波澜的影响和革命失败的原因，揭示了中国农村埋藏的革命力量的深厚，也揭露了中国国民性中的劣点，及其对中国历史前进的巨大消极影响。《阿Q正传》之深刻的社会内容和高超的艺术价值，使它成为名闻世界的作品。郭沫若的《女神》充满了改造社会的磅礴气势，充满了对黑暗社会的叛逆精神，充满了爱国主义的炽热感情。《女神》在思想性和艺术性上都达到新诗的高峰。它开创了新的诗风。这个时期，闻一多的诗、冰心的哲理小诗也是比较著名的。

1927年大革命失败以后，一批直接从事革命工作的文化人，离开原来的工作岗位，聚集到文化战线上来，同时又有一批新的革命者加入文化战线，推动了文学的发展。1928年1月创造社和太阳社发起革命文学运动。两个团体的成员力图创造一种"以无产阶级的阶级意识"为指导的、为完成无产阶级的历史使命服务的斗争文学。中国文学发展史进入一个新阶段。但是在革命文学运动中出现了"左"的错误，一度把斗争矛头指向鲁迅、茅盾等人，发生了关于革命文学的争论。这场争论到1929年上半年基本结束。这是一场革命文学阵营内部的争论。经过争论双方的认识水平都得到提高；互相批评增进了团结。为了共同进行反对国民党文化"围剿"的斗争，推动革命文学事业的发展，在共产党领导下，1930年3月，中国左翼作家联盟在上海成立。沈端先（即夏衍）、冯乃超、钱杏邨（即阿英）、鲁迅、田汉等为常务委员。在"左联"领导下，左翼作家以大无畏的英雄气概，同国民党的文化"围剿"展开了顽强的斗争，对法西斯的"民族主义文艺"思想和资产阶级小资产阶级文艺思想进行了批判。在斗争中无产阶级的文艺事业不断得到发展。这是第二次国内革命战争时期文化革命深入的一个重要表现。

左翼作家自觉地把自己的文学创作活动服务于中国革命斗争，自觉地宣告文学是整个无产阶级革命事业的一部分。为此目的，他们辛勤地从事文学创作，写出了许多不可磨灭的作品。革命的现实主义是中国文坛上最大的最重要的文学流派。这个时期的文学创作成就是巨大的。鲁迅在他一生的后十年，以写杂文为主。他的杂文所暴露和批判的政治社会现实是非常广泛的，涉及政治思想战线上的一系列斗争。他的杂文是文艺性的政论，具有锋利、泼辣、幽默的风格，具有很强的逻辑说服力和艺术感染力，做到了高度思想性和高度艺术性的统一。这个时期瞿秋白也写了不少精彩的杂文。小说方面的成就是很突出的，作家们写下了不少优秀作品。茅盾写的长篇小说《子夜》和短篇小说《林家铺子》等是著名的佳作。茅盾（1896—1981年），原名沈德鸿，又名沈雁冰，茅盾是笔名，浙江桐乡人。《子夜》于1933年1月出版后，震动了中国文坛。《子夜》形象地真实地反映了20世纪30年代中国的社会现实和阶级茅盾，成功地塑造了买办资产阶级和民族资产阶级的典型人物。他通过具体的生动的艺术形象，说明半殖民地半封建的中国不可能走上发达的资本主义社会。这部小说是革命现实主义文学的重大成就。巴金最著名的长篇小说是《家》。它以"五四"前后的中国社会为背景，描写了封建大家庭的崩溃，揭露了封建社会的黑暗腐朽，歌颂了青年知识分子的觉悟和反封建斗争。这部作品在青年中有很大的影响。《骆驼祥子》是老舍的优秀现实主义作品。它通过北平一个人力车夫祥子的悲剧，反映了城市贫民的悲惨生活。正直纯朴善良的普通劳动者祥子的正当生活追求，在黑暗的罪恶的旧社会最后都化为灰烬，他自己也堕落了下去。祥子一生的悲剧是对旧社会的控诉。

这个时期重要的小说作家还有叶绍钧、沈从文、张天翼、丁玲、萧军等。曹禺是这个时期出现的著名剧作家。他的剧本《雷雨》《日出》在文学史上享有盛名。《雷雨》描写了一个带有浓厚封建性的资本家的家庭生活悲剧，展示了这个家庭的罪恶历史和现实，使人们看到了中国上层社会的腐朽。这个剧作具有强烈感人的艺术力量，是这一时期戏剧文学的最高成就。

这个时期著名的剧作家还有田汉、洪深等。这个时期著名的诗人有徐志摩和臧克家等。徐志摩的诗有的在思想内容上有严重缺陷，但在艺术上有很高的成就。他的诗形象生动、语言精炼、辞藻色彩绚丽、音调铿锵和谐，对新诗的发展做出了贡献。臧克家的诗有坚实的生活基础，真挚的思想感情，用洗练的诗句抒写农民的勤劳与坚忍、苦难与不幸，表现了对光明的热望和对社会黑暗的憎恨。作品主要有《烙印》等。

"七七事变"以后，大批文艺工作者投入轰轰烈烈的抗日斗争，用各种形式的文艺宣传直接为抗战服务。1938年3月在武汉成立了中华全国文艺界抗敌协会。协会号召文艺工作者"用我们的笔，来发动民众，捍卫祖国。粉碎敌寇，争取胜利"。

抗战期间，文学创作上的收获是巨大的。这期间，出现了一批以历史题材为现实服务的剧本，其中成就最高的是郭沫若的《屈原》。郭沫若在剧本中创造了一个热爱祖国、光明磊落、意志坚强、为正义献身的典型人物屈原。这个剧本的演出收到了巨大的政治效果和艺术效果。夏衍的《法西斯细菌》也是一个优秀剧作。张天翼在抗战初期写的《华威先生》是一篇优秀的短篇小说。他以讽刺的笔调抨击了国民党官僚和国民党统治下的黑暗腐败现象。它产生了很大影响。写得比较成功的长篇小说，有茅盾的《腐蚀》等。新诗的创作，比较著名的有艾青的《大堰河》《向太阳》《火把》，田间的《给战斗者》等。

1942年5月，中国共产党在延安召开文艺座谈会。毛泽东在会上做了讲话。他阐述了文艺为工农兵服务的方向，作家必须深入群众，熟习社会生活，小资产阶级的文艺工作者必须改造世界观等革命文学的基本问题。座谈会后，解放区文艺界出现了崭新的面貌。它的影响扩大到全国。中国文学发展到一个新阶段。许多作家的作品，从所反映的内容、思想感情、人物形象，到语言艺术风格、表现手法，都有新的变化。此后到中华人民共和国成立，这个时期的文学创作有巨大收获。赵树理创作的小说《小二黑结婚》《李有才板话》《李家庄的变迁》等深刻地反映了中国农村由旧到新的转变，塑造了新型农民的形象。他的作品具有浓厚的中国气派和中国风格，深受广大群众的喜爱，对文学形式的民族化、大众化做了重大贡献。孙犁的短篇小说《荷花淀》是一篇具有独特风格的作品。丁玲的《太阳照在桑干河上》和周立波的《暴风骤雨》是两部反映土改斗争的著名长篇小说。在解放区产生了一种新的文艺形式——新歌剧。最著名的新歌剧是《白毛女》。它是在继承传统戏曲和学习新秧歌剧的基础上，借鉴西洋歌剧而创作出来的。它在思想性和艺术性上都达到较高的程度。李季的长篇叙事诗《王贵与李香香》是新诗的最重要的成果。他采取民歌形式和传统的比兴手法，表现了新的革命的内容，做到了思想性与艺术性谐和统一。阮章竞的《漳河水》是另一篇写得成功的长诗。总之，整个文坛取得了可喜的成就。

3. 这时期自然科学的可观成绩

民国初年，中国出现了研究自然科学的机构和团体，如农商部的地质调查所和中国科学社。中国科学社是 1915 年中国留美学生赵元任、秉志、杨铨（即杨杏佛）、任鸿隽等在美国成立的。1918 年社址迁回国内。十年后社址定在上海。社员中大多数是在国内或国外从事科学研究与工程技术工作有成绩的人，其中不少人是中国近代科学中各个学科的创建者、带头人。该社进行的工作有：刊行《科学》《科学画报》，设立明复图书馆、博物馆、生物研究所，举办科学讲演和展览，召开学术讨论会等。到 1949 年会员发展到 3776 人。它对我国科学事业的发展起了重要作用。中国科学社的生物研究所，在秉志、胡先骕主持下，对动物学、植物学的发展做出了贡献，在世界学术界有重要地位。

1927 年 5 月国民党中央决定设立中央研究院，次年 6 月正式成立，蔡元培为院长。中央研究院是当时的国家最高学术机关。它从 1927 年开始筹备到 1930 年年初，共成立物理、化学、工程、地质、天文、气象、历史语言、心理、社会科学九个研究所和一个自然博物馆。九个所共有专任、兼任、名誉、特约研究员 91 人，助理员 64 人，初步形成了一支包括自然科学和社会科学许多部门的专家学者在内的科学研究队伍。到 1949 年研究所增加到 12 个。1929 年 9 月北平研究院成立。

全国各大学也相继成立了不少研究所，至 1947 年共有 157 所，主要是理工科。自然科学刊物除一般性的期刊《科学》以外，重要的学术刊物有《中国地质学会会志》《中国科学社生物研究所丛刊》《中国生理学杂志》《中国物理学报》《气象学报》《中国化学会会志》等。

由于中国是一个半殖民地半封建的国家，在自然科学方面，知识水平低，人才不足，经费短缺，加上政治上动荡不安，科学研究的开展受到极大限制。但是由于科学家和技术工作者的辛勤努力，自然科学的研究和发明创造，仍然取得了不少成绩，使我国的自然科学逐渐摆脱了单纯介绍外国科学成果的状况，有了自己的研究成果，其中有的达到世界先进水平，并且培养了人才，积累了经验。主要的自然科学研究成果和工程技术方面的发明创造，可以举出以下这些：

数学方面，如陈建功对富利埃级数的研究，苏步青对微分几何学的研究，华罗庚对解析数论的研究，都做出了重要贡献。

地质学方面，地质调查所先后在丁文江、翁文灏、李四光的领导下，开展了野外调查和在实验室中的理论研究，推动了我国地质科学的进步。李四光的《东亚的几个特别构造型》一文，提出地质力学的原理和方法。他对中国山岭区域冰川地质做了研究，提出了新的见解。黄汲清提出从地台地槽和造山运动的关系划分中国地壳构造单位的见解。

物理学方面，吴有训对康普顿效应的研究、钱三强对铀原子核的研究、钱学森对稀薄气体动力学理论的研究，都做出了贡献。

地球物理学方面，竺可桢的《中国气流之运行》根据大量观测资料，找出中国四季气候变化的规律。涂长望的《大气运行与世界气温的关系》为我国长期天气预报研究奠定了基础。

人类学和古生物学方面，1929年裴文中在周口店发现北京猿人头骨和大量古生物化石，这是轰动世界的大事。北京猿人头骨的发现在人类学的研究上起了很大作用。

天文学方面，1934年中央研究院天文研究所在南京紫金山建立天文台，开始了中国人自己的天文观测工作。1941年9月21日日全食时，我国组织观测队到西北进行观测，记录下了难得的资料。

考古学方面，1928、1929年历史语言研究所开始在河南安阳小屯发掘殷墟。这是中国人用现代科学方法进行的第一次大规模地下考古发掘，结果发现大量青铜器和甲骨。这次发掘是中国和世界考古学史上的一件大事。

工业化学方面，侯德榜发明了新的制碱方法，这是中国人对工业化学的具有国际声誉的贡献。

桥梁工程方面，在茅以升主持下修建了钱塘江大桥。

第三讲　中国新民主主义革命的开端 —— 五四运动

爆发于 1919 年的五四运动，是一次伟大的反对帝国主义和封建主义的革命运动，是中国新民主主义革命的开端。

1. 五四运动的前夜

在北洋军阀代替清皇朝的统治之后，中国社会的矛盾更加深化。

日本帝国主义乘第一次世界大战爆发，欧洲列强忙于彼此厮杀之机，加快了侵占中国的步伐。1914 年 9 月下旬，日本对德国宣战，随即于 9 月出兵我国山东，10 月占胶济铁路，11 月占青岛，全部夺取了德国在山东侵占的权益。1915 年 5 月，强迫袁世凯签订"二十一条"。1917 年日本与美国订立协定，美国承认它在中国享有"特殊利益"。1917 至 1918 年，通过巨额的"西原借款"，日本进一步控制了中国的铁路、税收、矿产森林资源以及军队训练权。1918 年与段祺瑞政府签订《共同防敌军事协定》，调派数万军队进驻中国东北。大战期间，日本在华经济势力迅速扩张。1913 年到 1919 年，日本在华企业由 36 家猛增至 178 家；在中国东北开设的银行，由 21 家增至 38 家。日本帝国主义的加紧侵略，使中华民族的危机更趋严重。

上述"西原借款"源起 1917 年 8 月 28 日（民国六年七月十一日），北京政府财政总长梁启超与日本横滨正金银行签订续善后借款 1000 万日元合同。该项借款是段祺瑞政府和日本寺内正毅内阁之间著名的"西原借款"之一。日本企图通过借款独占中国主权。在一系列的借款中，其中由段祺瑞的日本顾问西原龟三经办的有 8 次，总数约 1.45 亿日元，这批借款总称为"西原借款"。通过借款，段祺瑞把山东和东北地区的铁路、矿产、森林等权益大量出卖给日本。

1918 年年初，日本参谋次长田中义一和北京政府驻日公使章宗祥商谈中日军事行动问题，不久，日本外务大臣本野和章宗祥交换了关于"共同防敌"的照会。5 月 16 日和 19 日，北洋政府与日政府代表先后在北京签订了《中日陆军共同防敌军事协定》和《中日海军共同防敌军事协定》。日本签订该协定的目的，一方面是干涉苏俄革命，另一方面也是为了借此进一步控制中国，特别是为巩固日本在北满的统治。当时日本政府的《日本外交文书》（内部）中述，"根据日中同盟，帝国将取得绝大利益，即在军事上以协同作战为理由，可在中国领土内之必要方面，自由出动帝国的军队，而且在军事上当然以相互支援之名义，参与编练中国军队；尤为重要的是有利于我控制掌握军火制造的原料。在政治上，基于同盟关系，积极参与其内政，以便于从各方面扶植帝国的政治势力。在经济上，以同盟协作之名，开发其丰富的资源，努力开拓市场，以利于帝国经济的发展"。由此可见，日本企图利用中日结盟的关系，将中国在军事上、政治上、经济上完全置于自己控制之下的侵略野心，说得再清楚不过了。

当时统治中国的北洋军阀，从袁世凯到段祺瑞，事实上都是日本帝国主义的代理人。1918 年 9 月，在中日双方关于山东问题的换文中，驻日公使章宗祥竟对日本夺取原德国在我国山东侵占的权益，表示"欣然同意"。段祺瑞继承袁世凯衣钵，对外出卖国家主权，对内假民国之名，行专制之实。张勋复辟事件后，他背弃民国元年约法，组织御用国会，实行武力统一，制造连年内战，把中国推到更加黑暗的深渊。

2. 巴黎和会的外交失败

五四运动就是在中国人民同帝国主义和封建军阀的矛盾日益深化的基础上，又在俄国十月社会主义革命和当时世界革命高潮的影响下发生的。它的直接导火线是巴黎和会上中国外交的失败。

1918 年 11 月，打了四年零三个月的第一次世界大战，以德、奥等国的失败宣告结束。翌年 1 月，战胜国在法国巴黎召开拟定对德和约的会议。参加会议的有 20 多个国家，但实际操纵会议的是美、英、法三国。美国总统威尔逊、英国首相劳合·乔治、法国总理克里孟梭是三个决策人物。中国派出由陆征祥（北京政府外交总长）、顾维钧（驻美公使）、施肇基（驻英公使）、魏宸组（驻比公使）、王正廷（南方军政府代表）五人组成的代表团出席会议。陆为首席代表，但经常出席会议的是顾、王二人。代表团中英美派居多数。开始，中国代表向和会提出"希望条件"七项和废除"二十一条"的要求。七项希望条件是：废弃势力范围、撤退外国军队巡警、裁撤外国邮局及有线无线电报机关、撤销领事裁判权、归还租借地、归还租界、关税自主。和会的操纵者拒绝讨论中国的要求，理由是这些要求"不在和平会议权限以内"。接着，中国代表提出山东问题，要求将德国在山东的胶州湾租借地、胶济铁路及其他权利，直接归还中国。顾维钧、王正廷曾据理力争，但在国际强权政治下，中国的要求又被拒绝。4 月 30 日，英、美、法三国在邀请日本参加、拒绝中国代表出席的情况下，议定了巴黎和约中关于我国山东问题的条款，决定将德国在山东侵占的各项权益全部让予日本。5 月 1 日，英国外交大臣将此项决定通知中国代表。

　　第一次世界大战结束时，长期遭受帝国主义侵略的中国人民曾满怀争取民族独立的希望，欢呼"公理战胜强权"。美国总统威尔逊提出的《和平条款十四条》，迷惑过许多中国人。

　　《和平条款十四条》，即 1918 年 1 月 8 日威尔逊在国会发表的演说，提出了"十四点原则"作为"建立世界和平的纲领"，14 条是：①签订公开和约，杜绝秘密外交；②平时和战时海上航行绝对自由；③取消一切经济壁垒，建立贸易平等条件；④裁减军备到同国内安全相一致的最低点；⑤公正处理殖民地问题，在决定一切有关主权问题时，应兼顾当地居民的利益和殖民政府之正当要求；⑥外国军队撤出俄国，并保证俄国独立决定其政治发展和国家政策，欢迎它在自己选择的制度下，进入自由国家的社会；⑦德军撤出比利时，并恢复其主权；⑧德军撤出法国，阿尔萨斯和洛林归还法国；⑨根据民族分布情况，调整意大利疆界；⑩允许奥匈帝国境内各民族自治；⑪罗马尼亚、塞尔维亚和门的内哥罗的领土予以恢复；

⑫承认奥斯曼帝国内的土耳其部分有稳固的主权，但土耳其统治的其他民族有在"自治"的基础上不受干扰的发展机会，达达尼尔海峡在国际保证下永远开放为自由航道；⑬重建独立的拥有出海口的波兰，以国际条约保证其政治经济独立和领土完整；⑭根据旨在国家不分大小、相互保证政治独立和领土完整的特别盟约，设立国际联合机构。这是由一战的战胜国美国主动提出的，但这一切都是骗人的，实际却是"弱肉强食"。

巴黎和会对山东问题的处理，使中国人民打消了对"公理战胜强权"的幻想，认识到必须自己"直接行动"。五四运动由此爆发。

3. 轰轰烈烈的五四运动

5月4日之前，各阶层人民争回国家主权的活动就已展开。山东旅京人士组织了外交后援会。济南十余万群众召开了国民请愿大会，表示对山东主权必"誓死力争，义不反顾"。北京一万余名大专学生致电全国和巴黎和会中国代表，要求"取消中日密约"，"保持国权"。政界人士熊希龄、林长民、汪大燮等在京成立中国国民外交协会，多次发出争回国家主权通电。上海各工商学团体和聚集广州的数百名国会议员，也纷纷通电呼吁。5月1日，陆征祥密电北京政府，报告中国在巴黎和会的外交已经失败。5月2日，林长民在北京《晨报》发表《外交警报敬告国民》一文，他从梁启超的巴黎来电中"证实"中国外交失败的消息。同日，蔡元培把巴黎的消息通知北京大学学生代表。外交的失败，促使人们更积极地行动起来。5月3日下午，国民外交协会召开全体职员会，决定5月7日在中央公园召开国民大会，并分电各省各团体同日举行。5月3日晚，北京大学全体学生召开大会，决定次日齐集天安门广场，举行北京学界大示威。同日，北京高师的学生团体亦举行会议，决定第二天采取更激烈的行动。

5月4日下午，北京大学、北京高师、汇文大学等13所学校3000多名学生，在天安门广场集会。他们手持小旗，散发传单，发表宣言，要求"外争国权，内除国贼"，取消"二十一条"，"还我青岛"，拒绝在巴黎和约上签字，惩办亲日卖国官员曹汝霖、章宗祥、陆宗舆。他们表示"宁为玉碎，勿为瓦全！""中国的土地可以征服而不可以断送！""中国的人民可以杀戮而不可以低头！"集会后学生们列队向东交民巷使馆区进发，向外国侵略者示威。但到达东交民巷西口时，因受到外国巡捕阻拦，未能通过。愤怒的学生于是奔向赵家楼胡同曹汝霖住宅。由高师学生匡互生领头，学生们冲入曹宅，痛打了正在曹宅的章宗祥，并放起火来。反动当局进行镇压，捕去32人。

五四示威游行后，为抗议军阀政府的镇压和开展爱国活动。北京专科以上学校的学生两次举行总罢课。学生们结成"十人团"，进行讲演，提倡国货，抵制日货，组织护鲁义勇队，进行军事训练。北京政府一面为曹汝霖等人开脱罪责，一面诬蔑学生的举动是"越轨"和"非法"的，声言"不能不诉诸法律之制裁"。6月3、4两日，反动政府对上街讲演的学生实行大逮捕，捕去学生近900人，以致不得不把北京大学法、理两科校舍作为监禁场所。

从北京开始的爱国运动，很快扩展到全国。天津、济南、太原、上海、武汉、长沙、西安、广州、南京、杭州、南昌、开封、福州、合肥、保定等地学生，都相继举行罢课和示威游行，开展讲演、抵制日货等活动。许多城市都召开了各界人士参加的国民大会，声援学生的爱国行动。不少县城的国民大会，都有万人参加。上海国民大会并建立经常办事机构事务所。山东人民除召开十万人的国民大会外，又由省议会、教育会、农会、报界联合会、学生联合会、外交商榷会联合组成代表团，赴京请愿，要求拒签和约，惩办国贼。这样，就形成了一个全国范围的爱国运动的高潮。军阀政府对北京学生的大逮捕，激起全国人民更大的愤怒。6月5日以后，运动进入新的阶段。斗争的中心由北京移到上海，广大工人、商人、店员投入了运动。

6月5日。上海工人阶级为营救被捕学生，"格政府之心，救灭亡之祸"，开始罢工；商人在"学商一致""罢市救国"的口号下，开始罢市；两万余名中等以上学校学生在此以前已经罢课。这样，首先在中国工业中心上海实现了"三罢"。6日，上海各界联合会成立。一周内，上海罢工的工厂企业达50多个，工人六七万人。除上海外，天津、济南、南京、武汉、宁波、厦门、苏州、九江等许多城市的商人举行了罢市；唐山、长辛店、九江等地工人举行了罢工；天津和津浦铁路工人开始酝酿罢工。

据统计，全国有 22 个省的 150 多个城市，举行了罢工、罢市或罢课斗争。五四运动由开始时的主要是知识分子的运动，发展为由广大无产阶级、小资产阶级、民族资产阶级和其他爱国人士参加的广泛的革命运动。在群众运动的强大压力下，北京政府被迫于 6 月 10 日免去曹、章、陆三个人的职务；在巴黎和约举行签字的 6 月 28 日，中国代表团没有出席会议和在和约上签字。至此，在惩办卖国贼和拒签和约两个直接斗争目标上，运动取得了胜利。

4. 新民主主义革命序幕

五四运动表现出彻底的、不妥协的反对帝国主义和封建主义的精神，它促使军阀政府派出的代表拒绝在帝国主义国家合伙制定的"和约"上签字，这在中国外交史上是空前的举动。在五四运动中，工人阶级改变以往追随资产阶级、小资产阶级参加革命斗争的状况，而以独立的姿态举行了政治罢工。十月革命后中国出现的具有初步共产主义思想的知识分子，在运动中起了骨干带头作用。通过运动，迅速扩大了先进知识分子的队伍。运动促进了马克思列宁主义在中国的传播及其同中国工人运动的结合，为中国无产阶级政党的成立做了思想上、干部上的准备。这些表明，五四运动使中国反帝反封建的资产阶级民主革命发展到一个新的阶段，它揭开了新民主主义革命的序幕。

五四运动既是爱国政治运动，又是解放思想的文化运动。作为前者，包括 5 月 4 日至 6 月 28 日共 56 天时间。作为后者（一般称作新文化运动），则包括从 1915 年 9 月《青年杂志》创刊到 1921 年 7 月中国共产党成立，共五年零十个月的时间。"五四"前的文化运动为爱国运动的爆发，准备了思想条件；爱国运动的高涨，又推动了文化运动的发展，使"五四"前主要是传播西方资产阶级思想的旧民主主义性质的文化运动，发展为以传播马克思主义为主流的新民主主义性质的文化运动。

5. 五四运动的大众觉醒

经过五四运动，各阶层人民获得了新的觉醒。改造社会的声浪，更加高涨。广大知识分子以一种迫不及待的心情探求救国救民的真理。于是，西方各种哲学思想、政治思潮，大量涌入中国，并广泛传播开来。中国思想界呈现出百家争鸣的局面。据统计，"五四"后一年，新出版的刊物达400多种。上海的《星期评论》《建设》和《觉悟》（《民国日报》副刊），北京的《少年中国》《解放与改造》《新社会》《北京大学学生周刊》，长沙的《湘江评论》，天津的《觉悟》，杭州的《浙江新潮》等，都是"五四"后出版的重要刊物。新成立的社团，也以百计。这些社团和刊物，都以宣传新思潮、探讨社会改造问题为己任。当时所谓的新思潮，是一个庞杂的概念，既包括无产阶级的思想，又包括多种多样的资产阶级小资产阶级的思潮，凡不同于中国封建传统文化的西方思潮，都被看作是新思潮。其中，在中国传播广、影响大的思潮主要有：马克思主义、实用主义、基尔特社会主义、新村和工读互助主义、无政府主义等。此外，还有合作主义、泛劳动主义、议会主义以及康德、马赫、柏格森、尼采等人的哲学，等等。

在俄国十月革命影响下产生的具有初步共产主义思想的知识分子，五四运动后成长起来。经过他们的努力，马克思主义在中国得到广泛传播。中国共产主义的先驱者李大钊，对在中国传播马克思主义，做出了最重要的贡献。李大钊在1918年下半年，写了赞颂十月革命的《法俄革命之比较观》《布尔什维主义的胜利》等文章。1919年5月李大钊在《新青年》杂志的"马克思研究号"，发表长文《我的马克思主义观》。这是中国人第一次对马克思主义的系统介绍。他帮助很有影响的北京《晨报》在副刊上开辟"马克思研究"专栏，译载马克思原著和介绍马克思主义的著作。他还在北京的高等学校开设宣传唯物史观和社会主义的课程。1920年3月，李大钊在北京成立马克思学说研究会，指导青年学习马克思主义理论。"五四"前后出版的许多刊物，都在不同程度上传播了马克思主义。《每周评论》摘译过《共产党宣言》的一些段落，并在编者按语中，强调了宣言中"阶级战争"和"劳工联合"的思想。《新青年》杂志在"五四"后发展为宣传马克思主义的主要阵地。《国民》杂志译载过《共产党宣言》第一章全文。《星期评论》《建设》和《觉悟》（《民国日报》副刊）等杂志，用很多篇幅刊登介绍马克思主义、研究十月革命和劳动问题的文章。《湘江评论》歌颂了十月革命。《新社会》宣传了"马克思主义派的直接行动"和"根本的改造"的观点，等等。1920 年 8 月，《共产党宣言》中文全译本出版。在宣传马克思主义和十月革命中做出贡献的人，除李大钊外，还有陈独秀、李达、李汉俊、陈望道、毛泽东、蔡和森、杨匏安、瞿秋白、周恩来等。

实用主义是 19 世纪末产生于美国的一种主观唯心主义的哲学思想，"五四"前夕，由胡适系统地介绍到中国。实用主义认为，客观世界就像一个"很服从的女孩子"和"一块大理石"，可以由人任意"涂抹装扮"和雕塑。真理是"人造的"，"造出来供人用的"，是一种"假设"，一种"工具"。一个观念能否冠以"真理的美名"，全看它是否"大有用处"。实用主义表现在社会政治问题上，主张点滴改良，反对社会革命。1919 年 5 月初，美国最有影响的实用主义哲学家、教育家杜威来华讲学，进一步传播了实用主义的教育哲学、社会哲学与政治哲学。7 月，胡适提出"多研究些问题，少谈些主义"的口号，这是中国实用主义者关于社会改造问题的基本主张。实用主义的宣扬，起了反对封建思想禁锢的作用，但同时也阻碍着马克思主义在中国的传播。

基尔特社会主义产生于英国，是 20 世纪初出现的资产阶级改良主义思潮。它主张在保存现有国家的条件下，按照中世纪行会的某些精神和办法，建立"产业自治"，从而消灭剥削，实现劳动者的解放。它反对无产阶级革命和无产阶级专政，是挂着社会主义招牌的资产阶级改良主义。"五四"后，以梁启超、张东荪为首的研究系，在他们所办刊物《解放与改造》上，宣传这种主义。梁启超等人在袁世凯死后打起研究宪法、实行宪政的旗号，并组织有宪法研究会，因而被称作研究系。1920 年 10 月，英国资产阶级哲学家罗素来华讲学。他反对俄国布尔什维主义，认为中国当务之急是开发实业和兴办教育，同时又认为对中国最适宜者是基尔特社会主义。梁启超、张东荪等人借助罗素讲学的声势，连续发表文章，提倡资本主义和基尔特社会主义。后来研究系又在他们的报纸上开辟"社会主义研究"专栏，专门宣传基尔特社会主义，称这种主义是"最彻底"的"社会改造原理"，使中国"更妥善地到'自由之路'"。

新村运动是日本贵族出身的作家武者小路实笃所提倡的，由周作人介绍到中国来的。武者小路幻想通过建立和推广"新村"的途径，造成一个人人平等的"合理的社会"。1918年冬，他在日本九州日向地方组织了"第一新村"。周作人曾前往日向考察，认为小路的主张"实在是一种切实可行的理想"。他在进行宣传的同时，又在北京组织了所谓"新村北京支部"。当时不少青年知识分子受到新村运动的影响，有人提出通过建立新村来"创造少年中国"。但是这种世外桃源式的空想，是根本不可能实现的。新村运动的立脚点在农村，工读互助主义则把注意力放在城市。"五四"时期著名团体少年中国学会执行部主任王光祈，首先提出在城市组织"工读互助团"的主张。他的主张得到蔡元培、胡适、李大钊、陈独秀等许多有影响的人物的支持。1919年年底到1920年年初，在北京组成工读互助团四个，其中有一个是女子互助团。此后，上海、天津、武汉、南京、广州、扬州等地都有工读互助团或类似的小团体出现。

工读互助主义是综合当时流行的无政府主义、"劳工神圣"思想、新村运动形成的，其基本主张是人人做工，人人读书，各尽所能，各取所需，并通过推广工读互助团，建立一个包括全人类的工读互助社会。工读互助主义的提倡和实践，表明了青年知识分子改造中国的热切愿望，但它的空想性质，决定了它必然失败。北京和其他地方的工读互助团，都仅仅存在几个月的时间就解散了。

无政府主义是一种小资产阶级社会思潮，20世纪初传入中国。辛亥革命后的几年中，刘师复在国内积极传播无政府主义。他领导成立了无政府主义团体晦鸣学舍、心社、无政府共产主义同志社，出版刊物《晦鸣录》《民声》。刘师复的继承人有北京大学学生黄凌霜（黄文山）、区声白等人。他们于1919年年初将几个无政府主义小团体合并组成进化社。1919年至1920年，无政府主义团体有近50个，刊物和小册子达70余种。中国早期无政府主义者在冲击封建政治和礼教方面，起过积极作用。随着马克思主义在中国传播范围的扩大，无政府主义者便把反对的矛头主要指向马克思主义。无政府主义的一个基本观点是主张"绝对自由"，幻想建立一个人人可以自由加入、自由退出的社会。绝对自由观表现在政治上，是反对一切国家和强权，主张立即消灭国家；表现在经济上，是主张生产者"自由组合"和立即实行"各取所需"的原则。无政府主义是"五四"时期在知识分子中流传最广的一种思潮，上海、北京、广州等地早期共产党组织，开始都有无政府主义者参加，不久，因不赞成无产阶级专政和无产阶级组织纪律，就都退出了。

上述各种思潮，当时都具有反封建的意义。但是只有代表无产阶级利益和愿望的马克思主义，才是人类历史上最进步的思想，也才是解决中国问题的唯一正确的指导思想。马克思主义与反马克思主义的实用主义、基尔特社会主义、无政府主义等思潮同时并存、竞相传播，斗争是不可避免的。因此，在"五四"后两年中，马克思主义者同资产阶级改良主义者、小资产阶级无政府主义者之间，展开了思想论战。主要有三次：

第一次是"问题与主义"论战，主要在马克思主义者李大钊同实用主义者胡适之间进行。时间是1919年下半年。胡适主张"多研究些问题，少谈些主义"，反对对社会问题的"根本解决"。李大钊则认为，研究问题与宣传主义，两者不可分离。解决中国问题，必须以主义作指导，而这个主义就是马克思的科学社会主义，就是俄国的布尔什维主义。中国问题需要"根本解决"，即通过阶级斗争，改变经济制度。

第二次是关于社会主义论战，在当时的共产主义者同研究系梁启超、张东荪等人之间进行。时间是1920年11月至1921年上半年。梁、张等人认为，救中国只有一条路，就是依靠"绅商阶级"，利用资本主义方法，来开发实业、增加富力。中国没有劳动阶级，不能进行社会主义运动。也不具备成立共产党的条件。共产主义者陈独秀、李达等则指出：只有社会主义能够救中国；只有"劳农主义的直接行动"，才能"达到社会革命的目的"；必须成立共产主义团体，作为革命的指导者。陈独秀（1879—1942年），原名庆同、乾生，字仲甫，安徽怀宁人。李达（1890—1966年），号鹤鸣，字永锡，湖南零陵人。

第三次是关于无政府主义的论战，在共产主义者同无政府主义者区声白、黄凌霜等人之间进行。时间是1920年下半年到1921年。在这次论战中，共产主义者正确阐述了自由与纪律、自由与联合、自由与服从的关系，用马克思主义无产阶级专政学说，批判了无政府主义否定一切国家的错误观点。经过三次论战，越来越多的先进知识分子开始赞成走科学社会主义的革命道路，确立了马克思主义在中国政治思想中的地位。

6. 中国共产党在上海成立

"五四"后的思想解放运动，其内容和影响的主导方面，是马克思主义的传播和中国第一代共产主义者的成长，但同时也包括其他各种新思潮的传播，自由民主思想的普及，科学思想和科学方法为更多人所注意，新式的资产阶级小资产阶级知识分子队伍的成长等方面。各地区、各行业群众团体的大量涌现，国民大会的不时召开，女权运动的开展，实业救国、教育救国、科学救国、文艺救国以及制宪救国、裁兵救国等多种多样的改良社会方案的提出和大力倡导，留学欧美人数的增加等，都是新时代的新表现。许多以后做出卓越贡献的科学家、教育家、文艺家、学者，都曾受过"五四精神"的洗礼、新思潮的熏陶。资产阶级民主革命家孙中山，也从五四运动中受到启示，认识到群众结合力量的强大，这对他后来的思想转变，产生了很大影响。

五四运动的最伟大功绩，是为中国共产党的成立准备了条件。经过五四运动成长起来的共产主义知识分子，认识到工人阶级力量的伟大，通过他们在工人群众中的宣传和组织工作，马克思主义同中国工人运动开始结合起来。中国共产党正是这种结合的产物。

1920年年初，李大钊和陈独秀开始酝酿成立中国共产党。同年3月，列宁领导的共产国际派代表魏金斯基等来华。他们先后在北京、上海同李大钊、陈独秀等商谈了在中国建立共产党组织问题。这年5月1日，上海、北京等城市都举行了由共产主义知识分子领导的、庆祝国际劳动节的活动。这是马克思主义与中国工人运动相结合的一个重要表现。从这年夏天开始，上海、北京、武汉、济南、长沙、广州等地陆续成立了共产党的早期组织，在日本和法国的中国留学生中，也建立了这样的组织。上海共产党组织是1920年8月成立的，陈独秀被选为书记。上海党组织对各地共产党早期组织起着指导和联系作用，实际是中国共产党的发起组。北京共产党支部成立于1920年10月，李大钊为书记。在筹建党的工作中，北京支部也起着十分重要的作用。李大钊与陈独秀始终保持密切联系，并派人到济南帮助成立党的组织。武汉共产党支部于1920年秋成立，是在上海共产党组织的直接推动下，由董必武、陈潭秋、包惠僧等筹建的。董必武（1886—1975年），原名贤琮，又名用威，号璧伍，湖北黄安（今红安）人。济南党组织成立于1920年冬，主要成员有王尽美、邓恩铭等人。

长沙的建党活动是毛泽东领导进行的。毛泽东与在法国勤工俭学的蔡和森曾进行建党问题的讨论，对建党的必要性和党的指导思想，都有正确说明。他们于1918年创办的新民学会，在湖南共产党组织的筹建中起了重要作用。毛泽东（1893—1976年），字润之，湖南湘潭人。蔡和森（1895—1931年），湖南湘乡永丰镇（今属双峰）人。广州共产党组织于1920年秋酝酿成立，成员开始多是无政府主义者，1921年3月无政府主义者退出后，陈独秀帮助谭平山、陈公博等重新组建了广州共产党支部。旅日留学生中的共产党小组由施存统、周佛海组成，他们都是回国期间在上海加入共产党组织的。

旅欧巴黎共产党小组成立于1921年春，由张申府、周恩来等组成。张申府是在国内参加建党活动后去巴黎的，他又发展了其他成员。

各地共产党早期组织更广泛地开展了马克思主义的宣传工作，并组织成员深入工人群众，进一步促成马克思主义与中国工人运动的结合。上海党组织把《新青年》作为自己的公开理论刊物，又创办党内刊物《共产党》月刊。各地普遍成立马克思主义研究会，创办便于工人阅读的通俗刊物（如上海的《劳动界》、北京的《劳动音》、广州的《劳动者》等），开办工人夜校、劳动补习学校，组织新式工会或工人俱乐部，建立社会主义青年团。各地共产党组织的出现及其卓有成效的工作，为召开中国共产党第一次全国代表大会做了准备。

中国共产党第一次全国代表大会于1921年7月23日起在上海举行。出席会议的有毛泽东、何叔衡、董必武、陈潭秋、王尽美、邓恩铭、李达、李汉俊、张国焘、刘仁静、陈公博、周佛海、包惠僧，共13名代表，代表党员50余人。共产国际代表马林和尼柯尔斯基也出席会议。党的主要创始人南陈（独秀）北李（大钊），都因公务缠身，未能参加大会。会议进行中，曾受到法国巡捕的搜查，最后一天会议转移到浙江嘉兴南湖的一条画舫上举行。大会通过了党的第一个纲领和第一个决议。纲领规定：

我们的党定名为"中国共产党"。党要以无产阶级的革命军队推翻资产阶级，采用无产阶级专政，废除资本私有制，最后达到消灭阶级的目的。决议确定了党在当前的实际工作任务，中心是把工人阶级组织起来。大会选举陈独秀、张国焘、李达组成中央局，陈独秀为书记。中国共产党的成立，是中国历史上一个具有划时代意义的伟大事件。从此以后，中国革命有了新的领导核心，中国革命的面貌发生了根本的变化。党成立以后，就以它特有的无产阶级战斗精神投入中国人民的革命斗争之中。

7. 毛泽东

毛泽东，字润之，1893 年 12 月 26 日出生在湖南省湘潭县韶山冲南岸上屋场一个农民家庭。父亲毛贻昌，母亲文氏，兄弟三人。大弟毛泽民，小弟毛泽覃，均在毛泽东影响下投身中国革命，并在革命斗争中壮烈捐躯。

毛泽东的幼年是在湘乡外祖家度过的。6 岁起在田里帮助劳动，8 岁起先后在韶山南岸等处私塾读书。少年毛泽东深受《西游记》《三国演义》《水浒传》《隋唐演义》等具有反叛精神的中国古典小说的影响。1910 年秋，考入湘乡县立东山高等小学堂，开始接受新式学校教育，受维新思想影响。1911 年春，他步行到长沙，考入湘乡驻省中学读书。辛亥革命爆发后，投笔从戎，在湖南新军当了半年兵。退伍后，考入湖南全省高等中学校，不久退学。他订了一个自修计划，每天到湖南省立图书馆自学，怀着极大的兴趣阅读西方民主主义者关于自然科学和哲学、社会科学的代表作，开阔了眼界。1913 年春，考入湖南省立第四师范学校预科。1914 年 2 月，第四师范学校并入湖南省立第一师范学校。在湖南一师，他专心研修哲学、史地、文学等课程，勤学不倦。他还通过假期游学、举办工人夜校，广泛接触社会，增强救国救民的意识。他酷爱登山、游泳、日光浴等体育锻炼，并在《新青年》发表《体育之研究》长文，提倡"文明其精神，野蛮其体魄"。1917 年 6 月，在湖南一师为考查学生德、智、体优秀情况举办的"人物互选"活动中，他得票最多，独得敦品、自治、胆识、文学、才具、言语六项优秀。在湖南一师期间，毛泽东受老师杨昌济的影响最大。经杨昌济介绍，成为《新青年》的热心读者。

1918 年 4 月，毛泽东在湖南一师毕业前夕，同蔡和森等发起成立新民学会。不久，又共同发起湖南赴法勤工俭学运动，并于同年 8 月第一次到北京。经已在北京大学任教的杨昌济介绍，他认识了北京大学图书馆主任李大钊，并被安排在图书馆当助理员。期间，他广泛接触各种进步思潮，读到一些传播马克思主义的书刊。五四爱国运动爆发前夕，毛泽东回到长沙。他以新民学会会员为核心，积极指导湖南学生联合会的罢课斗争，成为湖南学生爱国运动的主要领导人之一。他积极推动成立湖南救国十人团联合会等组织，使反帝爱国斗争迅速扩展为广泛的群众运动。同年 7 月 14 日，创办《湘江评论》，该刊成为反帝爱国运动中的一面旗帜。他发表《民众的大联合》长文，称颂俄国十月革命的胜利，提出民众的大联合是改造国家、改造社会的根本方法。同年 12 月，为领导驱逐湖南军阀张敬尧的斗争，他第二次来到北京。

1920 年 1 月，经李大钊等介绍，加入进步团体少年中国学会。在此前后，他读到《共产党宣言》等著作，初步建立起对马克思主义的信仰。同年 5 月到上海，会见正在这里筹建共产党组织的陈独秀。陈独秀关于自己的共产主义信仰的谈话，对处在思想转变关键时期的毛泽东，产生了深刻的影响。1920 年 7 月，毛泽东回到长沙。不久，他创办了文化书社和俄罗斯研究会，在湖南传播马克思主义。同年 11 月，在长沙筹建社会主义青年团。这年秋冬之间，他同何叔衡等组织了长沙共产主义小组。同年冬，毛泽东同杨开慧在长沙结婚。

1921 年 7 月，毛泽东作为长沙共产主义小组的代表，到上海出席中国共产党第一次全国代表大会，并担任会议记录。会后，着手筹建湖南党组织，创办湖南自修大学，先后任中共湖南支部书记、中共湘区执行委员会书记。他还担任中国劳动组合书记部湖南分部主任，指导粤汉铁路、安源路矿等地工人运动。

1923 年 6 月，在广州出席中共三大，当选为中央执行委员。在中共三届一次执委会上，当选为中央局成员和中央局秘书，协助中央局委员长陈独秀处理中央日常工作。他根据中共三大的方针积极参加推动第一次国共合作的工作，并受国民党本部委托，回湖南筹建国民党地方组织。

1924 年 1 月，在广州出席国民党第一次全国代表大会，被指定为大会章程审查委员，在会上多次发言，并当选为中央候补执行委员。会后根据国民党一大的决定，参加国民党中央上海执行部的工作，任执行部组织部秘书、文书科代主任。同年12月，因病回乡休养。在韶山，他广泛进行农村调查，组织秘密农民协会。在此基础上，成立中共韶山支部和国民党区党部。

1925年9月，毛泽东来到广州，参与国民党二大的筹备工作。同年10月，担任国民党中央宣传部代理部长，后创办《政治周报》，积极参加同"西山会议派"和戴季陶主义的斗争，维护孙中山生前确定的联俄、联共、扶助农工三大政策。同年12月1日，发表《中国社会各阶级的分析》一文，指出分清敌友是革命的首要问题，分析了中国社会各阶级的经济地位及其对革命的态度。1926年3月，蒋介石制造中山舰事件，毛泽东同周恩来等力主反击。随后，毛泽东以极大的精力推动南方农民运动。

1926年5月至9月，主办第六届广州农民运动讲习所，延聘萧楚女为教务主任，高语罕为政治训练主任，并亲自讲授中国农民问题等课程。他还指导学员从事农村调查，进行军事训练，为即将到来的南方农民运动高潮培养大批骨干。同年10月，出席国民党中央执行委员和各省区党部代表联席会议，在发言中提出"本党最重要之政策为农民政策"。1926年11月，毛泽东来到上海，任中共中央农民运动委员会书记。不久前往武汉，同国民党左派邓演达等创办中央农民运动讲习所。同年12月，中共中央在汉口召开特别会议，毛泽东在会上支持湖南区委关于解决农民土地问题的主张，提醒中央注意国民党左派没有掌握武装这一问题的严重性。

会后，为回答党内外对农民革命斗争的责难，1927年1月至2月到湖南湘潭、湘乡、衡山、醴陵、长沙五县考察农民运动，写成《湖南农民运动考察报告》，指出广大农民群众起来打翻乡村的封建势力乃是完成国民革命的真正目标，乡村中一向苦战奋斗的主要力量是贫农，贫农是农民运动的先锋和中坚。同年3月，出席在汉口召开的国民党二届三中全会，同邓演达等提出农民问题案和对农民宣言，获全会通过。同年7月4日，大革命失败前夕，在中共中央政治局常委会议上提出"上山可造成军事势力的基础"。第一次国共合作彻底破裂后，在8月7日召开的中共中央紧急会议上，提出"政权是由枪杆子中取得的"，即以革命武力夺取政权的重要思想。被会议选为政治局候补委员。

1927 年 8 月，毛泽东作为中共中央特派员前往湖南，领导湘赣边界秋收起义，任前委书记。起义发动并遭受挫折后不久，他果断放弃攻打长沙的计划，率领秋收起义部队向南转移，于同年 10 月到达罗霄山脉中段井冈山地区，开始创建中国第一个农村革命根据地，实行工农武装割据。在向井冈山地区转移途中，领导实行了著名的"三湾改编"，把党的支部建在连上，在部队建立民主制度，为建设新型的人民军队奠定了最初的基础。在领导井冈山斗争中，又为部队规定了三大任务：（1）打仗消灭敌人；（2）打土豪筹款子；（3）做群众工作；制定了三大纪律六项注意（后发展为三大纪律八项注意）。

1928 年 4 月，同朱德、陈毅率领的南昌起义余部和湘南起义农军在井冈山地区会师，合编为工农革命军第四军（不久改称红军第四军），朱德任军长，毛泽东任党代表、中共军委书记。同年 5 月下旬，主持召开中共湘赣边界第一次代表大会，初步回答了"红旗到底打得多久"的问题，明确肯定创造罗霄山脉中段政权的方针。大会选举毛泽东为中共湘赣边界特委书记。同年 6 月至 7 月在莫斯科召开的中共六大上，毛泽东被选为中央委员。11 月上旬，根据中共中央的指定，担任重新组成的中共红四军前委书记。1928 年 10 月至 11 月，撰写《中国的红色政权为什么能够存在》和《井冈山的斗争》两篇文章，总结创建农村革命根据地的经验，论述在帝国主义间接统治的半殖民地半封建的中国，红色政权发生、存在、发展的原因和条件，提出"工农武装割据"的思想。在坚持井冈山的斗争中，同朱德等总结游击战争的经验，概括出"敌进我退，敌驻我扰，敌疲我打，敌退我追"的游击战争基本原则，领导红军击退湘赣两省国民党军的多次"进剿"和"会剿"。

1929 年 1 月，井冈山革命根据地再次面临湘赣两省国民党军"会剿"的严重形势。毛泽东同朱德、陈毅率红四军主力主动出击赣南、闽西，在当地中共组织和地方武装的配合下，发展赣南、闽西革命根据地。同年 6 月，中共红四军第七次代表大会在福建龙岩举行。会上，对红军的任务、政治工作同军事工作的关系等问题发生争论，毛泽东的正确意见未被多数同志所接受，原由中共中央指定担任的前委书记职务被改选。毛泽东离开前委领导岗位后，到闽西特委所在地上杭蛟洋帮助指导地方工作。同年 12 月，毛泽东根据中共中央九月来信的指示重新回到红四军领导岗位，总结创建红军以来的经验，起草中共红四军第九次代表大会决议（即"古田会议决议"），被大会通过。决议批评了红军中存在的单纯军事观点等非无产阶级观点，规定"中国的红军是一个执行革命的政治任务的武装集团"，强调党对红军的绝对领导。古田会议决议是指导中国共产党和人民军队建设的纲领性文献。1930 年 1 月，毛泽东写成《星星之火，可以燎原》，进一步发挥"工农武装割据"的思想，指出要通过建立和发展红军、游击队和农村革命根据地来促进全国革命的高潮。毛泽东的这一思想后来进一步发展为完整的先占农村，以农村包围城市，最后夺取全国政权的中国革命道路理论。在巩固和发展赣南、闽西革命根据地的斗争中，毛泽东十分注意指导土地革命。1929 年 4 月，主持制定江西兴国《土地法》，根据中共六大决议，将井冈山《土地法》中"没收一切土地"的规定改为"没收一切公共土地及地主阶级的土地"。同年 7 月，指导召开中共闽西第一次代表大会，明确提出在土地革命中要依靠贫雇农，团结中农，区别对待大地主、小地主与富农，"集中攻击目标于地主"，并提出"抽多补少"的土地分配原则。

1930 年 2 月，在江西吉安主持召开地方党和军队联席会议，推动土地革命深入发展。在指导红军工作和土地革命中，他注重调查研究，于 1930 年 5 月和 9 月写了《寻乌调查》和《兴国调查》两篇重要的调查报告。前者着重考察了城镇商业、手工业、旧有土地关系等情况；后者着重考察土地革命前后农村土地关系和阶级关系发生的深刻变化。同年 5 月，为反对红军中的教条主义撰写《调查工作》（即《反对本本主义》）一文，提出"没有调查，没有发言权"的著名论断，指出"中国革命斗争的胜利要靠中国同志了解中国情况"。这篇文章包含着毛泽东思想的活的灵魂的三个基本方面（即实事求是、群众路线、独立自主）的雏形。1930 年 6 月，赣西南和闽西地区的红军第四、第六、第十二军合编为红军第一军团，朱德任总指挥，毛泽东任政治委员和前委书记。同年 8 月，红一军团同红三军团合编成红军第一方面军，朱德任总司令，毛泽东任总政治委员、总前委书记。同年 9 月，在中共六届三中全会上被增补为政治局候补委员。1930 年 10 月，蒋介石调集军队 10 万余人，对红军发动第一次"围剿"。毛泽东指挥红一方面军采取"诱敌深入"的方针，全歼国民党军第十八师师长张辉瓒所部近万人。

1931 年 4 月，蒋介石又以 20 万军队发动第二次"围剿"，改取"稳扎稳打，步步为营"的战术。毛泽东指挥红一方面军主力隐蔽待机，然后由西向东横扫 700 余里，歼灭国民党军 3 万余人。同年 6 月，蒋介石亲任总司令，调集 30 万军队，发动第三次"围剿"。毛泽东指挥红一方面军主力避敌锐气，绕道千里，在敌军背后取得三战三捷的胜利。粉碎国民党军三次"围剿"后，赣南、闽西两块革命根据地连成一片，形成中央革命根据地，毛泽东"积极防御"的战略战术原则基本形成。1931 年间，毛泽东先后任中共苏区中央局委员、代理书记，中央革命军事委员会副主席兼总政治部主任，中华苏维埃共和国中央执行委员会主席。1933 年被补选为中共中央政治局委员。1931 年 1 月，中共六届四中全会在上海召开，以王明为代表的"左"倾冒险主义在中央开始了长达四年的统治。王明等人反对毛泽东关于中国革命的策略思想和中国革命战争的战略战术，称之为"狭隘的经验论""富农路线"和"极严重的一贯右倾机会主义"。

在 1932 年 10 月召开的中共苏区中央局宁都会议上，毛泽东受到不公正的批评和指责，会后被免去红军领导职务，专做政府工作。他顾全大局，以极大的精力领导革命根据地建设。他在 1933 年 8 月所作《粉碎五次"围剿"与苏维埃经济建设任务》的报告中，以及 1934 年 1 月在中华苏维埃第二次全国工农兵代表大会所作的报告中，系统地论述了革命根据地经济建设的理论和政策。1933 年 10 月，为纠正查田运动中的"左"倾偏向，撰写《怎样分析农村阶级》，主持制定《关于土地斗争中一些问题的决定》，阐明土地革命的基本政策。他还深入调查农村的经济状况和政治状况，撰写著名的《长冈乡调查》和《才溪乡调查》。

1934 年 10 月，中共中央和红一方面军主力被迫实行战略转移，第五次反"围剿"失败。长征路上，毛泽东耐心说服王稼祥、张闻天等人，使他们从"左"倾错误中醒悟过来。同年 12 月，在中央通道会议和黎平政治局会议上，力主放弃原定同红二军团、红六军团会合的计划，改向敌人力量薄弱的贵州前进，得到多数同志赞同。

1935 年 1 月 15 日至 17 日，出席在遵义召开的中共中央政治局扩大会议，作重要发言，批判"左"倾冒险主义在军事上的严重错误，阐明红军在长期作战中形成的战略战术基本原则，得到与会大多数同志的支持。会后，根据毛泽东发言的主要精神，由张闻天起草《中央关于反对敌人五次"围剿"的总结的决议》（即"遵义会议决议"）。会议增选毛泽东为中央政治局常委。会后不久，成立由毛泽东、周恩来、王稼祥组成的新"三人团"，负责指挥军事行动。遵义会议标志着以毛泽东为核心的中共中央第一代领导集体开始形成，是中国共产党历史上有决定意义的转变。随即，毛泽东等指挥红一方面军在川黔滇边界地区实行高度灵活的运动战，四渡赤水，声东击西，迂回穿插于国民党军重兵集团之间。乘蒋介石对红军的战略意图迷惑不解之时，又威逼贵阳，疾进云南，巧渡金沙江，将国民党数十万大军甩在身后。这是毛泽东军事思想的成功范例。

1935年6月，红一方面军同红四方面军在四川懋功会师。毛泽东坚持中共中央关于北上创建新的根据地的方针，和周恩来、张闻天、博古等一起，同张国焘的右倾分裂主义行为做斗争，并拒绝张国焘企图胁迫中央南下川康边界地区的冒险主张，果断地率领红一方面军主力北上，同年10月到达陕甘根据地。同年11月中旬，中共驻共产国际代表团成员张浩（林育英）到达陕北，不久恢复了中共中央同共产国际的电讯联系。在毛泽东、朱德等的耐心说服和坚决斗争下，张国焘被迫于1936年6月取消另立的"中央"。同年10月，红一、红二、红四方面军在甘肃会宁、静宁地区会师，伟大的长征胜利结束。面对日本帝国主义加紧侵略中国，中日民族矛盾上升为主要矛盾的新形势，1935年12月中共中央政治局在瓦窑堡举行扩大会议，确立抗日民族统一战线的政策。毛泽东在会上作军事报告，提出战略方针应是坚决的民族革命战争，要把国内战争与民族战争结合起来。会后，在党的活动分子会议上作《论反对日本帝国主义的策略》的报告，对抗日民族统一战线政策作了系统的阐述。

1936年2月，同彭德怀率红一方面军主力东征，一举突破阎锡山军队的黄河封锁线准备东出河北同日军直接作战。5月初，由于晋、陕、甘的军事形势发生变化，东征红军主动回师河西，在回师通电中，向南京政府呼吁停止内战，一致抗日。同年9月，中共中央正式决定采取逼蒋抗日的新方针。毛泽东亲自主持同东北军张学良、西北军杨虎城的统战工作，指导同国民党政府方面的谈判。1936年12月12日西安事变发生后，以毛泽东为核心的中共中央经过反复研究，确定和平解决西安事变的方针，派周恩来、秦邦宪（博古）、叶剑英前往西安，促成西安事变的和平解决。这是实现第二次国共合作，由国内战争向抗日民族战争转换的枢纽。1936

年 12 月，毛泽东任中央革命军事委员会主席。

1937 年 1 月，随中共中央和中央军委由保安迁往延安。在此前后，他从事马克思主义理论研究，认真总结中国革命的经验。1936 年 12 月，撰写《中国革命战争的战略问题》一书，全面总结第二次国内革命战争的经验，批判"左"倾冒险主义在军事上的错误，阐明中国革命战争的特点、规律和人民战争的战略战术。1937 年 5 月，毛泽东出席了在延安召开的党的全国代表会议，作了《中国共产党在抗日时期的任务》和《为争取千百万群众进入抗日民族统一战线而斗争》的报告，指出当前党的基本任务是巩固和平、争取民主、实现抗战，提出共产党应当实现对全国各革命阶级的政治领导。同年 7 月和 8 月，先后撰写《实践论》和《矛盾论》，阐明马克思主义认识论和辩证法原理，揭露党内教条主义错误，为中国共产党人坚持实事求是的思想路线奠定了最重要的哲学基础。1937 年 7 月 7 日，全民族抗战开始。7 月 23 日，毛泽东发表《反对日本进攻的方针、办法和前途》，阐明中国共产党的全面抗战的方针。同年 8 月，出席在洛川举行的中共中央政治局扩大会议，作关于军事问题和国共两党关系问题的报告，提出独立自主的山地游击战的战略方针和统一战线中的独立自主原则。会议通过《关于目前形势与党的任务的决定》和《抗日救国十大纲领》。会议决定成立新的中共中央革命军事委员会，毛泽东任书记（实际称主席）。毛泽东为中共中央宣传部门起草的《为动员一切力量争取抗战胜利而斗争》的宣传提纲也在会上通过。会后，毛泽东指导八路军开赴抗日前线，坚持敌后游击战争，在晋东北、晋西北、晋东南、晋西南实行战略展开。

1938 年 5 月，毛泽东发表《抗日游击战争的战略问题》和《论持久战》，全面分析中日战争所处的时代和敌我双方的基本特点，阐明抗日战争"持久必胜"的基本规律和抗日游击战争的战略地位，以及人民战争的战略战术，科学预测抗日战争的发展过程，批驳了"亡国论"和"速胜论"。同年 9 月至 11 月，毛泽东主持召开中共扩大的六届六中全会，作了题为《论新阶段》的政治报告，指出要不断地巩固和扩大抗日民族统一战线，用长期合作支持长期抗战；批评在统一战线问题上的右倾错误，强调统一战线中的独立自主原则；号召全党认真地学习马克思列宁主义，努力完成"使马克思主义在中国具体化"的历史任务。全会批准以毛泽东为首的中央政治局的路线，确定把党的主要工作方向放在战区和敌后。10月后，抗日战争转入相持阶段，国民党统治集团内的投降、分裂、倒退活动日益严重。毛泽东以极大的精力领导中国共产党打退国民党发动的三次反共高潮，并积极从事新民主主义革命的理论和策略的研究。

1939年10月发表了《〈共产党人〉发刊词》，提出统一战线、武装斗争、党的建设是中国革命的三大法宝的论断。

1940年1月写成《新民主主义论》，阐明了中国革命的领导权必须属于中国工人阶级，中国革命必须分为新民主主义和社会主义两个阶段，提出新民主主义的政治、经济和文化纲领。这两篇著作表明他关于新民主主义革命的理论、路线和基本政策已经形成比较完整的体系。在打退第一次反共高潮之后，毛泽东及时总结经验，写出《目前抗日统一战线中的策略问题》，在统一战线的策略思想方面有重大的发展。1940年12月，写成《论政策》一文，指出党的抗日民族统一战线政策是综合联合和斗争两方面的政策，阐述了抗日根据地内党的各项具体政策。

1941年1月，蒋介石集团制造了震惊中外的皖南事变，成为第二次反共高潮的顶点。毛泽东起草《为皖南事变发表的命令和谈话》，揭露国民党破坏抗战的阴谋，提出解决皖南事变的12条办法。接着，又起草《打退第二次反共高潮后的时局》和《关于打退第二次反共高潮的总结》两个党内指示，全面分析蒋介石集团抗日和反共的两面政策，重申对顽固派斗争的有理、有利、有节的策略原则。

1943年5月，国民党顽固派乘共产国际宣布解散的机会，叫嚣解散中国共产党，并调动军队，密谋发动第三次反共高潮。7月，毛泽东为《解放日报》撰写题为《质问国民党》的社论，揭露顽固派的反共阴谋，要求撤退准备进攻陕甘宁边区的国民党军队，号召制止内战危机。与此同时，毛泽东发起陕甘宁边区大生产运动，号召"自己动手，丰衣足食"，制定了"发展经济，保障供给"的财政经济工作总方针。从1942年春开始，毛泽东领导全党开展了整风运动。1941年5月，在延安干部会议上作《改造我们的学习》的报告，反对主观主义，力倡实事求是的、理论和实际相统一的马克思列宁主义学风。同年9月至10月，毛泽东主持召开中共中央政治局扩大会议，总结党在第二次国内革命战争时期特别是其后期的历史经验，强调要反对主观主义和宗派主义。他先后主持编辑《六大以来》

和《两条路线》两部重要的党的历史文献集，对分辨正确路线和错误路线的是非，统一全党的认识起了重要作用。1942年2月，毛泽东作《整顿党的作风》和《反对党八股》两篇重要讲演，号召全党反对主观主义以整顿学风，反对宗派主义以整顿党风，反对党八股以整顿文风，切实开展普遍的马克思列宁主义的教育运动，明确提出整风运动有两条宗旨，第一是"惩前毖后"，第二是治病救人。同年5月，中共中央政治局决定成立以毛泽东为主任的中央总学习委员会，领导整风运动。在同年12月开始的审查干部工作中，一度发生"抢救失足者运动"的错误。毛泽东及时纠正这一错误，保证了运动的健康发展。

1944年4月至1945年4月，毛泽东领导起草《关于若干历史问题的决议》，并对决议稿进行多次修改，加写了一些重要的内容。1945年4月，中共六届七中全会通过《关于若干历史问题的决议》，表明全党在马克思列宁主义基础上，对第二次国内革命战争时期党内出现的各次"左"倾错误，特别是以王明为代表的"左"倾冒险主义，达到了一致认识，全党空前一致地认识了毛泽东代表的路线的正确性。1945年4月至6月，毛泽东在延安主持召开中共七大，致开幕词（《两个中国之命运》）和闭幕词（《愚公移山》），并向大会提交《论联合政府》的政治报告，阐述了中国共产党关于打败日本侵略者、建立新民主主义的中国的纲领和政策。大会确定毛泽东思想为全党的指导思想，选举产生新的中央委员会。在七届一中全会上，选举毛泽东、朱德、刘少奇、周恩来、任弼时为中央书记处书记，毛泽东为中央委员会主席。毛泽东主持召开的中共七大，以团结的大会、胜利的大会载入党的史册。抗日战争胜利后，毛泽东发表《抗日战争胜利后的时局和我们的方针》的讲演，提出针锋相对，以革命的两手反对反革命的两手，争取国内和平与民主的方针。

1945年8月28日至10月11日，他亲赴重庆，同蒋介石进行和平谈判，国共双方正式签署了会谈纪要（即"双十协定"），将中国共产党人实现和平民主的诚意昭示于全国。

1946年6月，蒋介石发动全面内战。毛泽东为中共中央起草《以自卫战争粉碎蒋介石的进攻》的党内指示，并在同美国记者斯特朗的谈话中提出"一切反动派都是纸老虎"的著名论断，指导全党树立战略上藐视敌人、战术上重视敌人的思想。在作战原则上，提出"集中优势兵力，各个歼灭敌人"，"以歼灭敌军有生力量为主要目标，不以保守或夺取地方为主要目标"。人民解放军遵循这些原则，经过8个月的作战，迫使国民党军放弃全面进攻，转为集中在山东和陕北实施重点进攻。

到1947年6月，人民解放军在一年内共歼灭国民党军112万人，打退了国民党军的战略进攻。毛泽东抓住敌我力量消长的关键时机，果断作出刘邓大军千里跃进大别山的战略决策，并令陈（赓）谢（富治）大军挺进豫西，陈（毅）粟（裕）大军进入豫皖苏，以"品"字形阵势实施外线作战，将战争引向国民党统治区域，使人民解放军主力转入战略进攻。同年10月10日，毛泽东起草《中国人民解放军宣言》，明确提出"打倒蒋介石，解放全中国"的口号。同年12月，毛泽东在陕北米脂县杨家沟主持召开中共中央会议，在向会议提交的《目前形势和我们的任务》的书面报告中，指出人民解放军转入战略进攻，这是一个历史的转折点；总结人民解放军长期作战的经验，提出十大军事原则；阐述了新民主主义的政治、经济纲领，强调普遍彻底地解决土地问题是战胜一切敌人的最基本的条件。此后，毛泽东以相当大的精力研究解决党的各项具体政策和策略，纠正"左"的偏向，先后起草《关于工商业政策》《关于民族资产阶级和开明绅士问题》等党内指示。

1948年4月，在由陕北东渡黄河前往华北的途中，发表《在晋绥干部会议上的讲话》和《对晋绥日报编辑人员的谈话》，强调正确执行党的政策的极端重要性，提出土地改革的总路线是"依靠贫农，团结中农，有步骤地、有分别地消灭封建剥削制度，发展农业生产"，提出新民主主义革命的总路线是"无产阶级领导的，人民大众的，反对帝国主义、封建主义和官僚资本主义的革命"。1948年四五月间，毛泽东在河北阜平县城南庄主持召开中共中央书记处会议，听取粟裕等的汇报和意见后，决定暂不渡过长江作战，尽可能多地歼敌主力在长江以北地区。毛泽东还向全党发出"军队向前进，生产长一寸，加强纪律性"的号召。1948年秋，人民解放战争进入歼灭国民党军主力、夺取全国胜利的决定性阶段。这年9月，毛泽东主持召开中共中央政治局会议，提出建设500万人民解放军和从根本上打倒国民党反动统治的总任务，要求各战略区打更大规模的歼灭战，在长江以北歼灭国民党军重兵集团。毛泽东运筹帷幄，从1948年9月至1949年1月，同周恩来、朱德等组织指挥辽沈、淮海、平津三大战役，歼灭国民党军154万人，大大加速了解放战争的胜利进程。在战略决战的过程中，毛泽东的军事思想得到淋漓尽致的发挥。他及时捕捉战略决战的时机，制定正确的作战方针，把实行战略包围同实施战役分割紧密结合，把大规模的阵地战同大规模的运动战紧密结合，把夺取大中城市同歼灭敌人重兵集团紧密结合，把军事打击同政治攻势紧密结合，充分显示出战略家的胆略和高超的指挥艺术。

1949年3月，毛泽东在河北省建屏县（今平山县）的西柏坡主持召开中共七届二中全会，作了重要报告。提出全党的工作重心必须由乡村移到城市，城市工作必须以生产建设为中心，规定了党在全国胜利以后在政治、经济、外交方面应当采取的基本政策，指出中国由农业国转变为工业国、由新民主主义社会转变为社会主义社会的发展方向。他及时告诫全党要警惕资产阶级"糖衣炮弹"的袭击。会后不久，中共中央由西柏坡迁往北平，毛泽东继续指挥人民解放军渡过长江实施战略追歼，同时领导创建新中国的各项准备工作。1949年9月21日至30日，主持召开中国人民政治协商会议第一届全体会议，在会上庄严宣告："占人类总数四分之一的中国人从此站立起来了。"会议选举毛泽东为中央人民政府主席。随后，毛泽东又当选第一届全国政协主席，并任中央人民政府人民革命军事委员会主席。同年10月1日下午3时，毛泽东在北京天安门主持中华人民共和国开国大典，揭开中国历史的崭新的一页。

1976年9月9日，毛泽东在北京逝世，终年83岁。毛泽东对中国革命和建设做出的巨大贡献仍然赢得中国人民的崇高敬意。1981年6月27日，中共十一届六中全会通过《关于建国以来党的若干历史问题的决议》，对毛泽东的历史地位做出全面的评价。以他的名字命名的毛泽东思想，是马克思列宁主义在中国的运用和发展，是中国共产党集体智慧的结晶。毛泽东的著作编有《毛泽东选集》《毛泽东著作选读》《毛泽东文集》《毛泽东军事文集》《毛泽东外交文选》《毛泽东新闻工作文选》《毛泽东农村调查文集》《毛泽东书信选集》《毛泽东论文艺》《建国以来毛泽东文稿》等。他的诗词作品收入《毛泽东诗词集》。

8. 周恩来

周恩来，字翔宇，曾用名飞飞、伍豪、少山、冠生、晨光、胡必成等。祖籍浙江绍兴，1898年3月5日出生在江苏淮安的一个破落的官吏家庭。幼时在家乡私塾就读。12岁随伯父到辽东，1913年在沈阳师范附小毕业，同年进入天津南开学校。在校期间，与同学发起成立"敬业乐群会"，并创办刊物《敬业》。1917年6月，以优良成绩毕业。为探求真理，使中华民族"腾飞世界"，他于同年9月赴日本求学。临行，写下"大江歌罢掉头东，邃密群科济世穷，面壁十年图破壁，难酬蹈海亦英雄"的诗篇，抒发他救国的抱负。周恩来在日本期间，积极参加中国留日学生反对北洋军阀段祺瑞政府的斗争，观察了日本社会，阅读了大量进步书刊，开始接触马克思主义。

1919年4月，周恩来离日本回国。5月，即全力参加领导天津的五四运动。他参与创办《天津学生联合会报》，写下题为《革心！革新！》的发刊词，要求革命青年在改造旧社会的同时，改造主观世界。为唤醒学生和民众的觉悟，周恩来与邓颖超、马骏、刘清扬、郭隆真等人，以天津学生联合会和女界爱国同志会为基础，组织了一个更严密的革命团体"觉悟社"，出版了不定期的刊物《觉悟》，并为《觉悟》创刊号起草了《觉悟的宣言》，宣布"凡是不合于现代进化的军国主义、资产阶级、党阀、官僚、男女不平等界限、顽固思想、旧道德、旧伦常，全认它为应该铲除、应该改革的"。1919年9月，周恩来进入刚创办的南开大学求学。他边学习，边从事革命活动。1920年1月，周恩来作为学生代表到直隶省公署请愿示威，被当局逮捕。在法庭上，他据理答辩，揭露反动当局的罪行。同年7月获释。在狱期间，他带领被捕代表一面坚持斗争，一面开展读书活动，为被捕代表讲述马克思学说。半年的狱中生活，成为他从爱国进步青年到职业革命家的重要转折阶段。

1920年11月，周恩来为实地考察西方资本主义社会真相，进一步了解国外各种改造社会的学说和主张，确立自己要走的道路，前往欧洲，12

月到达法国。他以法国为基地，奔走于法、德、英三国之间。经过一段时间的实地考察和对各种改造社会思潮的比较，即将共产主义确立为自己终生不变的信仰。就在周恩来确立共产主义信仰的同时，1921年，经张申府、刘清扬介绍，加入了中国共产党。

1922年6月，周恩来与赵世炎等人在巴黎发起组织了"旅欧中国少年共产党"（后改称中国共产主义青年团旅欧支部），先后担任支部宣传委员、书记，并参与旅欧党组织的领导工作。

1923年6月，根据中共中央建立国共合作统一战线的指示精神，周恩来等又与旅欧国民党达成协议，旅欧中国共产主义青年团团员以个人名义加入国民党，加速了国外国共合作的步伐。

1924年7月，周恩来离开法国回国，9月初到达广州。当时正值国共合作，他相继担任广东黄埔军校政治部主任、国民革命军第一军政治部主任、第一军副党代表、东征军总政治部主任等职，并先后任中共广东区委员会委员长、常委兼军事部长。周恩来在广州的两年多时间，工作的重点主要在军事方面。周恩来是中国共产党内最早懂得武装斗争的杰出军事家之一，还在旅欧期间，他就明确地认识到"真正革命非要有极坚强、极有组织的革命军不可，没有革命军，军阀是打不倒的"。到广州工作不久，他就商得孙中山同意，筹组了大元帅府铁甲车队，以共产党员为党代表和正副队长，建立了第一支由中国共产党人直接掌握的武装力量，为后来组建叶挺独立团奠定了基础。与此同时，他在黄埔军校内创建了革命军队的政治工作，建立了政治部的正常工作秩序和制度，对学员实施革命的政治教育。这种制度的建立，大大增强了军队战斗力，而且为日后中国共产党领导的人民军队的思想政治建设积累了经验。

1925年8月初，邓颖超从天津到广东，任中共广东区委委员兼妇女部长。此时周恩来和邓颖超结婚。

1926年12月，周恩来到上海中共中央工作，担任中央组织部秘书和中央军委委员。为组织领导上海第三次工人武装起义，1927年2月，周恩来又兼任上海区军委书记和武装起义总指挥。同年3月，在周恩来等领导下，上海工人利用北伐的国民革命军临近上海的有利时机，发动了第三次武装起义，击败了驻守上海的北洋军阀部队，依靠自己的力量解放了上海，在中国革命史上写下了光辉的一页。同年5月上旬，在中共第五次全国代表大会上，周恩来当选为中央委员，在五届一中全会上又当选为中央政治局委员，并任中共中央秘书长。当时周恩来尚在上海，未出席五大。5月下旬到武汉后，秘书长一职由李维汉担任，周恩来改任中央军事部长，并代理中央常委职务，参加中共中央核心领导。当时，国共合作即将全面破裂，中共中央总书记陈独秀却继续实行右倾机会主义的领导。

7月12日，根据共产国际执委会的指示，中共中央改组，周恩来任中共中央政治局临时常务委员会委员。为了准备应付突然事变的到来，周恩来沉着果断地指导党的机关迅速完成了转入地下的任务。国共全面分裂后，为挽救革命，周恩来受中共中央的重托，以前敌委员会书记的身份，同贺龙、叶挺、朱德、刘伯承等一起于1927年8月1日在江西南昌领导武装起义，打响了武装反抗国民党反动派的第一枪，开始了中国共产党创建人民军队、独立领导武装斗争的新时期。起义军攻占南昌后，周恩来等率军南下广东，准备举行第二次北伐，后在潮汕失败，保存下来的武装在朱德、陈毅等率领下，转移到农村继续坚持斗争。同年8月7日，中共中央在汉口召开紧急会议，检讨过去的错误，确定新的斗争方针。周恩来在没有出席会议的情况下，当选为中央临时政治局候补委员，并被任命为中共中央军事部长。11月，周恩来从香港转赴上海出席中共中央临时政治局扩大会议，又被增选为中央临时政治局常委，担任中央常委下设的组织局主任，分工领导中央组织、宣传、军事、调查、特务、交通、文书等部门的工作，担当起处理中共中央日常工作的责任。

1928年6月，周恩来到莫斯科出席中共第六次全国代表大会。会上作了组织问题与军事问题的报告，继续当选为中央委员。六届一中全会上当选为政治局委员，政治局会议上当选为常委，分工负责组织工作和军事工作，并兼任中央政治局常委秘书长和组织部长，稍后又兼任中央军事部长。会后不久，周恩来回到上海，主持中共中央实际工作。在此期间，他着手整顿了党的组织，恢复并发展党在国民党统治区域内的秘密工作，提出了白区党组织改变工作方式，实行机关群众化和负责干部职业化的正确主张，建立了地下无线电台和通往苏区的秘密交通线，健全了中央特科的工作，有效地保障了中央与地方党的联系和中央的安全。他还以很大精力直接指导赣南、闽西、湘鄂西、鄂豫皖等十几个地区的武装斗争和根据地建设，主持起草了著名的"九月来信"（即《中共中央给红军第四军前委的指示信》），信中提出"先有农村红军，后有城市政权，这是中国革命的特征，这是中国经济基础的产物"的论断和在红军党内"纠正一切不正确的倾向"的正确主张。周恩来为开好古田会议和三大主力红军——一、二、四方面军的形成，做出了重大贡献。

1930年春夏周恩来到莫斯科向共产国际报告工作期间，李立三主持中共中央实际工作，通过了《新的革命高潮与一省或几省的首先胜利》的决议，指令组织中心城市武装暴动和全国红军攻打中心城市，使党领导的革命力量受到严重损失。同年8月，周恩来回国。9月，与瞿秋白一道主持召开中共六届三中全会，基本上停止了李立三的"左"倾盲动主义错误。中共六届四中全会上，周恩来继续担任中央常委，并兼任中央军委书记，分工负责军事和苏区工作。

1931年12月，周恩来离开上海到达中央革命根据地首府瑞金，先后担任中共苏区中央局书记、中国工农红军总政治委员兼第一方面军总政治委员、中央革命军事委员会副主席。

1933年春，他依据实际情况，抵制了后方苏区中央局和临时中央的错误指令，和朱德一起集中优势兵力，采用大规模的大兵团伏击歼灭战法，领导和指挥红军战胜了国民党军队对中央革命根据地的第四次"围剿"。此时，临时中央已由上海迁入江西，直接在中央苏区推行"左"倾盲动主义，导致中央苏区第五次反"围剿"失败，被迫长征。

1935年1月，在贵州省遵义县城举行的中共中央政治局扩大会议（即著名的遵义会议）上，周恩来做了重要讲话，支持毛泽东的正确主张，为在革命危急关头，挽救党和红军，确立毛泽东的领导地位做出了重要贡献。会后，他与毛泽东、王稼祥组成三人指挥小组，共同指挥了红军一系列重大的军事行动，粉碎了国民党军队的围追堵截，率领中央红军北上，并反对张国焘的分裂活动，于同年10月胜利到达陕北。

1936年12月，爱国将领张学良和杨虎城发动西安事变，拘禁了蒋介石。为促使西安事变和平解决，推动蒋介石转向抗战，周恩来与秦邦宪、叶剑英等作为中共中央全权代表赴西安同蒋介石谈判，同张、杨一起迫使蒋介石接受了停止内战、一致抗日的主张。此后，他又先后在西安、杭州、庐山、南京等地，同国民党代表包括蒋介石本人进行了多次谈判。谈判中，周恩来正确地把握局势，恰当地处理两党关系中许多长期积累下来的复杂问题，终于促成了第二次国共合作的实现。中国历史从此进入全民族抗战的新时期。

1937年9月至11月，周恩来以中共中央代表身份到达地处华北抗战前线的山西，统一领导中共党、政、军各项工作。他曾参与策划发动平型关战役，协助国民党军队组织忻口战役，从而实现了抗战以后国共两党的军事合作。同年12月至抗战胜利结束，周恩来作为中共代表，先后在武汉、重庆国民党中央和国民党政府所在地做统一战线工作，曾出任国民党政府军事委员会政治部副部长。在此期间，他作为中共中央长江局副书记和中共中央南方局书记，还先后领导了长江局和南方局的工作，恢复和加强了中国南方各地党的组织，成功地贯彻和组织实施了中共中央隐蔽精干、长期埋伏、积蓄力量、以待时机的方针，使共产党的工作在当地群众中生根立足。在统战工作中，周恩来坚持发展进步势力、争取中间势力、孤立顽固势力的方针，坚持国共合作，反对分裂。在广大的国统区宣传中国共产党的抗日主张，领导人民群众开展抗日救亡运动。广泛团结民主党派、进步知识分子、爱国人士和国际友好人士，为坚持和发展抗日民族统一战线，制止反共逆流，克服对日投降危险，争取抗战胜利，做出了重要贡献。而对国民党对共产党和一切进步势力的高压政策，周恩来敢于斗争，善于斗争。

1941年1月皖南事变发生后，周恩来在《新华日报》上题词："为江南死国难者志哀！"题诗："千古奇冤，江南一叶，同室操戈，相煎何急！？"表明了对国民党当局的愤怒抗议的态度。

1943年7月周恩来回到延安。8月2日在中共中央办公厅举行的欢迎晚会上发表演说："我们党22年的历史证明：毛泽东同志的意见，是贯串着整个党的历史时期，发展成为一条马列主义中国化，也就是中国共产主义的路线！毛泽东同志的方向，就是中国共产党的方向！毛泽东同志的路线，就是中国的布尔什维克的路线！"在参加党内高级干部的整风学习中，他正确地总结党的历史经验，并严于解剖自己。

1945年4月，他出席党的第七次全国代表大会，作了《论统一战线》的长篇发言。这篇发言科学地阐述了抗日民族统一战线形成发展的历程，从敌人、队伍、领导者三个方面系统深刻地总结了党在统一战线工作中的经验教训，全面地发挥了毛泽东关于抗日民族统一战线的战略和策略思想。在这次会上，周恩来当选为中央委员，在中共七届一中全会上被选为中央政治局委员、书记处书记。抗日战争胜利后，为制止内战，争取通过和平途径实行中国社会的政治改革，周恩来陪同毛泽东于1945年8月赴重庆同国民党谈判。《双十协定》签订后，毛泽东返回延安，周恩来继续率领中国共产党代表团在重庆和南京就悬而未决的问题和维护1946年1月通过的政协决议问题，同国民党进行艰苦的谈判斗争。1946年6月，全面内战爆发，11月，他率中共代表团返回延安。之后，他直接参加中共中央领导工作，同时兼任中央城市工作部部长，仍以很多精力继续领导国民党统治区的人民运动。他依据形势的发展，适时地提出正确的方针和斗争策略，使国民党统治区的学生运动和群众斗争得到健康迅速的发展，形成了配合人民解放战争的第二条战线。

1947年3月，蒋介石军队大举进攻陕甘宁边区，占领延安。周恩来与毛泽东、任弼时率领中共中央机关留在陕北坚持工作和战斗。他作为中央军委副主席又兼任了代理总参谋长，协同毛泽东不仅直接指挥了西北战场的青化砭、羊马河、蟠龙镇、沙家店等战役，挫败了蒋介石军队对陕甘宁边区的重点进攻，而且指挥了全国各个战场的人民解放战争，有效地歼灭了国民党军的有生力量，打乱了国民党的战略部署，使人民解放军转入战略进攻。此间，他还协助毛泽东指导了解放区的土地改革运动和制定推行新区的城市政策，纠正了工作中出现的"左"的偏向，保障了土地改革和城市工作的健康进行。

1948年3月，中共中央坚持在陕北的任务胜利完成，周恩来与毛泽东、任弼时率中央机关东渡黄河。4月，同任弼时率中央机关部分工作人员到达河北省平山县西柏坡。5月，毛泽东亦到西柏坡。在这里，周恩来协同毛泽东发动和指挥了辽沈、淮海、平津三大战役，歼灭了国民党赖以维持其反动统治的主要军事力量，奠定了人民解放战争在全国取得胜利的基础。1948年9月和1949年3月，周恩来在西柏坡先后出席中共中央政治局会议和中共七届二中全会。二中全会后，与毛泽东、朱德、刘少奇、任弼时率中央机关离开西柏坡进入北平。抵达北平后，周恩来率中共代表团同国民党政府代表团举行和平谈判。由于国民党方面拒绝接受《国内和平协定最后修正案》，谈判破裂，人民解放军发起渡江战役。此时，筹建新中国的工作正在进行，周恩来受中共中央委托，负责筹备召开新的政治协商会议，组建中央人民政府的工作。他通过多种渠道，热情邀请和妥善安排在海内外的各民主党派、各人民团体及爱国民主人士到北平参加新政协，主持起草了起临时宪法作用的《中国人民政治协商会议共同纲领》。

1949 年 9 月，中国人民政治协商会议在北平隆重开幕。会上，周恩来作了《关于中国人民政治协商会议共同纲领草案的起草经过和特点》的报告，就中国人民民主统一战线问题、新民主主义总纲问题、新民主主义政权制度问题、军事制度问题、新民主主义经济政策问题、新民主主义文化政策问题、新民主主义民族政策问题、新民主主义外交政策问题做了说明。在这次会上，他当选为中国人民政治协商会议第一届全国委员会委员和中央人民政府委员。人民政协是中国共产党领导的人民民主统一战线组织，也是共产党领导的多党合作和政治协商的主要组织形式。人民政协的召开和中央人民政府的成立，标志着新民主主义革命在全国的胜利，表明占人类总数四分之一的中国人从此站立起来了。周恩来对此都做出了巨大的贡献。

新中国成立后，周恩来一直担任中华人民共和国政府总理，曾兼任过外交部长，担任过中共中央军委副主席，政协第一届全国委员会副主席，政协第二届、第三届全国委员会主席，历届全国人民代表大会代表，中共八届、九届、十届中央政治局常委，八届、十届中央副主席，担负着处理党和国家日常工作的繁重任务。周恩来一直在第一线领导新中国的经济建设。建国初期，为迅速恢复国民经济和顺利完成对农业、手工业及资本主义工商业的社会主义改造，进行了卓有成效的工作。他连续主持制定了发展国民经济的几个五年计划，并领导组织实施工作。他主张经济建设要从中国的国情出发，坚持实事求是，既反保守又反冒进，在综合平衡中积极稳步地前进。1972 年发现身患癌症后，他仍然坚持工作。1975 年在第四届全国人民代表大会第一次会议上，代表中国共产党重申中国要在本世纪（21 世纪）内实现农业、工业、国防和科学技术现代化的宏伟目标。1976 年 1 月 8 日在北京逝世。

周恩来一生勤奋工作，严于律己，善于团结群众，为中国人民的解放事业和中国的社会主义事业鞠躬尽瘁，无私地奉献出自己的一切，"人民的好总理"永远活在人民的心中。周恩来的主要著作收入《周恩来选集》《周恩来统一战线文选》《周恩来书信选集》《周恩来外交文选》《周恩来经济文选》等文集中。

第四讲　民族资本主义经济与共产党民主革命纲领

1. 民族工业发展的"黄金时代"

第一次世界大战期间，除日本以外的帝国主义国家暂时放松了对中国的侵略，这就给中国民族资本造成一个发展的机会。大战结束后的一段时间，民族工业在继续发展，而且发展的速度远远超过大战期间。其原因，一是大战刚刚过去，欧洲帝国主义在打得精疲力竭之后，经济力量尚待恢复，中国发展民族资本的有利条件仍然存在；二是民族资本家在大战期间扩充的资本，正好在战后几年转为投建新厂；三是"五四"前后兴起的两次抵制日货运动，打击了日本货的进口，有利于民族工业的发展；四是经过世界大战和五四运动的刺激，中国民族资本家发展实业的欲望更加强烈。这样几种原因，就使得中国民族工业发展的"黄金时代"，从大战期间延续到战后几年。

民族资本最重要的部门棉纺织业，1920 年至 1922 年出现建厂高潮，生产能力有很大发展。1910 年前，民族资本所设纱厂共 21 家；1910 年至 1919 年新设 13 家；而 1920 年至 1922 年 3 年中，设厂数目达 32 家，几乎等于以前几十年设厂数的总和。拥有的纱锭数，1919 年为 65 万多枚，较 1914 年增长 20%；1922 年达 150 万多枚，较 1919 年增长 129%。拥有的布机数，1919 年为 2650 台，较 1914 年增长 15%；1922 年达 6767 台，较 1919 年增长 155%。

民族资本另一重要部门面粉业，发展也很明显。在可确定设立年份的机制面粉厂中，1913 年前为 61 家；1914 年至 1918 年新设 53 家，其中所知 39 厂的资本总额为 953 万元；1919 年至 1922 年新设 47 家，其中所知 34 厂的资本总额为 1519 万元，投资额增加很多。

在中国最大工业城市上海，棉纱、缫丝、面粉、卷烟四大工业部门中，1914 年拥有工厂 78 家，1919 年增为 102 家，1922 年达到 120 家。中国最大的民族资本集团荣宗敬、荣德生兄弟，在大战后的几年，迅速扩展了他们的产业。荣家于 1902 年开始投资面粉业，至 1918 年拥有茂新、福新系统面粉厂 9 个，粉磨 128 台，1919 年增设面粉厂 3 个，1921 年粉磨数达到 301 台，日生产能力 7 万 6000 袋，占当时全国民族资本面粉厂生产能力的 31%。1907 年开始投资棉纺织业，1916 年创办申新纱厂，1919 至 1921 年增设申新二、三、四厂，拥有的纱锭数，1918 年为 1 万 2900 多枚，1922 年达到 13 万 4900 多枚，增长近十倍。

第一次世界大战前后，中国涌现出一批很有作为的民族资本家。如前述荣家兄弟，是突出的两人。他们在上海和家乡无锡等地，经营面粉、棉纱两大产业。在中国面粉业中，他们被称作"面粉大王"。在纺织业中，他们的资本和生产能力也最为雄厚。1923 年荣家自有资本 1000 余万元。浙江宁波人刘鸿生，在上海创办鸿生火柴厂和大中华火柴公司。产品占到全国火柴产量的四分之一，并在中国市场上压倒瑞典、日本火柴，被称作"火柴大王"。湖南湘阴人范旭东，1914 年在大沽口开办久大盐业公司，大战后在塘沽创办永利碱厂，经过几年的努力，出碱后打破英国卜内门公司对中国纯碱市场的垄断。他还创设了黄海化工研究社，从事化工科学研究。广东佛山人简照南、简玉阶兄弟，清末创办南洋兄弟烟草公司，大战后将总公司由港迁沪，资本额由 10 万元扩充至 1500 万元，产品行销全国各地和南洋诸岛。湖南长沙人聂云台，1919 年在上海创办大中华纺织厂，有纱锭 4 万 5000 枚，股金近 300 万两，曾任华商纱厂联合会、上海总商会会长。广东中山人郭乐、郭顺兄弟，早年在澳洲经商，后把资金移回国内，先后在香港、上海创办永安百货公司，1921 年在上海创设永安纱厂。在民族棉纺织业中，其资本仅次于荣家。上海人穆藕初，先后创办德大、厚生、豫丰等纱厂和上海华商纱布交易所，拥有纱锭 10 万余枚。这些民族资本家都是民族实业家，具有实业救国的思想，注意采用当时先进的经营管理方法，在发展中国民族工业方面，做出了他们的贡献。

2. 民族工业面临的重重困难

中国民族工业虽然有较大发展，但发展的余地是有限的。民族工业面临着重重困难和障碍。首先和最主要的障碍仍然是帝国主义的威胁和压迫。

在中国棉纺织业建厂高潮的年代，日本在华的纱厂、纱锭数也急剧增加，而且增长速度超过了华资纱厂。从 1918 年到 1922 年，民族资本纱厂的纱锭数增长 132%，日本在华纱厂的纱锭数则增长 158%。帝国主义控制着中国的重工业和财政金融。在 1922 年，中国原煤机械开采量的 78%、全部开采量的 52%，铁矿石和生铁产量的几乎 100%，铁路运输的 90% 以上，都控制在帝国主义者手中。1921 年至 1922 年，中国机械进口价值达到 5000 万海关两的空前数额，其中 60% 以上为纺织机械，这表明了中国纺织工业发展的势头，但同时也是对中国机械工业的严重打击。帝国主义在华银行，1914 年前共有 21 家，连同分支机构营业所共 101 处，1914 年至 1930 年增设 44 家 125 处，它们掌握着中国的经济命脉。经过 1921 年 11 月至 1922 年 2 月召开的华盛顿会议，打破了日本独占中国的局面，重新确定美国提出的中国"门户开放"和各国在华"机会均等"的原则。此后，帝国主义对中国的经济侵略进一步加紧。仍以棉纺织业为例：1925 年与 1922 年相比，华商纱厂的纱锭数增长 23%，布机数增长 64%，外商纱厂的纱锭数则增长 67%，布机数增长 65%。1925 年，在中国全部纱厂的纱锭和布机数中，外商纱厂已分别占到 44% 和 46%。外商纱厂凭借其资金上的优势和不平等条约的保护，操纵花纱市场，或抢购原料，或倾销成品，造成中国"棉贵纱贱"的状况，给民族纺织业以致命打击。

在帝国主义经济势力的威胁和压迫下，再加上军阀混战的破坏，苛捐杂税的重压，交通运输的阻梗，农业生产的不振等因素，民族工业在 1923 年以后虽仍然有所发展，但已是步履艰难，不少工厂因亏本而改组、停工，甚至破产倒闭或被外国资本吞并。

1923 年至 1931 年，民族资本增设纱厂 25 家，但改组、出租、被债权人接管、停工、出售者超过此数的一倍。上海几家较大的机器厂都处于破产或勉强维持当中。曾生产过 3500 吨级船舶的中国最大机器厂上海求新机器厂，因钢铁涨价，无法弥补亏损，于 1919 年被法国资本吞并。大效机器厂于 1926 年停业。中国铁工厂在 1922 年开工后，因年年亏本，1927 年垮下来。仅存的大隆机器厂也遇到产品滞销的严重困难。

事实表明，在半殖民地半封建的社会条件下，中国民族资本主义经济是不可能得到顺利发展的。

3. 民族资产阶级政治上的活跃

随着民族工业的发展，民族资产阶级和工人阶级的力量都进一步增强。民族资产阶级在政治上活跃起来。他们痛感华洋资本所受待遇的不平，不满意军阀统治所造成的政治上的黑暗，因而发出"不平则鸣"的呼叫。但是他们又不能割断与帝国主义的联系，也不赞成以暴力革命的手段改造现实社会。他们只是希望停止军阀间的争斗，改善国内政治，由此创造出发展民族资本主义经济的有利条件。主要基于民族资产阶级这种政治愿望的增长，在 20 世纪 20 年代初期，中国社会上出现了各种改良思潮。代表性的主张有以下一些：胡适、蔡元培等人发表题为"我们的政治主张"的文章，提出"好政府"主义。他们认为，"社会上的优秀分子"，即"好人"，出来"和恶势力奋斗"，组织一个"好政府"，是中国"政治改革的唯一下手功夫"。

当时，地方军阀政客为保存和扩展自己的势力，大唱"省自治"和"联省自治"的论调。与此同时，一些资产阶级代表人物也极力倡导这种主张，或直接参与地方军阀的"自治"活动。他们把中国政局混乱的原因，归结为中央政府"权借过高"，以致引起争夺，主张削弱中央权力，增加地方权限，通过"省自治"和"联省自治"，使中央政府变成"虚置"，把中国变成联邦制的国家。如此，没有人争夺中央权势了，武人间的争斗也就可以停止了。再一种主张是"制宪救国"。认为中国"唯一要途，无过于急速制宪以立国本"，有了宪法，就能"绝乱源，定国基"。《东方杂志》在1922年出版两期《宪法研究号》，广泛宣传了这种主张。还有一种主张是"废督裁兵，化兵为工"。上海的中华全国工商协会、中华国货维持会等20多个团体联合发表《废督裁兵宣言》，不少地方召开过废督裁兵大会，一些个人提出过裁兵计划书和废督裁兵具体方案，孙中山也曾积极倡导裁兵和化兵为工。所有这些主张，都是资产阶级的软弱的政治呼声和要求，都不是救治中国的良方，都不能彻底解决推翻帝国主义和封建主义在中国的统治这个根本问题。

4. 中共二大制定民主革命纲领

中国工人阶级的成长和战斗力，是民族资产阶级不能相比的。自接受马克思主义并组成自己的政党之后，工人阶级就以更积极的姿态活动于中国的政治舞台。为了争取政治权利和改善待遇，工人阶级在共产党领导下，从1922年1月至1923年2月，掀起了全国范围的罢工高潮。13个月内，全国工人罢工100多次，参加人数在30万以上。1922年1月中，香港海员为要求增加工资首先罢工。2月底发展为各行工人总同盟罢工，有10万人参加，终于迫使港英当局答应增加工人工资15%—30%，恢复被封闭的工会。1922年5月，共产党通过公开从事工人运动的机关中国劳动组合书记部，发起召开了第一次全国劳动大会。大会有12个城市的100多个工会的代表参加，包括国民党、共产党、无政府主义者领导的及其他各种派别的工会组织。会议接受了共产党提出的打倒帝国主义、打倒军阀的口号，通过"罢工援助""全国总工会成立前以中国劳动组合书记部为全国总通讯机关"等议案。这表明工人阶级开始走上全国团结反帝反军阀的道路。七八月间，劳动组合书记部领导开展了劳动立法运动，提出劳动法大纲19条。这是中国历史上保护工人阶级政治权利和经济利益的立法活动的开端。

9月中，爆发了安源路矿工人大罢工，有1万7000多人参加，最后取得增加工资、矿方承认工人俱乐部合法权的胜利。10月下旬，爆发开滦五矿工人大罢工，有5万多人参加，遭到英国资本家和中国反动当局的武力镇压。1923年2月4日，京汉铁路全路工人，为反对军阀破坏该路总工会的成立，举行政治大罢工。2月7日，军阀吴佩孚对罢工工人进行屠杀，造成二七惨案。此后，工人运动暂时由高潮转入低潮。持续一年的罢工高潮，显示了中国工人阶级的力量，提高了共产党在全国的政治威望，也进一步暴露了帝国主义和中国军阀的凶残。

在全国工人运动高潮期间，在资产阶级改良思潮流行的时候，1922年7月，中国共产党在上海召开了第二次全国代表大会。出席大会的代表有陈独秀、张国焘、蔡和森、邓中夏等12人。这次大会制定了共产党的民主革命纲领。帝国主义的侵略和封建主义的压迫，是鸦片战争以后中国经济上贫穷落后、政治上纷争无已的根源。但是，在中国共产党产生之前，任何阶级的革命者、改革者，都没能对此做出科学分析，提出明确的反帝反封建的革命纲领。中国共产党在共产国际的帮助下，诞生仅仅一年的时间，就解决了这个任务。中国共产党"二大"根据列宁关于民族和殖民地革命的理论，分析了中国社会和中国革命，指出：经过帝国主义列强80年的侵略，"中国已是事实上变成他们的殖民地了"，中国的政治、经济无不受帝国主义的操纵和支配；同时，中国在经济上尚停留在半原始的家庭农业和手工业的基础上，工业资本主义化的时期还很远，在政治上还处于军阀官僚的封建制度压迫之下。"加给中国人民（无论是资产阶级、工人或农人）最大的痛苦的是资本帝国主义和军阀官僚的封建势力，因此反对那两种势力的民主主义的革命运动是极有意义的。"这是最早的对中国半殖民地半封建的社会性质和民主主义的革命性质的科学分析。

大会指出，中国无产阶级的奋斗，要分为两步，第一步是援助和参加资产阶级民主主义革命，第二步是进行反对资产阶级的革命。这是第一次提出的中国革命分两步走的思想。基于以上认识，大会规定了共产党的最高纲领和最低纲领。最高纲领即最终奋斗目标是：组织无产阶级，用阶级斗争的手段，建立劳农专政的政治，铲除私有财产制度，渐次达到一个共产主义的社会。最低纲领即当前民主革命的奋斗目标是：打倒军阀，建设国内和平；推翻国际帝国主义的压迫，达到中华民族完全独立；统一中国为"真正民主共和国"。为了完成反帝反封建的民主革命任务，大会做出同国民党及其他民主势力结成"民主的联合战线"的决议。

　　中国共产党的民主革命纲领，揭示了中国社会的基本矛盾和中国革命的客观规律，给中国人民指明了斗争方向。这个纲领的制定，是马克思列宁主义同中国革命实际相结合的重大步骤。"二大"以后，党对民主革命纲领进行了广泛宣传，出版《向导》周报，批判当时流行的各种改良思想，并提出同盟会成立初年使用过的"国民革命"一词，作为总的政治口号。此后，"国民革命"成为国共两党和各革命阶级共同的斗争旗帜。全国人民在打倒帝国主义、打倒军阀的口号下迅速地广泛地动员起来。

第五讲　北洋军阀混战与国民革命运动

1. 直皖系军阀战争的爆发

五四运动后，中国继续处在北洋军阀的统治下。军阀内部纷争不已。1920 年 7 月，直皖战争爆发。

这时，以段祺瑞为首的皖系军阀控制北京中央政府已经四年。五四运动中，皖系成为众矢之的，其卖国残民的反动本质暴露无遗。得到英、美帝国主义支持的直系军阀加紧策动反皖。

直系实力人物吴佩孚甚至通电反对在巴黎和约上签字，支持学生运动，以笼络人心。吴佩孚（1874—1939 年），字子玉，山东蓬莱人，时任陆军第三师师长。

1919 年 12 月冯国璋病逝后，曹锟成为直系首领。曹锟（1862—1938 年），字仲珊，直隶天津（今天津市）人，时任川粤湘赣四省经略使兼直隶总督。1920 年 4 月，曹锟与其他军阀结成直皖赣鄂豫奉吉黑八省反皖同盟。7 月直皖战争爆发。战争在京汉、京津两路沿线的高碑店、杨村一带同时发动。经过几天的战斗，直军在奉军的配合下取得胜利。段祺瑞辞职，直奉联合控制了北京政府。打败皖系后，以不同帝国主义为背景的直奉两系的矛盾又尖锐起来。

1920 年年底奉系张作霖入京推倒亲直内阁，抬出亲日的梁士诒组阁。吴佩孚乘机发起攻击，逼迫梁士诒下台。1922 年 4 月底演成直奉战争。

直奉双方在京汉、津浦两线激战一周，结果直胜奉败，奉军退守山海关外，直系独霸了北京政权。曹、吴为制造合法的假象，首先搞起"恢复法统"的骗局，重开 1917 年旧国会，捧出原总统黎元洪复职。但当他们自认为统治已经稳定之时，便制造事端，逼走黎元洪。1923 年 10 月，曹锟经过贿选，当上了中华民国大总统。

曹锟的贿选和吴佩孚为排除异己而推行的武力统一政策，遭到全国各方面的反对。张作霖、孙中山和皖系浙督卢永祥结成反直三角同盟。吴佩孚则计划：以福建军务督理孙传芳与广东军阀陈炯明相配合，进攻广东革命政府；以江苏督军齐燮元消灭卢永祥；自己准备与张作霖开仗。1924 年 9 月初，齐燮元与卢永祥间的江浙战争首先爆发。这场战争打了一个多月，以齐胜卢败而告结束。江浙战争尚在进行期间，9 月中旬爆发了第二次直奉战争。直奉两军在朝阳、山海关等地交战，战斗十分激烈。正当两军拼死厮杀之时，被派往热河方面作战的直系将领冯玉祥倒戈回师，发动了北京政变。

2. 冯玉祥组成民国国民军

冯玉祥（1882—1948 年），字焕章，安徽巢县人。他因受到吴佩孚的排挤和孙中山的影响，决心反直。1924 年 10 月 22 日夜，冯军回抵北京，包围总统府，监禁了曹锟。冯玉祥将所部组成中华民国国民军，脱离直系军阀系统。11 月初，国民军驱逐清废帝溥仪出皇宫。由于冯的倒戈，直军被奉军打败，吴佩孚乘军舰南逃。

冯玉祥，谱名基善，出生于直隶青县兴济镇北街（现为沧县兴济镇），祖籍安徽省巢县西北乡竹柯村。冯玉祥家境贫寒，只读了二年多私塾。为了维持生活，父亲冯有茂为刚满 10 岁的冯玉祥在兵营中补了名额，以便领些银子糊口。16 岁的冯玉祥入保定五营当兵。1902 年改投武卫右军，历任哨长、队官、管带等职。1911 年武昌起义爆发后，参与发动滦州起义，失败后被革职，递解保定。1914 年 7 月，冯玉祥任陆军第七师第十四旅旅长，率部在河南、陕西一带参加镇压白朗起义军。9 月任陆军第十六混成旅旅长。1915 年奉令率部入川与护国军作战，暗中与蔡锷联络，于次年 3 月议和停战。1917 年 4 月被免去第十六混成旅旅长职。7 月率旧部参加讨伐张勋辫子军有功，复任第十六混成旅旅长。1918年2月奉命率部南下攻打护法军，在湖北武穴通电主和，被免职留任。6月率部攻占湖南常德后，被撤销免职处分，11月任湘西镇守使。1921年8月任陆军第十一师师长，旋署陕西督军。1922年夏第一次直奉战争中，率部出陕援直，击败河南督军赵倜部，5月调任河南督军。因受直系军阀首领吴佩孚排挤，10月被派为陆军检阅使，率所部驻防北京南苑，抓紧练兵。1923年曹锟、吴佩孚控制北洋政府后，冯玉祥在孙中山推动下，与陕军暂编第一师师长胡景翼及第十五混成旅旅长孙岳结成同盟，决心寻机推倒曹、吴军阀统治。1923年任河南省政府主席；1924年第二次直奉战争中任直军第三军总司令，趁直、奉两军在石门寨、山海关等地激战，回师发动北京政变，推翻直系军阀政府，驱逐清逊帝溥仪出宫，改所部为中华民国国民军，任总司令兼第一军军长，电邀孙中山赴京共商国事。但迫于形势，又同反直系的军阀张作霖、段祺瑞妥协，组成以段临时执政的北洋政府。1925年春迫于奉、皖两系军阀的压力，冯玉祥赴察哈尔张家口（今属河北）就任西北边防督办，所部改称西北边防军（简称西北军）。8月任甘肃军务督办仍兼西北边防督办。在此期间，接受共产党人和苏联专家帮助，建立各种军事学校。1925年12月命令部下张之江劫持并杀害曾收复外蒙的著名爱国将领、民族英雄徐树铮。1926年1月在奉、直军联合进攻下被迫通电下野，旋赴苏联考察。8月中旬回国，迅即被广州国民政府任命为国民政府委员、军事委员会委员。在苏联和中国共产党帮助下，9月17日在绥远五原（今属内蒙古）誓师，就任国民军联军总司令，正式宣布全体将士集体加入中国国民党，参加国民革命。根据广州国民政府要求，在李大钊等中国共产党人建议下，制定"固甘援陕，联晋图豫"的战略方针。随即率部参加北伐战争，出师甘、陕，11月解西安之围。1927年4月冯玉祥所部被武汉国民政府改编为国民革命军第二集团军，任总司令，旋率部东出潼关，鏖战中原，与北伐军唐生智部会师郑州。此后，曾一度附和蒋介石、汪精卫"清党"反共。1928年率部参加第二期北伐。10月任行政院副院长兼军政部长。因军队编遣等问题与蒋发生利害冲突，在1929年和1930年爆发的蒋冯战争和蒋冯阎战争中失败下野，所部被蒋收编。1931年"九一八"事变后，积极主张抗日，反对蒋介石的不抵抗政策。1933年5月，在中国共产党的帮助和推动下，与方振武、吉鸿昌等在张家口组织察哈尔民众抗日同盟军，被推举为总司令，指挥所部将日军驱逐出察哈尔省（今分属河北、内蒙古）。8月在蒋派重兵威逼下辞职，隐居泰山。1935年4月被授为陆军一级上将。12月以蒋答应实行抗日为条件，在南京出任军事委员会副委员长。1936年后，冯玉祥曾任国民政府军事委员会副委员长，第三、第六战区司令长官。1937年"七七"卢沟桥事变爆发后，相继任第三、第六战区司令长官，不久受蒋排挤离职，仍奔走于鄂、豫、湘、黔、川等省，积极从事抗日救国活动。抗战胜利后，为形势所迫，于1946年以水利考察专使名义出访美国，同时被强令退役。从1947年起，在美公开抨击蒋介石的内战、独裁政策，积极支持国内人民的爱国民主运动，并以20年亲身经历，撰写《我所认识的蒋介石》一书，对蒋的专制独裁统治作了深刻揭露。1948年1月中国国民党革命委员会在香港成立，当选为常务委员和政治委员会主席，随即发起组织民革驻美总分会筹备会，7月应中共中央邀请参加中国人民政治协商会议筹备工作，在苏联驻美大使潘友新的帮助下，自美国回国，乘"胜利"轮途经黑海在向敖德萨港（今属乌克兰）行进途中，因轮船失火，于9月1日与女儿冯晓达一起遇难，享年66岁。

3. 军阀混战

北京政变后，北方的政局发生重大变化。直系在北方的势力被消灭；国民军控制了北京；奉军大批入关，占领天津，并沿津浦线南下；冯玉祥与张作霖的矛盾趋向激化；段祺瑞欲东山再起，重掌政权。面对政变所引起的复杂的政治军事形势，冯玉祥一面电邀孙中山北上，共商时局，一面又同张作霖、段祺瑞举行会议，推出段祺瑞为中华民国临时执政。这样，在北京政变推倒直系统治之后，北京政府仍然控制在军阀官僚手中；但也造成了一种有利于革命的客观条件。

孙中山在接受冯玉祥电邀之后，发表《时局宣言》，主张召开国民会议以解决时局问题。

段祺瑞则坚持召开旨在维护军阀统治的"善后会议"，对抗在全国兴起的国民会议运动。1925年4月，段祺瑞政府与法国订立《中法协定》，承认争执几年的"金法郎案"，答应中国对法国的庚子赔款用"金法郎"计算，使中国多付关银 6200 余万两。1926 年 3 月又制造"三一八惨案"，残酷镇压人民群众的反帝反军阀斗争。段祺瑞政府的内外政策，遭到全国人民反对。

第二次直奉战争中兵败南走的吴佩孚，于 1925 年内又控制了湖北。10 月在汉口宣布成立十四省讨贼联军总司令部。与吴佩孚再起的同时，直系将领孙传芳另树一帜，扩张了势力。他以浙闽苏皖赣五省联军总司令的名义通电讨奉，并通过战争和借助五卅运动后全国反奉的声势，夺取上海，把奉系势力赶出苏皖两省，成为东南五省的统治者。孙传芳（1885—1935 年），字馨远，山东历城人。

1925 年 11 月，奉系内部发生郭松龄倒戈事件。郭松龄是奉军中有实力的将领之一，因不赞成张作霖的某些举措，并且在奉系内部的派别斗争中受到压抑，乃与冯玉祥等订立密约，决定举行兵变，推倒张作霖。11 月下旬，郭率所部由滦州回奉，12 月攻到距沈阳只 100 余华里的新民，但由于日本出兵干涉，最后兵败被杀。这次倒戈，是当时全国反奉斗争的一个组成部分，给奉系军阀势力以沉重打击。

郭松龄倒戈反奉，使冯玉祥、张作霖、吴佩孚之间的关系发生新的变化。冯玉祥国民军在郭举兵后进占热河，又以假道出关援郭为名攻占天津。驻直隶的奉军李景林部退入山东，与山东张宗昌结成直鲁联军。吴佩孚与张作霖取得"谅解"，决定联合讨冯。1926 年春，形成奉军、直鲁联军、直军联合进攻国民军的形势。冯玉祥宣布下野，把部队和地盘交给下属，自己准备到苏联考察。3 月，奉军攻占滦州、唐山，直鲁联军进占天津、丰台。4 月，奉军占领热河，驻北京的国民军推倒段祺瑞政府，然后退往南口。直鲁联军进入北京。直鲁军在北京劫夺民财，蹂躏妇女，残杀无辜，无恶不作，使北京城陷入军事恐怖和破败萧条之中。

4. 孙中山为民主共和奋斗

当北洋军阀势力相互争夺，国内局势一片混乱之时，国民革命运动在南方蓬勃兴起。国民革命运动的起点，是 1924 年 1 月中国国民党第一次全国代表大会的召开和国共合作的正式建立。辛亥革命后，孙中山一直坚持民主革命的立场，不懈地为使中国成为真正的民主共和国而奋斗。

孙中山由于没有找到正确的革命道路，而采取依靠军阀反对军阀的办法，并且幻想得到帝国主义的帮助，孙中山的几次斗争均遭失败。1913年的二次革命，被袁世凯镇压下去。1917年的护法运动，因受到西南军阀的破坏而流产。1920年11月，孙中山再回广州，重组军政府，发起第二次护法，翌年4月被举为中华民国非常大总统。但正在他苦心经营北伐之时，由他扶植的广东省长、粤军总司令陈炯明又背叛了他。陈炯明（1878—1933年），字竞存，广东海丰人。1922年6月，陈炯明发动武装政变，围攻总统府，欲置孙中山于死地。孙中山被迫转移到军舰上，坚持斗争50余日，8月重抵上海。

这次失败，使他陷入极大的苦闷之中。他开始认识到，实现三民主义，不能"单靠军人奋斗"，而要依靠党的力量。但党的状况如何呢？自1919年10月中华革命党改组为中国国民党之后，党并没有新生。成员复杂，组织涣散，急需整顿和改组。

5. 中共三大决议：国共合作

列宁领导的共产国际和苏俄政府，支持被压迫民族的解放斗争，并主张殖民地和落后国家的无产阶级同资产阶级民主派结成革命联盟。共产国际几次派代表与孙中山会晤，建议他加强同苏俄的联系，并同中国共产党合作。中国共产党在共产国际的帮助下，在1922年7月第二次全国代表大会上，做出《关于"民主的联合战线"的议决案》。同年8月召开的杭州会议，又决定共产党员以个人资格加入国民党，以党内合作的办法实现两党合作。孙中山很快接受了共产国际和中共的建议，答应共产党员可在保持共产党党籍的情况下加入国民党。从1922年9月起，孙中山着手进行改组国民党的工作。1923年1月，孙中山与苏俄代表越飞联合发表宣言，苏俄方面郑重表示愿意援助中国人民的革命事业。6月，中共召开"三大"，正式做出国共合作的决议，决定全体共产党员加入国民党，努力扩大国民党组织于全中国。8月，孙中山派出以蒋介石为首并有共产党人参加的"孙逸仙博士代表团"，赴苏联考察军事和党务。

10 月，苏联代表鲍罗廷到达广州，被孙中山聘为组织教练员。年底，共产党领导人李大钊应邀赴粤，帮助孙中山筹备召开国民党"一大"。中国国民党第一次全国代表大会于 1924 年 1 月在广州举行。孙中山以总理身份担任大会主席，并指定胡汉民、汪精卫、林森、谢持、李大钊五人组成主席团。出席大会代表共 165 人，其中有国民党人廖仲恺、谭延闿、戴季陶、孙科等，加入国民党的共产党人李大钊、毛泽东、林伯渠、谭平山等。大会通过了共产党人同国民党人共同拟定的宣言，确认了孙中山"联俄、联共、扶助农工"的三大政策，同意共产党员以个人资格加入国民党，组成了有共产党员参加的国民党中央执行委员会。这次大会标志着国共合作的正式建立。

国民党"一大"通过的宣言，对三民主义做出新的解释。重新解释的民族主义，主张"中国民族自求解放""免除帝国主义之侵略""中国境内各民族一律平等"。民权主义规定：民权"为一般平民所共有，非少数者所得而私"，效忠帝国主义及军阀者，不得享有自由及权利。民生主义的原则，一是平均地权，防止土地权为少数人所操纵，对缺乏田地的农民，国家当给以土地，资其耕作；二是节制资本，凡具有独占性质或规模过大之企业，由国家经营管理，使私人资本不能操纵国民之生计。重新解释的三民主义的政治原则，同共产党在民主革命阶段的政纲基本相同，因此它成了国共两党和各革命阶级合作的政治基础。会议通过的国民党章程，再次规定孙中山为总理。总理为全国代表大会和中央执行委员会主席，不要经过选举。总理对中央执行委员会的决议"有最后决定之权"。这种突出个人权力的规定，对以后的国民党产生了不良的影响。大会召开期间至同年 8 月，孙中山对为之奋斗多年的三民主义，作了系统讲演，最后完成了他的三民主义理论体系。

1924 年 5 月，国民党在广州黄埔创办陆军军官学校（一般称黄埔军校，1926 年春改称中央军事政治学校）。这是一所国共合作培养军事人才的学校，蒋介石任校长，廖仲恺任党代表，共产党人周恩来等参加了军校的领导工作。廖仲恺（1877—1925 年），原名恩煦，又名夷白，字仲恺，广东归善（今惠州）人。

国共合作成立后，一个包括全国各族绝大多数人民在内的国民革命运动，迅速兴起。工农运动、爱国反帝运动、反军阀争民主运动，以及统一广东革命根据地的斗争，几股革命洪流，相互推进，向前发展。

1924 年 7 月，广州沙面租界工人为反对英、法帝国主义制订新警律，妨碍中国人自由出入租界而举行罢工。罢工坚持一个多月，取得完全胜利。这是二七惨案后工人运动重新高涨的起点。同月，共产党人彭湃等开始在广州举办农民运动讲习所，两年共办六届，培养出 800 余名领导农运的人才。规模最大的第六届，由毛泽东主办。1925 年五一节，广东成立全国第一个省农民协会。同年冬至 1927 年，韦拔群（壮族）在广西东兰也举办农民运动讲习所，前后三期，培养农运干部数百人。

1924 年 5 月，《中俄解决悬案大纲协定》在北京签订。在协定中，苏方承诺放弃帝俄时代在中国取得的一切特权。这是鸦片战争以来中国同外国签订的第一个平等协定。以此为契机，全国掀起大规模的废除不平等条约运动。北京政变后，孙中山应冯玉祥等电邀，于 1924 年 11 月离粤北上。在此以前，共产党已提出召开国民会议以解决中国政局问题的主张。随着孙中山的北上，全国掀起召开国民会议运动。这个运动虽未取得直接成果，但它是新民主主义革命时期最早兴起的人民民主运动，通过上下结合的方式，广泛宣传了民主思想。1925 年 3 月 12 日，伟大的中国革命先行者孙中山在北京逝世。孙中山为创建中华民国、确定第一次国共合作，立下了伟大功勋。他逝世后，全国广泛展开追悼孙中山、宣传三民主义的活动。

6. 中共四大以及五卅运动

1925 年爆发的五卅运动，标志着国民革命高潮的到来。这年 1 月，中共召开第四次全国代表大会，明确提出无产阶级对民主革命的领导权问题，制定了发展革命的各项决议，为即将到来的革命高潮做了准备。

1925 年 2 月，上海日本纱厂工人为维护劳动权利和政治权利，举行罢工。5 月 15 日，日本资本家枪杀工人顾正红，并伤十余人。顾正红事件成为五卅运动的导火线。事件后，上海学生开展募捐和追悼活动，又被捕去数人。帝国主义者准备以"扰乱治安"的罪名，对学生进行审讯。同时，帝国主义还准备通过增订印刷附律、增加码头捐、交易所注册、取缔童工等"四提案"。这更激起上海人民的愤慨。5月30日，2000名学生在公共租界各马路进行讲演，揭露帝国主义枪杀工人、抓捕学生的罪行，反对"四提案"，又遭逮捕。聚集在南京路老闸捕房外的万余群众，高呼"打倒帝国主义"等口号，要求立即释放学生。英国侵略者竟命令巡捕向群众开枪射击，当场打死四人，伤后不治身亡者九人，重伤数十人，造成震动中外的五卅惨案。

惨案发生后，中国共产党中央决定将反帝运动扩大到各阶层人民中去，结成联合战线，展开工人罢工、学生罢课、商人罢市的"三罢"斗争。6月1日，上海"三罢"实现。在"三罢"斗争中，学生们表现出极大的爱国热情，五万学生参加罢课，又积极劝说商界罢市。代表中小商人的各马路商界联合会，也表现了很大热情，首先表示赞成罢市。主要代表大资本家利益的上海总商会，受到反帝怒潮的影响，也赞成了罢市。小资产阶级和资产阶级都投入了这场斗争，但主力是工人阶级。6月1日上海总工会成立，第一道命令是宣布总同盟罢工。自6月1日至13日，参加罢工的工厂和单位共113个，人数约15万，其中外资工厂和单位102个，人数12万以上。上海总工会、各马路商界总联合会、全国学生联合会、上海学生联合会等四个团体，于6月4日联合组成运动总指挥机关"工商学联合委员会"。总商会拒绝参加这个机构，并将工商学联合会提出的17项交涉条件修改为13条，删掉取消领事裁判权、撤退英日驻军、承认工人组织工会及罢工自由等项内容。总商会在抵制英日货和募捐活动中，起了积极作用。

帝国主义对上海人民继续采取屠杀政策。从5月30日至6月10日，杀害中国民众60余人，重伤70余人。他们又采取分化反帝统一战线的策略，对资产阶级一面以"司法调查""关税会议"进行诱惑，一面以停止借款、通汇、运输和电力供应等相威胁。6月26日，商人复市。不久，学生因暑期到来，纷纷离校。鉴于此种情况，共产党决定改变工人斗争策略，由总罢工改为经济斗争和局部解决。八九月，罢工工人先后复工。

"五卅"后，革命风暴扩展到全国。广州、北京、南京、汉口、天津、长沙、济南、徐州、青岛等数十个城市的人民群众纷纷集会、游行示威或罢工、罢课、罢市，反对帝国主义的野蛮暴行。一些地方的农民也加入斗争行列。全国投入这场反帝斗争的群众，约达 1200 万人。

这是"五四"后出现的又一次全国规模的反帝斗争高潮。这次运动显示了工人阶级的领导力量，显示了革命统一战线的作用。在运动中各个阶级有着不同的表现。这个运动的经验对以后的革命产生了巨大影响。

7. 省港罢工及三一八惨案

在为支援上海人民反帝运动而爆发的各地罢工斗争中，1925 年 6 月 19 日开始的省港罢工，是规模和影响最大的一次。参加这次罢工的有广州沙面租界和香港工人共 20 多万。罢工使香港变成"臭港""死港"，严重地打击了英帝国主义。这次罢工坚持了 16 个月之久。罢工的领导机构省港罢工委员会和 2000 多名工人组成的武装纠察队，成为广东革命政府的有力支柱。

直系北京政权倒台后，段祺瑞和奉系军阀成为中国人民的直接的主要敌人。1925 年 10 月爆发直系孙传芳与奉系的战争。这是军阀间的争斗，但对反奉极为有利。中国共产党利用这个时机，领导发动了反奉倒段斗争。11 月底，北京学生敢死队、工人保卫队和其他各界群众数万人举行示威大会，并企图通过城市暴动推倒段祺瑞政府，建立国民政府。但没有成功。这次斗争被称作"首都革命"。到 1926 年 3 月，发生了"三一八惨案"。3 月 12 日，日本驱逐舰掩护奉军兵舰驶入大沽口，并炮击驻守大沽口炮台的国民军。国民军奋起反击，逐走日舰。随后，日本帝国主义纠合英、美、法、意等八国，以维护《辛丑条约》为由，向段祺瑞政府发出最后通牒，提出种种无理要求，限期答复。大沽口事件激怒了中国人民。在中共北方区委和国民党北京执行部的领导下，北京各界在李大钊的主持下于 3 月 18 日在天安门前召开反对八国通牒示威大会，会后组成 2000 多人的请愿团，到段祺瑞政府请愿。段政府对爱国群众进行了血腥镇压，打死学生领袖刘和珍等 47 人，打伤李大钊、陈乔年等 100 余人。制造了震惊中外的"三一八惨案"。

惨案发生后，全国各地群众以及海外华侨和留学生，纷纷举行各种活动，声讨卖国政府，支援北京人民，形成一次广泛的群众革命浪潮。这次请愿遭到镇压以后，北方革命运动低落下去了。

8. 两广统一及国民党二大

在全国革命高潮中，广东革命根据地逐步得到巩固。

1924 年 10 月，广东革命政府依靠黄埔学生军、一部分革命军和工农力量，平定了反革命武装广东商团的叛乱。1925 年 2 月，举行第一次东征，讨伐企图进攻广州推倒革命政府的军阀陈炯明。革命军在东江农民的支援下，勇猛前进，打垮了陈部主力三万多人，占领潮州、梅县等地。6 月，东征军回师广州，平定了滇桂军阀的叛乱。7 月 1 日，广东革命政府由大元帅府改组为国民政府，实行委员制，汪精卫为主席。汪精卫（1883—1944 年），名兆铭，字季新，号精卫，广东番禺人。8 月，国民政府将所辖军队统一编为国民革命军。10 月，国民政府举行第二次东征，很快收复东江地区，全歼陈炯明的军队。同时举行南征，到 1926 年 2 月，歼灭了海南岛上的军阀部队。至此，广东全省为革命政府所统一。3 月，控制广西的李宗仁、白崇禧等人接受国民政府领导，两广实现统一。李宗仁（1891—1969 年），字德邻，广西桂林人。白崇禧（1893—1966 年），字健生，广西桂林人。广东革命根据地的统一和巩固，为北伐出师准备了条件。

革命形势在发展，革命统一战线内的斗争也在发展。孙中山在确定三大政策之时，就遭遇到仍然留在国民党内的地主买办分子和资产阶级右翼分子的反对。孙中山逝世后，这些人猖狂起来。1925 年 8 月，共产党的忠实朋友、国民党左派廖仲恺被刺杀。这是国民党右派打击左派、反对国共合作的一个重要举动。共产党推动国民党中央，坚决打击了右派势力。代大元帅兼广东省长胡汉民因涉嫌廖案，一度被拘留，后离开广州。

1925年夏，出现戴季陶主义。戴季陶（1891—1949年），名传贤，又名良弼，字选堂，又字季陶，笔名天仇，四川广汉人，国民党右翼理论家。这年六七月份，戴季陶写成《孙文主义之哲学的基础》和《国民革命与中国国民党》两本小册子。书中以儒家的"仁爱""道统"说解释孙中山的思想；以"民生哲学"反对马克思主义的阶级斗争学说；用民族斗争否定阶级斗争；以所谓团体的"排拒性"，反对国共合作。戴季陶主义反映了资产阶级向无产阶级争夺革命领导权的政治动向，成了右派反共篡权的理论基础。共产党人陈独秀、瞿秋白等著文驳斥了戴季陶的反动观点，维护了国共合作和国民革命。

1925年11月，出现西山会议派。一批国民党右派中央执监委员聚集北京西山碧云寺，召开所谓"一届四中全会"，公开反对三大政策，破坏国共合作。他们议决取消共产党员的国民党党籍，解除鲍罗廷的顾问职务，开除中央委员中的共产党人。他们在上海召开伪国民党第二次全国代表大会，成立伪第二届中央执监委员会。国民党中央同西山会议派进行了坚决斗争。毛泽东主编的国民党中央机关刊物《政治周报》，大张旗鼓地进行了反击右派的宣传。

1926年1月，国民党召开第二次全国代表大会。这是一次继承和发扬"一大"革命精神的大会。大会决定接受孙中山遗嘱和"一大"所定政纲，对外打倒帝国主义，对内打倒军阀、官僚、买办阶级和土豪。为了完成革命任务，大会认为，必须以诚意与苏俄合作，承认共产党员加入国民党、共同完成国民革命，扶助农工运动。大会做出"弹劾西山会议"和"处分违犯本党纪律党员"的决议，对西山会议派成员做了组织处理。大会选出中央执行委员36人，候补中央执行委员24人，其中各有共产党员7人。会后，共产党员谭平山、林伯渠继续担任中央组织部长和农民部长，毛泽东为宣传代理部长。各部做实际工作的秘书大多为共产党员。各地方党部多由共产党主持。国民党"二大"对中国革命事业的发展，起了积极推动作用。谭平山（1886—1956年），广东高明（今高鹤）人。林伯渠（1886—1960年），又名祖涵，湖南临澧人。

9. "中山舰事件"与蒋介石

国民党中的反共势力看到共产党在革命阵营中力量的增长，就寻找时机进行打击。1926年3月，蒋介石制造了"中山舰事件"。经过黄埔建军和两次东征，蒋介石在国民党中的地位提高了。国民革命军编组后，蒋任第一军军长。经过国民党"二大"，被选为中央执行委员。会后又任国民革命军总监。随着权势的增长，他的政治野心更加强烈，因而同共产党及国民党内汪精卫一派人发生了尖锐矛盾。他深知军权的重要，便首先在这个方面打击共产党。3月18日，黄埔军校驻省办事处通知海军局，谓奉蒋介石命令，需调派兵舰到黄埔候用。海军局即派出"中山"等两舰前往。但舰到黄埔后，蒋却声称并无调舰命令，中山舰又开回广州。蒋借中山舰的往返开动，诬蔑共产党阴谋暴动。20日凌晨，他擅自宣布戒严，逮捕海军局负责人李之龙（当时为共产党员），占领中山舰和海军局，扣捕军校和第一军中的共产党员，包围苏联顾问团住宅和省港罢工委员会。面对蒋介石的进攻，中共中央和苏联顾问采取了妥协退让的方针。结果，按照蒋介石的意图，共产党员退出了第一军，部分苏联顾问被辞退回国。蒋还把地位超过他的汪精卫排挤出国。1926年5月，在国民党二届二中全会上，蒋介石以"消除疑虑，杜绝纠纷"为幌子，又提出所谓"整理党务案"。其中规定了种种限制共产党员在国民党内任职和活动的条文，如：在国民党中央党部和省市党部的执行委员中，共产党员不得超过总数的三分之一；共产党员不得担任国民党中央机关的部长职等。由于中共中央继续采取妥协退让的方针，这个提案被通过。"中山舰事件"和整理党务案，是蒋介石扩张权势的关键的两步。

蒋介石，名中正，原名瑞元，学名志清，字介石，1887年10月31日生于浙江省奉化县溪口镇，父蒋肇聪，母王采玉。他8岁亡父。幼读私塾，稍长入新式学堂，1906年赴日本留学，1908年入东京振武学校学军事，同年加入同盟会。辛亥革命中，他率敢死队参加光复浙江之役，1913年夏，他追随孙中山进行二次革命，10 月加入中华革命党。1922 年陈炯明叛变，他接讯自上海赴广州，登永丰舰与孙中山共患难，深获信任与器重。但由于他资历尚浅，因此，迄至国民革命初期，未能进入国民党的权力中枢。

1924 年 5 月 3 日，蒋介石被孙中山任命为黄埔军校校长，仿苏俄模式，着手建立国民党党军。他把此视为培植嫡系势力的良机，因之竭尽全力，从军服军帽设计、校舍卫生管理到教官的任命、教学内容的制定，都亲自参与决定，并与学生保持密切的接触。在培养军官的同时，他还在黄埔军校组建教导团，募兵练兵，这样，到 1924 年冬季，黄埔建军已具雏形。由于这支军队经过严格的选拔与训练，受过思想政治教育，又有"革命军连坐法"，因此战斗力很强。10 月，蒋介石领导黄埔军校师生镇压了广州商团的叛乱，1925 年 2 月，率师第一次东征，讨伐陈炯明，打垮其主力部队 3 万余人。6 月，平定杨希闵、刘震寰的叛乱。1925 年 7 月，以汪精卫为主席的国民政府成立，蒋介石任军事委员会委员，8 月为国民革命军第一军军长。10 月，蒋介石率军第二次东征，彻底消灭了陈炯明叛军。翌年 2 月，统一了广东全境。1926 年 1 月，国民党第二届全国代表大会召开，蒋介石当选为中央执行委员和中央常务委员，开始进入党的权力中枢。

为了攫取更大的权力，蒋介石借机制造了中山舰事件。1926 年 3 月 18 日，共产党员、代理海军局局长李之龙接到假命令，率中山舰赴黄埔候用，被人诬陷为企图绑架蒋介石。蒋乘机扩大事态，宣布广州戒严，逮捕李之龙和各军党代表，监视苏联顾问和汪精卫，这就是中山舰事件。中山舰事件的内幕现在仍不能彻底澄清，但其后果是显而易见的，蒋介石的冒险获得成功，打击了共产党，排挤了汪精卫，扩大了自己的权力。1926 年 5 月 15 日，国民党二届二中全会在广州召开，通过了蒋介石提出的《整理党务案》，共产党员被排挤出国民党中央的重要领导岗位。蒋介石则被任命为组织部长、军人部长，不久又出任国民革命军总司令、国民政府委员、中央委员会常务会议主席。

1926 年 7 月，国民政府开始北伐。北伐军先后打垮了军阀吴佩孚、孙传芳，占领了湖南、湖北、江西、福建、江苏、浙江、安徽等省的全境或部分地区。在北伐过程中，蒋介石极力扩大势力，着意夺取中央大权。1926 年 12 月，国民党中央和国民政府定都武汉，蒋介石则坚持迁都南昌。1927 年 3 月，国民党召开二届三中全会，通过了一系列限制个人专权的决议，撤销了蒋的中央常务委员会主席和军人部长职务。蒋则开始了蓄谋已久的全面夺权行动，发动了四一二政变，并在统治区域"清党"，残酷屠杀共产党员、革命群众和国民党左派分子。1927年4月18日，蒋介石集合部分国民党中央委员，在南京建立了一个新的国民政府，与武汉国民政府相对抗。

南京国民政府是政治斗争的产物，其成立是仓促的。它一开始就处在内外交困之中，外临列强的观望怀疑，内遭桂系及被其拉拢的一部分黄埔系军人，如何应钦等的反对，武汉方面以蒋下台为宁汉合流的必要条件，军事上克复徐州之役又以失败告终。在反对力量压迫之下，蒋遂于8月下野。但他仍关注时局，并尽最大可能施加影响，寻找再上台的良机。9月，蒋介石访日，以寻求日本的支持，11月5日会见日本首相田中义一，田中赞成其反共但反对北伐。12月1日，蒋介石与宋美龄在上海结婚，"这次婚姻使南京军队过去最强有力的领导人和新娘的哥哥宋子文博士的家庭以及国民党创始人已故孙中山博士的家庭联结成一体"，与美国的联系亦因之密切起来。

1928年1月，宁汉合流后的国民政府内部矛盾重重，无力应付时局，迎蒋还政之声高涨，蒋乘机复职，仍任国民革命军总司令。2月，国民党二届四中全会在南京举行，全会根本改变了国民党一大以来的政策。蒋介石被推举为中央委员会常委、军事委员会委员长。会后不久，又任组织部长、中央政治会议主席。4月，蒋介石与冯玉祥、阎锡山、李宗仁组成了4个集团军，合力进行"二次北伐"，战胜了奉系军阀张作霖。6月3日，张作霖自北京返奉天，翌日，在途中被日本关东军炸死。北京被阎锡山占领，北伐至此完成。北洋军阀长达16年的统治被推翻。北伐完成伊始，蒋介石就宣布"军政时期"结束，开始实施"以党治国"的"训政"。10月，国民党中央通过了《国民政府组织法》和《训政纲领》。同月，国民政府重新改组，蒋介石为国民政府主席兼陆海空军总司令。12月29日，在蒋介石的积极争取下，张学良排除日本的干扰，在东北通电全国，"于即日起宣布遵守三民主义，服从国民政府，改易旗帜"，蒋介石在名义上完成了中国的统一。为巩固自己的统治，真正实现中央集权，蒋想方设法在军事上消除冯玉祥、阎锡山和桂系的军队，并夺取其地盘；在政治上瓦解汪精卫、西山会议派等派系的有组织的对抗。

1929年1月，全国军队编遣会议在南京举行，由于各派意见无法统一，会议无果而终。蒋介石见和平手段达不到目的，就准备武力解决，冯、阎、桂系也积极备战。这样，1929年到1930年间，蒋先后与桂、冯、阎或其联军展开了一系列的混战，严重削弱了国力，予日本武力侵华以可乘之机。

1930年5月，形成了冯玉祥、阎锡山、李宗仁三个军事集团和改组派、西山会议派两个政治集团的反蒋大联合。5月11日，蒋介石向冯、阎军下达了总攻击令，中原大战爆发。双方百万大军，主要围绕陇海、津浦两个主战场展开厮杀。蒋有中央的名义，有雄厚的财力，又善于通过各种手段分化瓦解对手，终于在赢得张学良东北军"拥护中央"后，打破了相持的局面，于10月取得了最后的胜利。中原大战是蒋介石与国民党内反蒋派之间的一次军事政治大决战。双方参战兵力达140万人，死伤30万。蒋介石通过这场决战打垮了冯玉祥，重创了阎锡山，冯、阎与汪精卫改组派和西山会议派的政治联盟也被迫解体。国民党各派系间的力量对比发生了很大变化，蒋介石集团占据了明显的优势。此后，其他派系势力虽仍继续进行反蒋斗争，但已失去了问鼎中原、与蒋介石一决胜负的形势与实力。中原大战刚刚结束，为了巩固和强化这一有利形势，蒋急切地在政治上制定"训政时期约法"，以确立自己集权统治的法律依据；在军事上则加紧了对红色根据地的围剿。

1931年2月，蒋软禁反对制定约法的立法院院长胡汉民，5月召开国民会议，通过了具有宪法性质的《中华民国训政时期约法》，为国民党一党专政和蒋介石个人专权确立了法律依据。蒋对中央红军于1930年12月、1931年4月和1931年7月，进行了大规模的军事围剿，都被毛泽东、朱德率领的红军打败。9月18日，日本关东军在沈阳发动事变，夺占沈阳城。蒋介石采取"攘外必先安内"的政策。至11月日军已占领辽宁、吉林、黑龙江3省。蒋的政策招致各阶层人士的不满，国民党内反蒋派施压，蒋释放了胡汉民，反蒋派坚持以蒋下野为党与政府统一的先决条件。在这种形势下，蒋介石于12月15日辞去了国民政府主席、行政院院长、陆海空军总司令职务，但仍暗中掌握实权。接任的孙科政府无力左右政局，对于日军的步步进逼亦无办法，不得不于翌年1月25日辞职。蒋介石、汪精卫在此前秘密会晤，达成了权力分配协议，此时则联合复出。蒋为军事委员会委员长，主持军事；汪为行政院院长，主持行政外交。国民党政权进入蒋、汪联合执政时期。蒋、汪上台伊始，即着手解决日军于 1 月 28 日发动的侵略上海的一·二八事变问题，5 月 5 日，中日双方签订《淞沪停战协定》。6 月，蒋介石正式宣布"攘外必先安内"为其国策，倾其全力围剿红军和压制国民党内反对派，而日本则不断利用该政策的对外软弱性制造事端，侵占中国的领土。在对内围剿红军方面，1932 年 6 月至翌年 3 月，蒋介石调集 60 余万兵力，首先进攻鄂豫皖根据地，红四方面军退出鄂豫皖苏区，另辟川陕根据地。

蒋介石随即进攻江西中央根据地，这次围剿又被红军打破。1933 年 9 月，蒋介石调集 100 万军队，采取"步步为营，节节进剿"的碉堡战术，对红军发动第五次围剿。此时统帅红军的"左倾"领导人采取了"御敌于国门之外"的错误的应对战略，经一年鏖战仍不能胜，遂被迫长征。1935 年 10 月，红军冲破蒋介石的围追堵截到达陕北。在压制国民党内反对派方面，1933 年 7 月至 9 月，蒋介石军事与政治手段并用，摧垮了冯玉祥领导的察哈尔民众抗日同盟军。1934 年 1 月，蒋介石出兵镇压了李济深、陈铭枢、蒋光鼐、蔡廷锴等人建立的"联共抗日反蒋"的福建人民革命政府。1936 年 5 月，陈济棠、李宗仁两广实力派发动"两广事变"。陈、李通电反蒋，并出兵湖南。但由于外患日甚，全国各阶层人士一致反对内战，蒋介石不得不有所克制，广西问题得以和平解决。蒋介石为了进一步贯彻"攘外必先安内"政策，于 1934 年 12 月在《外交评论上》以徐道邻的名字发表《敌乎？友乎？——中日关系的检讨》，说国民党 1927 年后已开始反共，日本不应该再害怕中国赤化。日本如果再进一步侵略中国，在中国民族意识高涨的情况下，国民党政权就只能抵抗，而共产党就会乘势而起，日本也会因中国的长期抵抗而耗尽国力，最后的结果是中日两国政权同归于尽，因此中日双方应合作而非为敌。这篇文章引起了日本当政者的重视，此后中日关系一度有所缓和。但日本始终未因国民党政府的妥协让步而停止侵略的步伐。1933 年 5 月，国民政府地方当局与日本签订了《塘沽协定》。1935 年 7 月，中国地方当局与日方签订了《何梅协定》。贪得无厌的日本继而策划华北 5 省的"自治运动"。这既使国民政府对北方的统治岌岌可危，也使英美在华北的权益受到严重威胁，更遭到中国各界民众的强烈反对。在这种情况下，蒋介石在 11 月国民党的第五次全国代表大会上表示："和平未到绝望时期，绝不放弃和平；牺牲未到最后关头，决不轻言牺牲。"但"和平有和平之限度，牺牲有牺牲之决心"，到了和平绝望需要牺牲的"最后关头"，"即当听命党国下最后之决心"。蒋介石对日本无止境的侵略表示了比较强硬的态度。在 1936 年 7 月国民党五届二中全会上，他又说"中央对外交所抱的最低限度，就是保持领土主权的完整。我们绝对不订立任何侵害我们领土主权的协定，并绝对不容忍任何侵害我们领土主权的事实。再明白些说，假如有人强迫我们签订承认伪国等损害领土主权的时候，就是我们不能容忍的时候，就是我们最后牺牲的时候"。会后，蒋即以此谈话精神为中日谈判的指导原则，不再对日本一味让步。9—11 月，支持绥远省主席傅作义指挥的反击日伪军侵略的绥远抗战。

随着"攘外必先安内"政策的调整，蒋介石对共产党一方面加紧军事围剿，另一方面也通过各种渠道与共产党进行接触、谈判，但始终未改变武力解决中共武装的立场。1936 年 12 月 12 日，张学良、杨虎城发动了震惊中外的西安事变，扣押了蒋介石。宋子文、宋美龄赴西安，代表蒋介石和中央政府同张、杨谈判。在包括中共在内的各方人士的调停努力下，蒋介石口头保证"决不打内战了，我一定要抗日"，遂于 25 日被释放。西安事变获得和平解决，蒋介石停止了剿共内战政策。

1928—1936 年，蒋介石的统治地位得到了逐步加强，这与他这 10 年来采取的一系列强化统治的措施有关。在组织上他强化了军政统治的各级机构，并建立了"中统"和"军统"两大特务组织，用各种手段来对付共产党、民主人士和反蒋派系。在文化思想上经常查禁进步书刊，迫害左翼文化人士，并在全国推行"新生活运动"，以加紧对人们的思想控制。在经济上他力图发展国家垄断资本主义经济，发起国民经济建设运动。这一时期国民政府统治区的经济有一定的发展。

1937 年 7 月 7 日，卢沟桥事变爆发，标志着全中国抗战的开始。17 日，蒋在庐山对各界人士发表重要讲话，正式阐明："中国主权与领土的完整不能受到侵害，冀察行政组织不容不合法的变更，中央任命的宋哲元等冀察官员不能任意撤换，29 军在所驻地不受任何约束。中国不能再对日本妥协，从现在起，如果放弃尺寸土地与主权，便是中华民族的千古罪人。"蒋最后声明中国希望和平，但不求苟安；准备应战，而决不求战。"如果战端一开，那就是地无分南北，年无分老幼，无论何人，皆有守土抗战之责任，皆应抱定牺牲一切之决心。"在日军进攻下，北平与天津于29、30日相继陷落。8月12日，蒋介石主持召开有各地方派系和共产党将领参加的国防最高会议，制定了"持久消耗战"的作战方针。又决定了"国军一部集中华北持久抵抗，特别注意山西之天然堡垒；国军主力集中华东，攻击上海之敌，力保吴淞要地，巩固首都；另以最少限度兵力守备华南各港"的作战指导原则。并将全国战场划分为5个战区：1战区辖冀省全部及鲁北，2战区辖晋察绥3省，3战区辖浙江及苏南皖南，4战区为闽粤2省，5战区为鲁中南及苏北皖北。8月13日，淞沪会战爆发。翌日，国民政府发表《自卫抗战声明书》。

中国政府调集大量军队与日军作战。日军在正面进攻进展不大的情况下派援军在金山卫登陆，中国军队腹背受敌，11月9日，蒋介石下令全线撤退。12日上海沦陷。淞沪会战历时3个月之久。在淞沪会战期间，蒋介石曾接受德国大使陶德曼的调停，试图通过打谈结合的办法恢复卢沟桥事变前的状态；但日本被一时的得逞冲昏了头脑，在和谈中不断提出更苛刻的条件，和谈没有结果。蒋深感敌强我弱，战胜强敌必须依靠外援，始终努力使英美等列强介入，逼使日本停止侵略行动。但英、美不愿与日本马上发生冲突，并想借机发战争财。蒋的"联英美制日"的战略在一定时期内没有奏效，他虽非常失望，但一直持之不变。

在对内方面，蒋介石采取了在维护中央权威的基础上团结一切可以团结的力量共同抗日的方针，为此他同意红军改编为国民革命军第八路军和新四军，并在实际上由中共领导，以敌后游击战配合正面战场；承认中共的合法地位；释放一批政治犯。1938年3月29日至4月1日，国民党召开临时全国代表大会，蒋被确定为国民党总裁，并自任新成立的三青团团长。总裁的权力在党和国家之上。蒋的独裁地位大大加强。大会决定设立国民参政会，以"集思广益，团结全国力量"。国民参政会的设立是"政治生活向着民主制度的一个进步"，有利于团结抗战。在军事上，抗战开始直至1938年10月武汉会战结束，中国一直处于战略防御阶段。蒋介石亲自指挥了此一阶段的一些重要战役。在这个战略阶段，中国损失了大量军队，消耗了大量武器装备，丢失了大片国土，但阻止了日军的战略进攻，使日本速战速决的战略破产了。

1938年10月，中国抗战进入漫长的战略相持阶段。蒋介石的方针是稳固统治，坚持抵抗，苦撑待变，继续寄希望于国际形势特别是英美苏与日本关系的变化，实现联英美苏制日的目标。在这一历史阶段，在稳固统治方面，蒋主要抓了两件大事：一是强化个人集权和国民党一党专政，二是限制共产党力量的发展。1939年1月21日至30日，国民党中央在陪都重庆召开五届五中全会。蒋介石作了《唤醒党魂发扬党德与巩固党基》和《整理党务之要点》两个报告，指出国民党有很多缺陷，再不加以整顿，就会"趋于消灭"，因此要唤醒党员的三民主义意识，发扬"四维八德"，以巩固国民党的基础。对于共产党，蒋提出"现在对它要严正——管束——教训——保育，现在要溶共——不是容共"。根据蒋的指示，全会制定了"防共、限共、溶共"的方针。1939年3月，蒋开始搞"国民精神总动员"，宣传"国家至上、民族至上""军事第一、胜利第一""意志集中、力量集中"。同时下令实行"新县制"，控制地方权力，城乡街镇都实行"保甲制"。

1941年1月，下令袭击奉命北移的新四军，制造了震惊全国的"皖南事变"。1943年3月，发表反映其主要思想和政策的《中国之命运》。蒋在书中再次宣传自己的"力行哲学"，强调"'诚'是行的原动力"，力行就是革命。对于共产主义和民主主义，蒋则进行了抨击，说二者"不外英美思想与苏俄思想的抄袭和附会"，是"为帝国主义作粉饰，为侵略主义作爪牙"。提出要开展"革命建国"活动，进行五项建设：心理建设，即信服"力行哲学"，"发扬民族固有的精神"；伦理建设，主要是恢复以忠孝为主的中国固有伦理，以培养民众救国的道德；社会建设，一是强化保甲制度，二是继续推行新生活运动；政治建设，主要是继续实行"训政"，加强集权统治；经济建设，主要内容为实现"工业化"，保障国民生活。蒋介石的《中国之命运》受到中共及民主党派的批判。

1943年8月，林森去世，蒋介石再次出任国民政府主席，马上修改了《国民政府组织法》，规定国府主席为国家元首、三军统帅，五院院长需由主席提请选任，并对主席负责。蒋的权力得到进一步加强。在这一阶段，蒋介石仍努力抵抗日本在军事上不断发起的进攻，对于汪精卫集团的主和及随后的投敌卖国，则进行了斗争。1938年11月，他主持召开南岳军事会议，对第一阶段的抗战进行了总结和检讨，并重新划分了战区。会后制定了《第二期作战指导方针》。从1940年至1941年12月太平洋战争爆发，在蒋介石直接或间接指挥下，正面战场的中国军队又与日军打了几次较大的战役。

在苦撑待变，联英美制日方面，随着太平洋战争的爆发，蒋介石达到了目的。作为反法西斯阵营的重要成员，中国所做的贡献有目共睹，国际地位日益提高。英美等国放弃了过去强迫中国政府签订的不平等条约，这是中国外交的一大胜利。1942年1月，蒋介石被任命为盟军中国战区统帅。1943年11月，赴埃及出席中美英三国开罗会议，会议签署的《开罗宣言》向全世界庄严宣告：日本在中国窃取的领土，例如满洲、台湾、澎湖列岛等必须归还中国。对于1945年2月苏、美、英三国秘密签订的有损中国领土与主权的《雅尔塔协定》，蒋虽感到气愤，但为了战后与中共斗争的需要，他在取得苏联支持国民政府、不干涉中国内政、战胜日本3个月后从东北撤退全部军队等承诺后，还是接受了该协定。

1945年8月15日，在中、美、苏的联合打击下，无力支撑的日本宣布无条件投降，中国取得了抗日战争的胜利。

从1945年9月至1949年年底，蒋介石面对力量、地位日益增长且人心所向的共产党，处心积虑地想维护国民党一党专政的极权统治，但事与愿违。这一时期他在政治、军事、经济等方面均遭到重大失败，以至退居台湾。1949年4月至1950年3月，解放军相继发起了渡江和解放全中国的战役，国民党在大陆的军队被消灭殆尽。1975年4月5日，蒋介石病死于台北，终年88岁。

在革命实践中，中国共产党逐步形成了关于新民主主义革命的基本思想。1922年召开的"二大"，明确了中国革命要分两步走，第一步民主主义革命，第二步社会主义革命。此后，许多共产党的文件和领导人的文章，都对中国社会各阶级的状况进行了分析。瞿秋白、邓中夏较早地提出无产阶级领导民主革命的问题。1925年1月召开的"四大"，不但肯定了无产阶级在民主革命中领导权的重要，而且把它同农民同盟军问题联系起来。接着，毛泽东明确提出：在打倒帝国主义、军阀、买办地主阶级之后，要建立无产阶级、小资产阶级及中产阶级的左翼的联合统治，即革命民众的统治。这是民众联合政权的思想。以上这些思想经过后来的发展，形成完整的新民主主义革命的理论。当时共产党还不懂得无产阶级政党直接掌握革命武装和政权的重要，这就使无产阶级领导权问题不能真正解决。这是党的幼年性的表现，也是后来革命失败的重要原因。

第六讲　北伐战争与国民革命的失败

群众革命运动高潮，推动了革命战争的发动。1926 年 7 月，国共两党联合进行的北伐战争正式开始。这是一场以推翻北洋军阀反动统治为直接目标，同时也要清除帝国主义在华势力的革命战争，是全国政局中的大事件。

北伐战争面临的敌人有三个：一是控制河南、湖北、湖南和直隶南部的吴佩孚，兵力 20 万；二是盘踞江苏、浙江、安徽、福建、江西五省的孙传芳，兵力 20 万；三是占有东北和山东、直隶、热河、察哈尔等地并掌握北京政权的张作霖，兵力 35 万。

当时奉吴两军正合力进攻冯玉祥国民军，在南口一带展开激战。他们计划在对国民军的战事告一段落后，吴军即倾全力进攻广东，消灭广东革命政权。孙传芳则暂时持观望态度，宣布"五省保境安民"，不加入任何战事，实际是等待他人两败俱伤，自己坐收渔人之利。

1. 北伐军消灭了吴佩孚的主力

国民革命军方面，有 8 个军，10 万人。蒋介石为总司令，李济深为总参谋长，邓演达为总政治部主任。除由李济深统领第四军一部和第五军大部留守广州、第七军一部留守广西外，其他各部均出师北伐。

李济深（1885—1959 年），字任潮，广西苍梧人。邓演达（1895—1931 年），字择生，生于广东惠阳。根据敌我力量对比和敌人内部矛盾的状况，北伐军决定采取集中优势兵力、各个歼灭敌人的作战方针。首先以第四、七、八军约五万人，指向湖南、湖北；同时派出第二、三、六军约三万人进入湘南、湘东，警戒江西；以第一军驻守潮州、梅县，警戒福建。待消灭吴佩孚的势力后，再集中兵力转向东南各省，消灭孙传芳的势力。最后进入长江以北地区，消灭张作霖的势力。

北伐开始前，湖南军阀内部发生分化，为北伐出师创造了时机。湖南军阀赵恒惕名义上挂着"省自治"的招牌，实际是吴佩孚的附庸。1926年3月，湖南省防第四师师长唐生智起兵逐赵，占领长沙，自代省长，并倒向广东国民政府。吴佩孚一面委任湖南省防第三师师长叶开鑫为湘军总司令，一面派遣军队入湘，攻打唐生智。唐败退湘南，向国民政府求援。国民政府即于5月任命唐生智为国民革命军第八军军长兼北伐前敌总指挥，并派第四军两个师和独立团及第七军一部先行入湘援唐。援唐作战，揭开了北伐战争的序幕。

唐生智（1889—1970年），字孟潇，湖南东安人。7月9日，国民革命军在广州誓师，北伐战争正式开始。广大工农群众热烈拥护北伐，掀起轰轰烈烈的支援前线运动。省港罢工工人组织了3000人的运输队、宣传队、卫生队随军出发。曲江等地农民数万人赶来帮助北伐军运输。北伐军所到之处，工农群众组织运输，侦察敌情，担任向导，从各方面配合北伐军作战。

北伐军入湘后，很快稳定了湖南战局，并迅速取得湖南战场的胜利。7月10日克湘潭、醴陵，11日占长沙。部队经过一个月的休整，再次发起攻击。8月19日克平江，22日占岳州。随后进入湖北作战。这时吴佩孚从北方星夜南下，命令主力部队二万余人死守粤汉路上军事要隘汀泗桥。该桥三面环水，一面高山耸立，易守难攻。北伐军四、七、八军兵分四路，会攻汀泗桥。经反复争夺，终于8月29日取得汀泗桥战役的胜利。接着，北伐军发扬猛打猛冲猛追的精神，进击鄂南另一战略要地贺胜桥。经过激战，30日攻占贺胜桥。汀泗桥和贺胜桥战役，是北伐军同吴军作战的两个关键性战役。吴佩孚投入精锐主力，并亲往两地督战，但终未能阻挡住北伐军的猛烈进攻。占领两桥，便打开了通向武汉的大门。9月初，北伐军总攻武汉，很快占领汉阳、汉口。经一个月的攻城作战，10月10日占领武昌。至此，吴佩孚的主力基本被消灭，北伐军取得了两湖战场的胜利。

在两湖战场各次重要战斗中，以共产党员为骨干的第四军叶挺独立团，作战勇猛，屡建奇功。该独立团所在的第四军，被人们称誉为"铁军"。叶挺（1896—1946年），字希夷，广东惠阳人。

2. 北伐将革命推进到长江流域

吴佩孚的势力被打垮后，主战场转向江西。1926年8月下旬，孙传芳召开军事会议，决定从苏浙皖三省抽调主力部队十万人入赣，准备与北伐军作战。9月上旬，国民革命军第二、三、六各军和第一、五军各一部及新收编的一部分军队，乘孙军尚未集中完毕，向江西发起攻击。很快占领20余县和重镇赣州。9月底10月初，第七军从鄂南进入赣北。打败孙军主力，截断南浔路。10月中，浙江省长夏超宣布浙省自治，不久兵败被杀。10月中下旬，第四军奉调入赣。北伐军兵分三路会攻南昌。11月5日克九江，8日进入南昌。孙传芳主力大部被消灭。

江西战场胜利后不久，福建战场也取得胜利。10月上旬，驻守潮梅的第一军向闽边发起攻击，10月10日攻克永定。后因福建军阀势力急剧分化，纷纷倒戈，北伐军未经大的战斗，即占领闽南各地，12月9日进占福州。

在北伐进军过程中，冯玉祥国民军正式加入革命阵营。1926年5月冯玉祥赴苏联访问，三个月后归国。9月17日，冯在绥远五原就任国民军联军总司令职，誓师参加北伐，宣布全军加入国民党。随后国民军经甘肃向陕西进军，年底占领陕西全省。

当吴佩孚、孙传芳相继被国民革命军打败之时，张作霖进一步扩张势力。孙传芳一向坚持联冯反奉，这时转而投靠张作霖。经孙传芳、张宗昌等的"推戴"，12月初张作霖就任"安国军"总司令。此后，张作霖以援孙、援吴为名，派军南下，直鲁联军进入南京、上海，奉军进入河南。

1927年1月，国民政府北迁武汉。国民革命军分三路继续进军：东路由赣东、闽北入浙，直逼杭州、上海；中路沿长江两岸向苏皖推进，与东路军会攻南京；西路进入豫南，与在陕西的国民军联系，相继进入豫中。这期作战的中心目标是夺取南京、上海。2月中，北伐军进入杭州。3月中，抵达上海郊区。驻上海的北京政府海军总司令杨树庄向北伐军投诚，宣布就任国民革命军海军总司令职。3月22日，上海工人阶级经过第三次武装起义占领上海。24日，北伐军占领南京。

从1926年7月到1927年3月，北伐出师不到十个月，就消灭了两大军阀的主力部队，从广东打到武汉、南京、上海，使革命区域由珠江流域扩展到长江流域。北伐战争的胜利进军，推动了全国反帝运动和工农运动的猛烈发展。

3. 北伐期间的工农运动高潮迭起

1927年1月，由于英国侵略者在汉口、九江破坏群众庆祝北伐胜利的集会，制造杀伤中国人的惨案，激起中国人民的反英浪潮。国民政府在工人和市民的支持下，收回了两地的英国租界。这是中国人民反帝斗争史上的一次巨大胜利。

从1926年10月到1927年3月，上海工人阶级为了配合北伐战争，先后举行三次武装起义。第三次起义在中共中央军委和中共江浙区委负责人周恩来、赵世炎、罗亦农等领导下，经过30小时的奋战，打垮驻守上海的军阀部队，占领了上海。这次起义，在中国革命史上写下极其光辉的一页。

到1927年二三月间，全国工会会员由北伐前的120万人发展到200万人。上海、湖北、湖南等许多地方的工会建立了工人武装纠察队，成为镇压反革命和维护工人阶级利益的重要力量。

北伐军所到之地，农民普遍组织起来。1927年3月，全国农会会员达到500万人。在中共中央农委书记毛泽东等的领导下，湘、鄂、赣等省出现了农村大革命的形势。广大农民在乡间推倒地主政权，解除地主武装，建立自己的政权和武装；开展减租减息减押斗争，从经济上打击地主；打破族权、神权、夫权，猛烈冲击各种封建宗法制度和思想。为了支持蓬勃兴起的农民运动，毛泽东对湖南湘潭、长沙等五县农民运动作了考察，写出重要著作《湖南农民运动考察报告》。他充分肯定农村的大变动，热情赞扬农民运动"好得很"，要求革命党人站在农民运动的前头，领导农民前进。他用事实批驳了对农民运动的责难和攻击。担任国民党中央农民部长和国民革命军总政治部主任的左派国民党人邓演达，积极支持农民运动。

4. 蒋介石集团与帝国主义大资产阶级结合起来

1927 年春天，中国的政局处在大动荡、大分化的过程中。一方面，革命形势在迅速发展，形成中国现代史上第一次人民大革命的高潮；另一方面，危害革命的因素也在急剧增长，出现了新的反革命势力的联合。随着北伐战争的进展，帝国主义加紧了对中国革命的干涉。这是帝国主义为维护其在华利益必然采取的行动。英、美、日、法等国都增派军队和调集军舰来华。1927 年 3 月，聚集上海的帝国主义武装有三万多人。停泊在上海附近的帝国主义军舰达 60 艘。上海领事团商定，由英、美、法、日、意五国的水兵联合组成 5000 人的陆战队，随时准备登陆作战。在北伐军攻占南京时，溃逃的直鲁联军和国民革命军收编的一部分旧军阀部队，袭击抢掠了外国领事馆、外人机关和住宅，有几名外国人被杀。英美帝国主义便以此为借口，于 3 月 24 日炮击南京，打死打伤许多北伐军和南京居民，造成震惊中外的"南京惨案"。这是帝国主义武装干涉中国革命的严重步骤，也是帝国主义胁迫国民党右翼集团叛变革命的信号。

帝国主义在实行炮舰政策的同时，又采取种种阴险手段分化革命阵线，鼓动所谓"温和派"同"过激派"决裂。南京事件后，日本外相币原进一步施展这种伎俩。经过反复协商，英国也放弃了"武力制裁"蒋介石的意见，改为鼓励蒋介石"组织稳健分子"，以反对"国民政府的过激派"的策略。这样，在支持蒋介石、镇压共产党的问题上，各帝国主义取得了一致的意见。

随着北伐战争的进展，革命营垒在分化。蒋介石走向军事独裁，反革命倾向愈来愈明显，并且逐渐同帝国主义和中国大资产阶级结合起来。北伐开始后，蒋介石在国民革命军总司令的名义下，进一步集大权于一身。北伐途中，迅速地扩张了军事实力。1926年年底，他挑起"迁都"之争，企图推翻国民党中央的决议，把中央党部和国民政府迁往国民革命军总司令部所在地南昌，实现以军制党制政。

武汉的共产党人和国民党左派，在"迁都"问题上击败了蒋介石，并且力图通过"党权运动"来限制蒋介石的权力和独裁，但没有达到目的。1927年2月，蒋介石声称他是"国民革命的领袖"，有"干涉和制裁"共产党人的"责任"和"权力"。南京事件后，蒋介石赶往下关，首先派人与日本领事馆联系，一面表示"道歉"，一面诬称南京抢掠是"共产党蓄意制造"，说明他已下令解散共产党南京支部。26日蒋介石到达上海。他明确表示"决不用武力改变租界的现状"。

在日本政府的督促下，蒋介石定下"整顿国民政府内部"的"决心"，即首先解除上海工人的武装，然后以在沪的国民党中央执监委员"取代武汉派，夺取中央党部，排除共产党"。同时，蒋介石向上海资产阶级表示，在劳资问题上，"决不使上海方面有武汉态度"。上海大资本家答应从财政上支持蒋介石，并立即为蒋筹款300万元。上海青红帮头目组织了流氓武装"中华共进会"，听候蒋介石的调遣。在镇压共产党、绞杀中国革命的共同需要下，蒋介石集团同帝国主义和中国大资产阶级结合起来了。

5. 蒋介石发动四一二反革命政变

从1927年2月开始，蒋介石连日召开秘密会议，商讨"清党"反共。吴稚晖提出所谓"弹劾"共产党案，要求对各地共产党领导人给以"非常紧急处置"。这时，共产党领导人陈独秀表现了严重的右倾麻痹错误。他在4月5日同刚刚回国的汪精卫发表一份"联合宣言"。宣言声称国民党"决无有驱逐友党摧残工会之事"，要人们"不听信任何谣言"。

在一切布置就绪之后，蒋介石离开上海去南京，上海的反革命政变由桂系的白崇禧指挥进行。4月12日凌晨，全副武装的青红帮流氓打手冒充工人，从租界出动向工人纠察队进攻。工人纠察队奋起反击，反动军队便以"调解工人内讧"为名，收缴工人纠察队武装。1700多条枪被缴，300多名队员被打死打伤。为抗议反动派的血腥暴行，13日，上海20万工人举行罢工，总工会召开了有数万人参加的群众大会。会后，群众冒雨游行。当游行队伍走到宝山路时，早已埋伏在那里的反动军队，从四面八方向群众射击，当场打死100多人，伤者无数。接着，反动派下令禁止罢工游行，解散上海总工会，查封革命组织，捕杀共产党员和革命群众。据不完全统计，政变后的三天中，共产党员和革命群众被杀300多人，被捕500多人，流亡失踪5000多人。上海总工会委员长汪寿华早在4月9日就被秘密诱杀。江苏省委领导人陈延年、赵世炎等在"四一二"后相继被杀害。4月18日，蒋介石在南京成立与武汉对立的另一个"国民政府"。同时下令在各地"清党"。

继四一二反革命政变后，广州的国民党反动派发动了四一五反革命政变。当日捕去共产党员和革命群众2000余人，封闭工会等团体200多个。6月又进行第二次"清党"。二三个月内总计杀害革命者2100余人。著名共产党员和工人领袖萧楚女、熊雄、邓培、李启汉等都被杀害。除上海、广州外，国民党反动派还在广西、江苏、浙江、福建、四川等省举行"清党"。无数共产党员和革命人民牺牲在反动派的屠刀之下。"四一二"政变，标志着中国阶级关系和革命形势的重大变化。国民党内握有军事实权的蒋介石右派集团公开投入大地主大资产阶级怀抱，成为革命的凶恶敌人。蒋介石控制地区的民族资产阶级也发表声明，拥护蒋介石的反共"清党"。革命在部分地区遭到了重大失败。

6. 第一次大革命失败

这时，武汉政府管辖的湘鄂赣三省的群众革命运动，还在继续发展。汪精卫于4月11日到达武汉后，仍以"左派领袖"的面目出现。武汉地区掀起了声势浩大的讨蒋运动。国民党中央下令开除蒋介石党籍，免去他的本兼各职。中共中央发表宣言，指出蒋介石已经变成国民革命的公开敌人和帝国主义的走狗。工人、农民、市民、学生纷纷举行讨蒋集会，发表讨蒋通电。同时，两湖地区的工农运动进一步扩大和深入。武汉工人建立了一支拥有 5000 人、3000 条枪的工人纠察队。6 月，全国工会会员发展到 290 万人。全国农民协会会员增加到 915 万人，其中湖南 451 万，湖北 250 万。两湖地区的一些农村，农民开始进行分配土地的斗争。

但是，这时的武汉政府已处在反革命势力的包围中，经济、政治危机在不断加深。南京军阀、广东军阀、四川军阀、奉系军阀从东南西北四面对武汉实行军事包围和经济封锁，使一向被称作九省通衢的武汉几乎成了孤岛。英日帝国主义一面出动军舰对武汉政府进行武力威胁，一面关闭他们在武汉的全部企业，给武汉政府制造经济困难。买办官僚资本家乘机抽逃现金，关厂罢业，对抗革命。民族资本家也纷纷关厂歇业，加剧了武汉地区的经济危机。在武汉市内，物资奇缺，物价高涨，工人大量失业，人民生活无法保证。4 月 19 日，武汉政府开始举行第二期北伐，进军河南。6 月初，北伐军同由陕西东进的冯玉祥军会师郑州。进占河南，这是北伐战争的又一重要胜利。但这一胜利并未能扭转武汉地区危机的局面。

在第二期北伐期间，武汉政府在汪精卫等的把持下，逐渐右转，开始公开压制工农运动和攻击共产党。投机革命的反动军官们，大肆活动起来，相继叛变革命。4 月底，三十五军军长何键召开秘密会议，策划发动反共军事政变。5 月中，独立第十四师师长夏斗寅勾结四川军阀杨森在鄂南叛变，一直攻到距武昌 40 里的纸坊，才被叶挺率军队击溃。5 月 21 日夜，驻长沙的三十五军三十三团团长许克祥受何键指使，发动政变（一般称作“马日事变”，因 21 日的电报韵目代日为“马”字）。一夜之间，捣毁省总工会、省农协、省农讲所、特别法庭等革命组织和机关，杀害共产党员和群众领袖 100 多人。5 月底 6 月初，江西省长朱培德两次“遣送”共产党人出境，并命令全省停止农工运动。6 月中旬，冯玉祥先后同汪精卫、蒋介石等举行郑州会议和徐州会议。经过郑州会议，助长了武汉方面的反共气氛，同时使第二期北伐的成果完全落入冯玉祥手中。会议决定：唐生智所率进入河南的北伐军，全部撤回武汉，河南的一切事宜均由冯玉祥处理。经过徐州会议，冯、蒋之间，在宁汉合流、共同北伐、“清党”反共、驱逐鲍罗廷回国等问题上，取得一致意见。会后，冯玉祥电促汪精卫等，“速决”联蒋反共大计。冯在他所辖军队和地区中，“遣送”共产党人离军、出境。6 月上旬，山西军阀阎锡山将他的军队改称国民革命军，自任国民革命军北方总司令，通电拥护南京政府，并在山西省厉行"清党"。

阎锡山（1883—1960年），字百川，山西五台人。

革命处于严重危机的时刻，需要中国共产党采取正确的政策和行动，稳固同盟者，回击反动派的进攻，领导革命继续前进，或把革命的损失减到最低程度。但是，党的领导机关已深深陷在右倾机会主义的错误之中，没能给革命以正确的指导。1926年12月，中共中央曾在汉口召开特别会议，确定了支持汪精卫、限制工农运动发展、争取蒋介石左转的右倾总策略。结果，蒋介石没有"左转"，而是最后公开叛变。"四一二"后，中共中央没有从革命受挫中醒悟过来，改变不抓军队，过分相信和依靠国民党某些领导人的做法，只是把注意点从拉住蒋介石转到拉住汪精卫。1927年四五月间召开的中共第五次全国代表大会，虽然批评了陈独秀在大会报告中提出的目前只能"扩大革命"而不能"加深革命"等观点，并讨论了革命中的一系列重要问题，但并没有制定出挽救革命的切实有力的办法。而且，在右倾错误继续存在的同时，又出现了"左"的错误。大会认为中国革命已发展到"工农小资产阶级之民主独裁制的阶段"，要"从政治上经济上向资产阶级勇猛地进攻"。"五大"没有能担负起在紧急关头挽救革命的任务。"五大"以后，连任总书记的陈独秀和苏联顾问鲍罗廷，把与"左派"关系问题当作一切问题的中心。为了使号称"左派领袖""左派军人"的汪精卫、唐生智等不与共产党分裂，不惜压制工农，牺牲革命利益。5月，共产国际给中国共产党发来紧急指示，提出用一切办法协助工农运动并"从下面实际夺取土地"，依靠工农力量"革新"国民党中央和扩大国民党地方党部，动员二万共产党员和五万工农群众成立一支新的革命军队，组织以有声望的国民党人为首的革命军事法庭惩办反动军官等挽救革命的措施。陈独秀等人认为，这个指示所提各项任务无法执行。共产国际代表罗易，为了表示对汪精卫的信任，把这个指示拿给了汪精卫。这个指示成为汪精卫"分共"的一个主要借口。6月30日，中共中央扩大会议通过一个关于国共关系的议决案，所提各项办法，均是向国民党做出种种让步，企图以此拉住汪精卫。但是，此时汪的反共活动更加肆无忌惮了。

6月29日，反动军官何键发布反共训令，要求国民政府"明令与共产党分离"。何键将他的三十五军移驻汉口，准备向革命人民开刀。7月

12日，中共中央根据共产国际的指示进行改组，成立临时中央常务委员会，陈独秀被停止领导职务。接着，中共中央发表对时局宣言，揭露汪精卫等人"已在公开的准备政变"，声明撤出参加国民政府的共产党员。国民党左派邓演达发表辞职宣言（时邓已从武汉出走），谴责汪精卫等人曲解三民主义、背叛三大政策的行径。宋庆龄发表声明，表明自己继续坚持三大政策的严正立场。15日，汪精卫召开国民党中央常务委员会扩大会议，决定"制裁"所谓共产党人"违反本党主义政策之言论行动"。"七一五""分共"会议的召开，表明武汉汪精卫集团公开叛变了革命。

随着七一五反革命政变的发生，第一次国共合作最后破裂，国民革命遭到失败。这时，国民党、国民政府、国民革命军的性质都发生了变化。国民党已不再是各革命阶级联盟的组织，变成了代表地主买办阶级利益的反动政党；国民政府已不再是各革命阶级联合的政权，变成了地主买办阶级的反革命专政；国民革命军已不再是革命的军队，变成了维护地主买办阶级统治的工具。革命营垒和反革命营垒都发生了重大变化。革命面对着新的形势和新的敌人。

第七讲　国民党的统治与共产党的武装斗争

1. 国民党的统治扩展到了全国

经过 1926 年至 1927 年的北伐战争，中国军阀势力发生重大变化。除张作霖的奉军（所谓"安国军"）外，其他旧军阀势力基本被消灭或归属国民党旗帜之下。北洋旧军阀的统治逐渐让位于国民党新军阀的统治。国民党内分成许多派系。在军事上，蒋介石、唐生智、李宗仁、李济深、冯玉祥、阎锡山各拥有一支武装力量。

在政治上，汪精卫、蒋介石、胡汉民、西山会议派等各成为一个派别。军阀武力与政客集团互相结合，争斗十分激烈。这种争斗，一段时间内集中表现在宁汉之间。宁汉双方都设有中央党部和国民政府，而且处在武力对峙中。冯玉祥则居间调停，主张通过谈判解决宁汉纠纷。1927 年 8 月，蒋介石由于受到武汉方面汪精卫一派人和宁方内部桂系李宗仁势力的反对，以及津浦路上战事的失败，宣告下野，辞去国民革命军总司令职务。这是蒋介石以退为进的策略。他的下野，促进了宁汉的合流。9 月中，宁、汉、沪（西山会议派）三方在南京组成国民党中央特别委员会，并改组国民政府和军事委员会。但是，由于特委会的实权控制在桂系手中，汪精卫、陈公博等人未能实现掌握中央大权的愿望，于是他们重回武汉，依靠唐生智的武力，反对特委会。宁汉合作又为宁汉对立所代替。不久，更演成李宗仁、唐生智间的战争。结果唐军失败，桂系势力扩展到武汉。以后，汪派进一步受到其他派系的排挤，长时间内处于在野的地位。他们组成国民党改组派，进行争权活动。蒋介石于 9 月底至 11 月初访问了日本，谋求日本帝国主义的支持。1928 年 1 月他重新上台，复任国民革命军总司令职务。

1928 年 2 月，国民党召开二届四中全会。会议通过《整理党务》《改组国民政府》《制止共产党阴谋》《集中革命势力限期完成北伐》等议案。选举蒋介石、谭延闿等九人为国民党中央执行委员会常务委员会委员，谭延闿为国民政府主席，蒋介石为军事委员会主席。3 月蒋又任中央政治会议主席。这样，蒋介石重新把党政军大权集中到自己身上。谭延闿（1880—1930 年），字组安、组庵，号畏三，湖南茶陵人。

国民党二届四中全会后，蒋介石、冯玉祥、阎锡山、李宗仁四支军队，分别编为第一、二、三、四集团军，从 4 月至 6 月，再度举行"北伐"，同张作霖展开争夺全国统治权的战争。国民党的"北伐"，受到日本帝国主义的干涉。1928 年 5 月 3 日，日本公然武装进攻已被国民党军占领的济南，阻止国民党军北进。随后，展开大屠杀，一周内杀伤中国军民万人以上。蒋介石命令部队撤出济南，绕道北上。6 月 3 日，张作霖见形势不利，秘密离开北京，退往关外。次日，在沈阳附近皇姑屯被日本帝国主义者炸死。接着，阎军占领北京和天津。南京政府于 6 月 15 日宣布"统一告成"。随后改直隶省为河北省，北京市为北平市。张作霖死后，其子张学良继承父位，担任东三省保安总司令。张学良不顾日本帝国主义的阻拦，于 1928 年 12 月 29 日通电"易帜"，宣布"遵守三民主义，服从国民政府"。在此之前，新疆的杨增新、热河的汤玉麟也都宣布"易帜"。国民党把它的统治扩展到了全国。

2. 国民党的《训政纲领》

1928 年 7 月，国民党宣布"军政时期"结束，"训政时期"开始。10 月公布《训政纲领》，规定：由国民党全国代表大会和国民党中央执行委员会代行国民大会职权；国民党负责"训练"国民逐渐推行选举、罢免、创制、复决四种政权；国民党中央"指导监督"国民政府行使治权。后又规定：国民党对"中华民国之政权治权，独负全责"。

这一"纲领"表明，国民党的"训政"，就是剥夺人民权利的一党专政。公布《训政纲领》的同时，国民党又公布《国民政府组织法》，规定国民政府由行政、立法、司法、考试、监察五院组成，五院分别执行五项治权，随后五院成立。五院院长分别由谭延闿、胡汉民、王宠惠、戴季陶、蔡元培担任，蒋介石任国民政府主席兼陆海空军总司令。五院制的建立，表明国民党统治的政权形式完备起来。

在"训政"的名义下，国民党对人民实施高压统治，残酷镇压工农运动，疯狂屠杀共产党员和革命者。国民党的文件规定，凡属共产党的理论、方法、机关、运动，"均应积极铲除，或预为防范"。南京政府制定的刑法规定：凡"意图颠覆政府僭窃土地或紊乱国宪"者，要处死刑、无期徒刑或七年以上有期徒刑。从1927年到1932年，被杀害的共产党员和群众达100万人以上。

3. 国民党的"改订新约"运动

国民党军队占领北京后，南京政府发起"改订新约"运动，要求同有约各国"废除旧约，另订新约"。改定新约的内容，包括关税自主和废除领事裁判权。1928年7月，南京政府首先与美国订立《整理中美两国关税关系之条约》，随后同其他各国陆续订立类似的通商条约或关税条约。根据这些"新约"，中国方面提高了一些进口货物的税率，但并未取得关税自主权。至于取消领事裁判权一项，由于几个主要帝国主义国家未表示同意，也长时间未得到解决。"改订新约"，这是近代以来历届政府没有采取过的行动，具有一定的积极意义。但它并没有取消帝国主义的在华特权，更远远没有使中国成为独立自主的国家。通过这一途径，南京政府取得了有关各国的承认。

在国民党南京政府的统治下，地主剥削农民的封建生产关系依然如故，买办资产阶级的利益得到保护，以蒋介石、宋子文、孔祥熙和陈果夫、陈立夫四大家族为首的官僚资本主义逐渐形成和发展起来，工农平民以至民族资产阶级没有得到丝毫政治上、经济上的解放。因此，这个政权在阶级性质上，与北洋军阀政权没有什么区别，依然是城市买办阶级和乡村豪绅阶级的统治。但它打着三民主义的招牌，实行"以党治国"，它的买办性大于封建性，这些又与北洋政权有所不同。

由于中国半殖民地半封建的社会性质没有改变，中国社会的阶级矛盾一个也没有解决，所以中国仍然面临着反帝反封建的资产阶级民主革命的任务。而推翻国民党南京政府，成为这一时期革命的主要目标。

4. 南昌、秋收、广州三大起义

国民革命失败以后，中国共产党总结了革命失败的教训，继续高举革命的旗帜，把中国革命推进到一个新的阶段。

1927 年 8 月 1 日，周恩来、朱德、贺龙、叶挺、刘伯承领导中国共产党直接掌握和影响下的北伐军三万余人，在江西南昌起义。朱德（1886—1976 年），字玉阶，生于四川仪陇县。贺龙（1896—1969 年），字云卿，湖南桑植人。这次起义继续使用国民党左派的旗帜，沿用了国民革命军的名义。起义当天占领南昌城，成立领导机构"中国国民党革命委员会"。随后，起义部队南下广东，计划在广东重整旗鼓，再行北伐。

八一南昌起义，常简称南昌起义或者八一起义，又称南昌起事，国民党称南昌暴动、南昌兵变，其领导人除了上述的之外，还有第二十军的苏联军事顾问库马宁。当时，中共中央于 1927 年 7 月 12 日进行改组，停止了中央委员会总书记陈独秀右倾机会主义的领导。下旬，决定集合自己掌握和影响的部分国民革命军，并联合以张发奎为总指挥的第二方面军南下广东，会合当地革命力量，实行土地革命，恢复革命根据地，然后举行新的北伐。

李立三、邓中夏、谭平山、恽代英、聂荣臻、叶挺等在九江具体组织这一行动，但发现张发奎同汪精卫勾结很紧，并开始在第二方面军中迫害共产党人。随即向中共中央建议，依靠自己掌握和影响的部队，"实行在南昌暴动"。据此，中共中央指定周恩来、李立三、恽代英、彭湃等组成中共中央前敌委员会，以周恩来为书记，前往南昌领导这次起义。预定参加起义的部队有：国民革命军第二方面军第十一军第二十四、第十师，第二十军全部，第四军第二十五师第七十三、第七十五团以及朱德为团长的第五方面军第五军军官教育团一部和南昌市公安局保安队一部，共20000余人。从7月25日起，第十一、第二十军分别在叶挺、贺龙指挥下，陆续由九江、涂家埠（今永修）等地向南昌集中。27日，周恩来等到达南昌，组成前敌委员会，领导加紧进行起义的准备工作。此时，国民党武汉政府的第五方面军（总指挥朱培德）第三军主力位于樟树、吉安、万安地区，第九军主力位于进贤、临川地区，第六军主力正经萍乡向南昌开进；第二方面军的其余部队位于九江地区；南昌市及近郊只有第五方面军警备团和第三、第六、第九军各一部共3000余人驻守。中共前委决定赶在援兵到来之前，于8月1日举行起义。

8月1日2时，南昌起义开始了。按照中共前委的作战计划，第二十军第一、第二师向旧藩台衙门、大士院街、牛行车站等处守军发起进攻；第十一军第二十四师向松柏巷天主教堂、新营房、百花洲等处守军发起进攻。激战至拂晓，全歼守军3000余人，缴获各种枪5000余支（挺），子弹70余万发，大炮数门。当日下午，驻马回岭的第二十五师第七十三团全部、第七十五团三个营和第七十四团机枪连，在聂荣臻、周士第率领下起义，8月2日到达南昌集中。

起义成功后，中共前委按照中共中央关于这次起义仍用国民党左派名义号召革命的指示精神，发表了国民党左派《中央委员宣言》，揭露蒋介石、汪精卫背叛革命的种种罪行，表达了拥护孙中山"三大政策"和继续反对帝国主义、封建军阀的斗争决心。8月1日上午，召开了有国民党中央委员、各省区特别市和海外党部代表参加的联席会议，成立了中国国民党革命委员会，推举邓演达、宋庆龄、何香凝、谭平山、吴玉章、贺龙、林祖涵（伯渠）、叶挺、周恩来、张国焘、李立三、恽代英、徐特立、彭湃、郭沫若等25人为委员。革命委员会任命吴玉章为秘书长，任命周恩来、贺龙、叶挺、刘伯承等组成参谋团，作为军事指挥机关，刘伯承为参谋团参谋长，郭沫若为总政治部主任，并决定起义军仍沿用国民革命军第二方面军番号，贺龙兼代方面军总指挥，叶挺兼代方面军前敌总指挥。所属第十一军（辖第二十四、第二十五、第十师），叶挺任军长，聂荣臻任党代表；

第二十军（辖第一、第二师），贺龙任军长，廖乾吾任党代表；第九军，朱德任副军长，朱克靖任党代表。全军共二万余人。

8月2日，南昌市各界群众数万人集会，庆祝南昌起义的伟大胜利和革命委员会的成立。会后各界青年踊跃参军，仅报名的学生就有数百人。

南昌起义在优势敌人的围攻下，于10月初在潮州一带失败。南昌起义打响了反抗国民党反动派的第一枪，是中国共产党创建军队、独立领导武装斗争的开始。这次起义没有与当地农民运动相结合，就地开展土地革命和建立农村革命政权，而采取孤军南下的战略，这是它失败的主要原因。

南昌起义爆发后一周，8月7日，中国共产党中央在汉口召开紧急会议。这是一次在革命遭受失败的关头，为审查和纠正过去的错误，确定新的革命方针而召开的重要会议。会议发布著名的《告全党党员书》，全面清算了国民革命时期以陈独秀为代表的右倾机会主义错误。会议确定实行土地革命和武装反抗国民党反动派的总方针，决定在湘、鄂、赣、粤四省发动农民，举行秋收暴动。毛泽东在会上发言，第一次提出"政权是由枪杆子中取得的"论断。这次会议标志着中国共产党战略方针的转变，从此中国革命进入以武装斗争为主要形式、以土地革命为中心内容的新阶段。但会议在纠正右倾机会主义的同时，忽视了反"左"、防"左"，为"左"倾冒险主义敞开了门户。

1927年9月上中旬，毛泽东、卢德铭领导了湘赣边界的"秋收起义"。起义部队不再沿用国民革命军名义，而称工农革命军。起义原计划兵分三路，会攻长沙。但起义爆发后不久，部队即遭受严重损失。毛泽东看到在当时的形势下，占领中心城市已经没有可能，于是在各路起义军会集浏阳文家市后，毅然放弃攻打城市的计划，率领起义部队沿罗霄山脉南下，向农村进军。9月底，部队在江西永新县的三湾村进行改编，缩小了建制，确立了共产党领导军队的原则。10月，部队到达罗霄山脉中段——井冈山的中心地区茨坪。秋收起义部队向井冈山的进军，为大革命失败后继续坚持革命斗争找到了一条新的正确的道路。

1927年9月，中国共产党中央作出一项重要决议：在工农武装暴动中，不再利用左派国民党的名义，而打出"工农苏维埃"政权的旗帜。11月上旬召开的中共中央政治局扩大会议更明确指出：国民党"已经完全变成白色恐怖的旗帜"，在现实革命阶段中，"党的主要口号就是苏维埃"这是一个重要的改变。11月海陆丰农民起义，建立了中国第一个苏维埃政权。此后近十年当中，中国革命一直在苏维埃的旗帜下进行。

12月11日，张太雷、叶挺、叶剑英等领导举行"广州起义"。张太雷（1898—1927年），字泰来，江苏常州人。起义当天占领广州城，宣布成立广州苏维埃政府。起义部队第一次称工农红军。广州起义是乘国民党粤桂两系军阀混战于梧州、肇庆之时举行的。起义爆发后，两派军阀立即停止争斗，集中五万兵力进攻广州。经过三天三夜的英勇奋战，起义人民没能抵抗住敌人的镇压，最后遭到失败。张太雷和许多指战员在战斗中牺牲，革命群众七八千人惨遭杀害。这次起义表现了共产党和革命人民的英勇斗争精神，但起义后没有将部队及时撤往农村，使革命力量受到重大损失。

除上述三次重要起义外，从1927年秋至1928年，共产党还在湖南、湖北、江西、广东、江苏、福建、河北、陕西、河南、四川等省的许多地区发动起义，总计达100多次。其中主要有：广东海陆丰起义；琼崖起义；湖北黄（安）麻（城）起义；赣东北弋（阳）横（峰）起义；湘南年关暴动；洪湖、湘鄂西的农民武装斗争；陕西渭（南）华（县）起义；闽西龙岩、永定农民起义；湖南平江起义等。所有这些武装起义，都是共产党领导人民对国民党屠杀政策的英勇回击，是共产党坚持革命斗争的具体表现。它们扩大了共产党在人民群众中的影响，使土地革命的口号深入到农民群众之中，组织并保留了一部分革命武装。

这些就为以后继续开展武装斗争、建立和发展农村革命根据地准备了条件。

5. 共产党在莫斯科召开六代会

在苏维埃革命发动的初期，由于国内阶级关系的急剧变动，以及对国民党屠杀政策的仇恨和对陈独秀右倾机会主义的愤怒，共产党内曾出现以瞿秋白为代表的"左"倾盲动错误。经过1927年11月临时中央政治局扩大会议，"左"倾盲动主义统治了党中央领导机关。盲动主义者混淆资产阶级民主革命和社会主义革命的界限，认为中国革命是所谓"无间断"革命，民主革命不能"自告一段落"。为了推翻豪绅地主阶级，必须"同时推翻资产阶级"。他们否认革命已转入低潮，认为革命潮流始终是"高涨"的，因此反对退却，要求继续进攻。在武装暴动中，执行烧杀政策，一些地方甚至提出"杀尽豪绅""焚尽城市""使小资产变成无产，然后强迫他们革命"等错误口号。由于"左"倾盲动主义在实际工作中招致了许多损失，共产国际也批评了这种错误倾向，所以几个月后就停止了执行。

1928年六七月间，中国共产党在莫斯科召开第六次全国代表大会。周恩来、蔡和森、瞿秋白、李立三、张国焘、向忠发等100余人出席。这次大会继续批判了以陈独秀为代表的右倾机会主义错误，同时也批判了前述"左"倾盲动主义，强调盲动主义和命令主义是当前最主要的危险倾向。大会确认中国现阶段的革命仍然是反帝反封建的资产阶级民主革命，当前的形势处在两个革命高潮之间，党的总任务是争取群众。大会提出中国民主革命的十项政纲，包括推翻帝国主义的统治、推翻军阀国民党政府、建立工农兵代表会议（苏维埃）政府、没收地主阶级土地归农民所有等项内容。"六大"制定的路线，对中国革命的发展起了积极推动作用。大会的缺点是对中间阶级的作用、反动势力内部的矛盾缺乏正确的估计，认为民族资产阶级是"最危险的敌人之一"，国民党的各个派别都是"一样的反革命"。这样的认识是不符合中国社会的实际的。大会对于农村革命根据地的重要性和民主革命的长期性，也缺乏必要的认识。在中央委员会的选举上，过分强调工人成分，有唯成分论的偏向。

第八讲　国民党与共产党等之各派势力

国民党军阀蒋、冯、阎、桂四派在取得对奉系作战的胜利后，他们之间的矛盾立即尖锐起来。地盘是军阀存在的基础，军队是他们的命根子，国民党各军阀的争斗，首先在这两个问题上表现出来。

当时，蒋介石占有南京、上海和江浙一带；冯玉祥占有陕甘宁豫等省；阎锡山占有晋冀绥察四省和平津两市；桂系占有两湖和广西，支持桂系的李济深占有广东。对这样的地盘分配，冯玉祥极为不满。他的地盘虽然广大，但多是贫瘠地区。他在对奉系作战中出力很大，但河北和平津却都被蒋介石划给了阎锡山。桂系李宗仁、白崇禧认为自己地盘不大，又无出海口，也不满意。阎锡山占据河北和平津后，要把平津的税收全部据为己有，又为蒋所不满。四派军阀都在觊觎他人，寻机扩张自己的势力。

1.　中原大战的前前后后

对奉作战结束时，蒋介石提出要对现有200万军队进行编遣。理由是：战争结束了，要节省军事开支，以便用于经济建设。但他的真实意图是借编遣之名，削弱冯阎桂三派势力，进一步加强自己的地位。

1929年1月，在南京召开了有国民党各派军事首领参加的军队编遣会议。会议通过一个《国军编遣委员会进行程序大纲》，规定：取消国民革命军总司令部、各集团军总司令部和海军总司令部；全国划分六个编遣区，分别编遣蒋、冯、阎、桂四个集团军和东北、西南各部队；全国陆军最多不超过 80 万人，其中步兵 65 个师；各省划分绥靖区，分驻各师旅。至于具体编遣方案，始终未能达成。蒋介石站在"中央"立场，要求各集团军"奉还大政""归命中央"；各集团军首领则以种种理由企图少遣多编。冯玉祥提出一个有利于自己集团军的编军方案，结果被蒋、阎否决，冯便装病离开南京。

军队编遣会议使四派军阀的矛盾进一步加深，大规模的军阀混战随之而起。

1929 年 3 月，首先爆发蒋桂战争。战前，蒋桂间的争斗一直在进行。蒋为了制桂，暗送军火给湖南省主席鲁涤平，唆使鲁反桂。桂系反击，以国民党中央政治会议武汉分会的名义将鲁免职，并进兵长沙。蒋介石下令"彻查桂军侵湘事"，并把同桂系站在一起的李济深诱至南京加以软禁。3 月 26 日战争爆发。在蒋的收买下，桂军一部在前方倒戈，使桂军从武汉地区仓皇后退，4 月完全失败。蒋的势力伸入两湖。

1929 年下半年，又先后爆发蒋冯战争、第二次蒋桂战争、蒋唐（生智）战争，均以蒋军胜利结束。

1930 年 5 月，爆发中国近现代史上规模最大的军阀混战——蒋介石与冯玉祥、阎锡山间的中原大战。是年春，冯阎桂三派军阀势力及国民党改组派、西山会议派两个政客集团形成反蒋大联合。4 月初，阎锡山被推为中华民国陆海空军总司令，冯玉祥、李宗仁被推为副总司令。5 月中，蒋对阎、冯下总攻击令，中原大战正式爆发。双方投入兵力上百万，战线绵延数千里，战争波及河南、山东、安徽等数省，而沿陇海路两侧的争战，尤其激烈。战争前期，冯、阎得胜，蒋军失利。但由于冯军屡经激战，过分疲劳，粮弹又不足，只得停止进攻。战争爆发后，五六月间，桂军进入湖南攻打蒋军，占领长沙、岳州，7 月初遭受惨重失败，退回广西。军事上混战的同时，汪精卫等在北平召开"国民党中央党部扩大会议"。扩大会议以改组派为主，同时有西山会议派和阎、冯的代表参加。9 月 9 日在北平成立以阎锡山为主席的"国民政府"，与蒋介石南京政府相抗衡。九月中旬，在蒋介石的争取下，东北的张学良发出拥蒋通电，随即派兵入关，占领天津和北平。这时冯军的后路又被蒋军切断，整个战局发生急剧变化。

阎锡山和汪精卫等退到太原。10月，阎、冯、汪完全失败。冯军大部投蒋，一部被东北军改编。阎军名义上也被东北军改编，但未受多大损失。冯宣告下野，阎暂时躲往大连。"扩大会议'，在公布一个所谓"约法"之后，烟消云散。历时五个月的中原大战，给人民造成极大灾难，死壮丁30万，伤者不计其数，财产损失更是无法计算。

经过几次混战，特别是经过中原大战，国民党各派军阀间的力量对比发生很大变化。蒋介石依靠美英帝国主义和江浙财阀的支持，利用反蒋各派间的矛盾，使用金钱收买、分化瓦解的政治策略，打败了所有同他相抗的对手，在整个国民党军阀势力中，取得了显著的优势。此后，其他军阀势力虽仍然存在，有的还继续进行反蒋斗争，但已失去了问鼎中原、与蒋一决胜负的形势与实力。

2. 国民党专政与蒋介石独裁

蒋介石从军事上打败对手后，又从政治上加强他的地位。孙中山生前曾为召开国民会议而奋斗。汪精卫主持的"扩大会议"，为争取政治上的主动，也打出召开国民会议、制定约法的旗号。中原大战结束时，蒋介石为剥夺反对者的口实，并为其统治制造法律上的根据，决定召开"国民会议"。

国民会议于1931年5月在南京召开。这已不是孙中山所主张的反对军阀统治、由人民行使民主权利的国民会议，而是假"国民会议"之名，行维护国民党一党专政和蒋介石个人独裁之实的反人民的会议。蒋介石在开幕词中公然推崇法西斯主义。他说，共产主义，主张阶级斗争，手段"残酷"，"不适于中国产业落后情形及中国固有道德"；西方的民治主义，"动以个人自由为重"，中国没有实行此项主义的"历史社会背景"；只有法西斯主义能建立"有效能的统治权"，才是"举国所要求者"。

蒋介石这里是要用法西斯主义增强他的统治效能。会议通过《训政时期约法》。这个"约法"是1928年《训政纲领》的具体化，它用国家大法的形式，把国民党一党专政的政治体制确定下来。会议通过"剿灭赤匪"的决议，决定大规模"围剿"红军。这次会议表明蒋介石统治的加强和国民党由内部纷争向着重"剿共"的转化，是国民党历史上一次重要的反动会议。

3. 苏维埃区域扩建和发展

国民党军阀的混战，削弱了反动阵营的力量，为革命的恢复和发展提供了有利条件。在全国各地武装起义的基础上，在国民党军阀混战期间，苏维埃区域广泛建立和发展起来。

最早开辟的一块革命根据地，是井冈山根据地。1927年10月毛泽东带领整编后的秋收起义部队到达井冈山。随后改编地方武装，攻夺县城，解放农村，建立工农政权，恢复共产党组织，至1928年春，根据地便初步建立起来。4月底，朱德、陈毅率领南昌起义留下的部队和湘南农军到达井冈山，与毛泽东部会师。陈毅（1901—1972年），字仲弘，四川乐至人。5月4日成立中国工农革命军第四军（后改称工农红军第四军）。朱德任军长，毛泽东任党代表。红军采用"敌进我退，敌驻我扰，敌疲我打，敌退我追"的游击战原则，多次取得战争胜利。5月成立湘赣边界苏维埃政府。根据地包括宁冈、永新、莲花三个整县和吉安、安福、遂川、酃县各一部。井冈山根据地后来发展为湘赣根据地。

除井冈山根据地外，从1928年到1930年，共产党领导开辟的根据地主要有以下六大区域：

赣南闽西根据地。1929年1月，为打破湘赣敌人对井冈山的"会剿"和解决红军给养问题，毛泽东、朱德率红四军主力出击赣南；另由刚进入井冈山的彭德怀率所部红五军和红四军一部守山。彭德怀（1898—1974年），原名得华，号石穿，湖南湘潭人。进军赣南的红四军转战赣南、闽西，与当地中共组织和地方武装相配合，开辟了赣南和闽西两块根据地。1930年春及同年10月分别建立闽西苏维埃政府和江西苏维埃政府。6月，编组工农红军第一军团，朱德为军团长，毛泽东为政治委员。此时赣南和闽西已建立有 17 个县级苏维埃政权,为后来的中央革命根据地奠定了基础。8 月,红一军团与彭德怀领导的红三军团组成红一方面军,毛泽东任总前委书记兼总政治委员,朱德、彭德怀分任总司令、副总司令。

湘鄂赣根据地。1928 年 7 月,彭德怀、滕代远等领导国民党湖南独立第五师一部在平江起义,组成工农红军第五军,彭、滕分任军长和党代表。起义后,红五军在湘鄂赣三省交界各县开展游击战争,建立苏维埃政权。12 月,彭、滕率红五军主力进入井冈山,黄公略率其余部队坚持湘鄂赣区的斗争。1930 年湘鄂赣与湘赣两区连成一片,红五军扩大组成红三军团,彭、滕分任总指挥和政治委员。这时,湘鄂赣区已包括三省交界的十几个县,成立了湘鄂赣苏维埃政府。

闽浙赣根据地。1928 年 1 月,方志敏等领导了赣东北弋阳、横峰两县的农民起义,成立土地革命军,开展游击战争。方志敏(1899—1935 年),江西弋阳人。1928 年 12 月,成立包括赣东北八个县的信江特区苏维埃政府。是年冬,共产党领导了闽北崇安农民起义。1930 年夏,信江苏维埃政府改称赣东北苏维埃政府,方志敏为主席。赣东北和闽北两地红军组成红十军,周建屏任军长,邵式平任政治委员。1931 年春,赣东北根据地发展为包括 20 几个县的闽浙赣根据地。

鄂豫皖根据地。1927 年 11 月爆发鄂东北黄安(今红安)、麻城两县农民起义,成立工农革命军,开始创建鄂东北根据地。1929 年共产党先后在河南商城和安徽六安、霍山发动起义,并组织红军,开始创建豫东南和皖西根据地。1930 年,三个地区的红军合编为红一军,许继慎任军长。红一军乘国民党军阀进行中原大战之机,大举出击,使根据地扩大到 30余县,三个地区连成一片,形成鄂豫皖根据地。1931 年年初,红一军改称红四军,后发展为红四方面军。

洪湖湘鄂西根据地。1927 年冬和 1928 年春,贺龙、周逸群、段德昌等开始在洪湖和湘鄂西的桑植、鹤峰一带发动农民武装斗争,组织工农革命军。1929 年春,贺龙领导的湘鄂西工农革命军编为红军第四军,开辟了湘鄂西根据地。1930 年春,段德昌等领导的洪湖游击队编为红军第六军,开辟了洪湖根据地。夏,两地红军会师公安城,红四军改称红二军,红二、六军组成红二军团,贺龙任总指挥,周逸群任政治委员(后改邓中夏)。洪湖、湘鄂西连成一片。

广西右江根据地。1929 年 12 月，邓小平、张云逸等领导国民党广西警备部队一部和地方农军，在百色起义，成立红军第七军和右江苏维埃政府，开辟了右江根据地。1930 年 2 月，李明瑞等率广西警备部队另一部在龙州起义，成立红八军。不久，红八军被敌人打败，并入红七军。10 月，红七军奉调北上，韦拔群等领导人民坚持右江地区的斗争。

除以上几个主要根据地外，共产党还在广东的海陆丰和海南岛建立了红军和根据地，遭敌人镇压后，红军转入山区坚持武装斗争。

到 1930 年，农村根据地已建立大小十几块，分布在江西、福建、湖南、湖北、广西、广东、河南、安徽、浙江等许多省份。红军发展到 14 个军，共约 10 万人，枪约 6 万支。苏维埃区域的广泛开辟，红军队伍的扩大，说明中国革命已走上了农村武装割据的道路。

4. 中央指示信和古田会议决议

毛泽东于 1928 年 10 月到 1930 年 1 月，相继写成《中国的红色政权为什么能够存在？》《井冈山的斗争》《星星之火，可以燎原》等著作，对建立农村根据地的可能性和必要性等问题作了理论上的说明。他总结了共产党领导武装起义和建立农村根据地的经验，分析了中国社会的特点，深刻指出：由于中国是一个政治经济发展不平衡的半殖民地大国，反革命营垒内部不统一和充满各种矛盾，所以小块红色政权的发生、存在和日益发展，是可能的；红军和红色区域的建立和发展，是无产阶级领导下的农民斗争的最高形式和必然结果，是促进全国革命高潮的最重要因素；共产党必须确立"工农武装割据"的思想，实行有根据地的、有计划建设政权的、深入土地革命的、扩大人民武装采取逐步升级办法的政策。这些思想奠定了中国革命必须走先占农村、后占城市、以农村包围城市道路理论的基础。

1929 年 9 月中共中央军委对红军第四军的指示信和随后召开的红四军党的第九次代表大会（即"古田会议"），为如何建设一支人民军队的问题，指明了方向。由周恩来授意写成的中共中央指示信，充分肯定了红军斗争的"伟大意义"，对红军的基本任务和红四军党内存在的各种错误思想，做了完整的说明和深刻的分析。指示信指出：先有农村红军，后有城市政权，这是中国革命的特点，这是中国经济基础的产物。红军的基本任务是：

（一）发动群众斗争，实行土地革命，建立苏维埃政权；

（二）实行游击战争，武装农民，并扩大本身组织；

（三）扩大游击区域及政治影响于全国。

中国共产党红军第四军第九次代表大会，于1929年12月在福建上杭县古田召开。会议通过毛泽东起草的决议。这个决议的第一部分"关于纠正党内的错误思想"，指出了红四军党内各种非无产阶级思想的表现、来源及纠正方法，号召全军彻底加以纠正。这些错误思想的表现主要是：单纯军事观点、极端民主化、非组织观点、绝对平均主义、主观主义、个人主义、流寇思想、盲动主义残余等。纠正方法主要是加强党内思想教育，同时严格组织纪律。中央指示信和古田会议决议，是人民军队建设史上的两个重要文献。

5. 领导农民解决土地问题

在农村革命根据地中，共产党和苏维埃政府的一项基本任务，是领导农民解决土地问题。这是中国资产阶级民主革命的一项中心内容。根据地农民展开烧田契、分田地的斗争，数百万无地少地的农民从地主手中分得了土地。

在闽西，1929年的一个很短时间内，就有60万人得到土地。土地革命推动了根据地农业生产的发展，也给红军战争奠定了群众基础。在斗争实践中，共产党逐步解决了土地革命的路线和政策问题。首先，是关于没收土地的对象。土地革命之初，共产党曾规定只没收大中地主土地，不没收小地主（拥有土地不足50亩者）土地。后来又提出过没收一切私有土地。到共产党召开"六大"时，进一步明确了"没收一切公共土地及地主阶级的土地"。其次，是关于土地分配的原则和方法。一般以乡为单位，以人口为标准，男女老幼平均分配，并以原耕地为基础，抽多补少，抽肥补瘦。

第三，是关于土地分配后的所有权。开始的几年内，各根据地都实行土地公有（苏维埃政府所有）、农民使用的原则，禁止土地买卖。到1931年春，普遍改为土地一经分定，使用权和所有权都归农民，可以租借、买卖。第四，是关于阶级路线，即土地革命中依靠谁、团结谁、打击谁的问题。

共产党"六大"基本确定了依靠贫农雇农、团结中农、中立富农、消灭地主的正确的阶级路线和政策。但对富农的政策，以后发生变化。1929年，共产党中央根据共产国际的指示，要求各地执行"坚决反对富农"、实际是消灭富农的政策。这给土地革命带来不利影响。这一错误规定，到1935年年底才改正过来。

6. 李立三路线的严重危害

由于革命形势的发展和八七会议后"左"倾理论、"左"倾情绪的始终存在，1930年6月至9月，共产党中央第二次处在"左"倾错误的统治之下。这次"左"倾冒险错误以当时担任中共中央政治局常委兼宣传部长的李立三为代表，历史上称作"立三路线"。

李立三（1899—1967年），原名隆郅，化名李能至、李诚等，笔名有柏三、柏山等，湖南醴陵人。李立三完全不切实际地认为，"空前的世界大事变与世界大革命的时机"，正逼近在我们面前。中国阶级斗争的尖锐形势，甚至比十月革命前的俄国还严重十倍。任何一个问题上，都有爆发革命高潮的可能。只要产业区域的工人斗争一经发动，立即就会形成全国革命高潮。而中国革命高潮，又必然掀起世界革命高潮。李立三反对"农村包围城市"的观点，多次指责这种观点是"极端错误的观念"，认为党应以发动城市工人斗争作为"最主要的策略"。根据错误的形势估计和"城市中心"的理论，李立三制定了发动全国总暴动和集中红军攻打中心城市的冒险计划。提出"会师武汉，饮马长江"的口号。立三路线的推行，使革命力量受到重大损失。由于进攻中心城市，红军减员三万多人，并丧失部分根据地。由于组织中心城市武装起义，使白区的共产党组织和革命群众组织遭受很大破坏。

1930 年 9 月，共产党召开六届三中全会，停止了李立三冒险计划的执行，结束了第二次"左"倾错误在中共中央的统治。

7. 王明"左"倾教条主义

中共六届三中全会后三个月，由于共产国际的干预和支持，经过1931 年 1 月召开的六届四中全会，以王明为代表的"左"倾教条主义，又开始统治党中央。王明（1904—1974 年），原名陈绍禹，安徽六安人。六届三中全会后，王明写成题为《两条路线》（后经补充更名为《为中共更加布尔塞维克化而斗争》）的小册子，系统地提出"左"倾教条主义的理论和观点。王明在这本小册子中，不是批评李立三的"左"倾，而是批评他的所谓"以'左'倾词句掩盖的右倾机会主义"。他指责李立三承认"第三派"或"中间营垒"存在的思想，认为上层小资产阶级在武汉时代后已转入反动营垒，一切资产阶级改良派别"都各是反动营垒的一翼"。他同李立三一样，把反帝反封建同反资产阶级并列起来，认为现阶段革命之所以还成为资产阶级民主性，是因为工人阶级反对资本主义的斗争，在比重和地位上还次于民族解放和土地革命。这是在革命性质问题上给"左"倾观点以理论的解释。王明强调全国性革命高潮已经到来，主张在全国范围实行"进攻路线"。他还批评三中全会"对立三路线的一贯右倾机会主义，未加以丝毫的揭破和打击"，要求以"积极拥护和执行国际路线的斗争干部，来改造和充实各级领导机关"，在全党"坚决实行两条战线的斗争，尤其要特别反对主要的危险右倾机会主义"。

王明"左"倾教条主义比立三路线更为"左"倾，形态也更为完备。经过四中全会，王明等人掌握了中共中央的领导权。此后，王明"左"倾教条主义统治中共中央达四年之久。尽管王明"左"倾教条主义一出现，就给革命造成危害，但它的贯彻有一个过程，所以，1931 年以后，由于广大军民的英勇斗争，苏维埃区域仍能得到发展。

苏维埃区域的发展，是在艰苦的武装斗争环境中实现的。红军和苏维埃区域一出现，国民党反动派就不断向它进攻。中原大战结束后，蒋介石便集中兵力"围剿"红军。红军在根据地人民的支援下，展开英勇的反"围剿"战争。"围剿"和反"围剿"的多次反复，构成了中国内战的主要形式。

1930年12月至1931年5月，鄂豫皖根据地的红军粉碎国民党军的第一、二次"围剿"，共歼敌二万多人。1930年12月底至1931年9月，红一方面军粉碎国民党军对中央革命根据地的三次"围剿"，共歼敌七万多人，使赣南、闽西两块根据地连成一片，根据地发展到20余县，人口达到300万。当国民党军集中兵力进攻赣南闽西时，鄂豫皖红军乘机发动反击，扩大根据地。

1931年11月，鄂豫皖红四军与新发展起来的红二十五军合编为红四方面军，徐向前任总指挥，陈昌浩任政治委员。从这时起到翌年5月，红四方面军主动出击，先后发动四次战役，共歼敌六万余人，打破了国民党军对鄂豫皖区准备发动的第三次"围剿"。其中苏家埠一战，即歼敌三万余人。此时鄂豫皖根据地的人口达到350万。因执行立三路线而遭受重大损失的洪湖根据地，1931年春得到恢复。10月，撤往湘鄂边的红军主力开回洪湖。从1930年冬到1932年春，赣东北、湘赣、湘鄂赣、陕甘等根据地，也展开粉碎国民党军事"围剿"的斗争。在领导红军反"围剿"战争中，共产党人，主要是毛泽东，发展了井冈山时期朴素的红军游击战原则，提出一整套科学的战略和战术原则。这就是：承认积极防御，反对消极防御，在作战中实行诱敌深入，集中兵力打运动战、速决战、歼灭战等。这些战略和战术原则，成为红军战胜敌人的法宝，构成毛泽东思想的重要内容。

8. 国共之外的第三种势力

在共产党领导工农群众走上武装革命道路的时候，有一部分社会势力在从事反蒋或要求民主、改良社会的活动。他们既不满意于国民党的独裁统治和军阀间的混战争斗，又不赞成共产党武装斗争和土地革命的主张，形成国共之外的第三种势力。

他们的主体是民族资产阶级和上层小资产阶级知识分子，同时也包括其他阶级中的改良主义者。结成的政党和派别主要有：第三党、改组派、人权派、乡村建设派。第三党以国民革命时期著名的国民党左派邓演达为首，正式名称叫"中国国民党临时行动委员会"，是从国民党中分化出来的革命民主派。

他们主张进行平民革命，推翻国民党南京政府，建立平民政权，废除不平等条约，实行耕者有其田，发展国家资本主义，进而实现社会主义。这些都是革命的主张。但他们反对共产党领导的工农武装革命，认为这种革命是盲动、乱动，建立苏维埃是空想、妄想。他们的所谓"平民革命"，主要是通过召开国民会议和策动国民党军队倒戈反蒋来进行。1931 年 11 月邓演达被蒋介石秘密杀害，第三党受到重大打击。

改组派以汪精卫、陈公博为首，正式名称叫"中国国民党改组同志会"，是国民党内的在野反对派。陈公博（1892—1946 年），广东南海人。他们的主要口号是恢复 1924 年国民党改组精神，重新确立农工小资产阶级联盟。他们既反蒋又反共。在改组派成员中，有一大批是找不到正确出路而彷徨苦闷的知识分子和青年学生。改组派的上层，除个别反蒋民主人士外，大都是投机政客，其主张和行动，主要是同国民党当权者争夺权力。

1929 年间，改组派曾积极进行反蒋活动，遭到蒋的镇压。1930 年以后，就只剩下一小批上层分子依附军阀进行政治投机了。九一八事变后，蒋汪合作，改组派不再存在。

人权派以胡适、罗隆基为代表。罗隆基（1896—1965 年），号努生，江西安福人。他们的基本立场是提倡改良，反对暴力革命。要求在中国实现西方资产阶级民主政治。主张用思想竞争的方法消灭共产主义和共产党。他们对国民党的一党专政表示不满，因此提出"争人权"的口号，幻想国民党能开放政权，由他们一般人参加政府，以便按照英美的政治制度来改良中国政治。他们的愿望未能实现。

乡村建设派以梁漱溟为代表。从 20 世纪 20 年代初期即从事平民教育的晏阳初，也进行乡村建设活动，是乡建派的重要人物之一。乡建派的成分极为复杂，既有资产阶级、地主阶级改良派，也有国民党官员，还有一些志在救国的进步学者和青年。全国从事乡建工作的机关团体，曾达几百个，实验点 1000 余处，召开过三次全国性的讨论会。他们工作的内容，有的侧重于平民教育、职业教育，有的侧重于社会服务和救济灾荒，有的侧重于农业技术改良和农业合作的推广，有的侧重于乡村自卫和乡村自治，有的企图创造一种"新的社会组织"。代表性的团体有：梁漱溟领导的山东乡村建设研究院，晏阳初领导的中华平民教育促进会，高践四领导的江苏省立教育学院等。乡建派企图通过在乡村搞教育的技术的或社会组织的改良，来挽救破产的农村，使中国走上民族自救的道路。他们不触动国民党反动统治。有的代表人物明确表示反对革命，反对阶级斗争，反对共产党。乡建派掀起的乡村改良主义运动，在中国社会上发生过一定影响，有的团体在推广农村教育和农业技术改良方面，做过有益的工作。但这一运动同样未能达到救治中国的目的。

在当时中国的政治势力中，还有一个托洛茨基派。它直接受苏联托洛茨基的指挥。正式名称叫"中国共产党左派反对派"或"中国布尔什维克列宁派"。它最早出现在莫斯科的中国留学生中。这些留学生回国后，又促使一部分老的右倾机会主义者走上托派道路。1931 年 5 月，几个托派小组织联合组成以陈独秀为总书记的中央领导机关。中国托派反对国民党统治，但同共产党中央存在着尖锐对立。他们认为，经过 1925 年至 1927年的革命，资产阶级取得了胜利，封建势力成了"残余之残余"；中国已是资本主义社会，资产阶级民主革命已经过去；当前的中心任务，是为召开"国民会议"而斗争，等将来资本主义发展以后，再进行社会主义革命。他们有人咒骂红军，反对共产党领导的武装斗争。统一后的托派中央，很快被国民党破坏。中国托派始终是一个内部充满矛盾、人数不多的小团体。

第九讲　全国抗日民主运动的高潮

正当蒋介石国民党用军事的、政治的各种手段大力加强它在中国的统治的时候，正当中国革命在曲折的道路上迅速发展、中间政治派别对中国政治进行着新的探索的时候，爆发了九一八事变。这个事变在很大程度上改变了中国的政治形势和中国历史的具体进程。

1. 抗日战争从九一八事变开始

1931 年 9 月 18 日晚上，日本关东军在沈阳北郊柳条湖村附近炸毁了南满铁路的一段路轨，然后诬称是中国军队干的。以此为借口向中国东北军驻地北大营和沈阳城发动进攻。东北军不战而溃，军政大员四散逃避。第二天，日军就占领了沈阳、长春、营口、辽阳、鞍山、本溪、抚顺、四平、安东(今丹东)等重要城市。驻朝鲜的日军也越境侵入中国东北。到 9 月底，日军即侵占了辽宁(除辽西)、吉林两省。11 月又侵占了黑龙江省大部分地区。1932 年 1 月，日军进攻锦州，并攫取了辽西地区。2 月 5 日，哈尔滨被日军占领。至此，经过四个月零十八天，东北三省区全部沦于敌手。1932 年 3 月，在日本帝国主义导演下，成立了伪"满洲国"，溥仪出任"执政"。溥仪(1906—1967 年)，即清朝废帝宣统，满族，姓爱新觉罗。9 月，日本正式宣布承认"满洲国"，并签订了《日满议定书》。"满洲国"是一个完全受日本关东军支配的傀儡政权。1934 年 3 月，在日本帝国主义策划下，"满洲国"改称"满洲帝国"，溥仪也由执政改称皇帝。关东军司令官作为日本天皇的代表，是皇帝的"师傅"和"监护人"，并兼任日本驻"满洲国"全权大使，是统治东北的太上皇。日本帝国主义通过它一手炮制的傀儡政权，对东北实行极端残暴的军事占领和殖民统治。

日本帝国主义发动九一八事变，把中国的东北变成它独占的殖民地，开始了日本帝国主义变中国为它的殖民地的阶段。这就打破了第一次世界大战后形成的凡尔赛—华盛顿体系的世界格局，加深了美英和日本在华的矛盾。从此，国内的政治形势和阶级关系发生了很大变化，中日矛盾向着主要矛盾地位上升，反对日本帝国主义侵略成为全国人民的共同要求，中国人民局部的抗日战争从此开始。

国民党政府对日本帝国主义的侵略采取不抵抗主义。蒋介石要求全国上下"暂取逆来顺受态度，以待国际公理之判断"。国民党政府多次向国际联盟控告日军侵略中国东北领土，请国际联盟主持公道，幻想依靠国际联盟的力量压迫日本从东北撤兵，但国际联盟却无力制裁日本。在依赖国际联盟的希望破灭后，蒋介石又试图与日本直接交涉，由于遭到各方面的反对未能实现。国民党政府的对日政策采取不抵抗不交涉的态度。

2. 全国掀起空前反日浪潮

全国人民对日本帝国主义的武装侵略和国民党政府的不抵抗政策，无不义愤填膺，纷纷要求进行抵抗。全国掀起了空前规模的反日浪潮。

中国共产党、苏维埃政府和工农红军多次发表宣言，作出决议，号召全中国工农红军和广大被压迫民众"以民族革命战争，驱逐日本帝国主义出中国"。全国各方面纷纷发出通电，抗议日本帝国主义的侵略暴行，要求国民党政府抵抗日本帝国主义的侵略。全国各大中城市召开了各界抗日救国大会，举行游行请愿，参加阶层之广和规模之大都是空前的。上海、北平等地的工人纷纷举行反日罢工。青年学生在反日浪潮中起了先锋作用。各地大中学校学生纷纷集会游行，发表通电，进行抗日宣传，建立抗日团体，组织抗日义勇军，要求国民党政府停止内战，一致对外，武装民众，出兵抗日。

上海、北平、济南、武汉、广州等地的学生派代表或结队赴南京请愿。这是学生运动的一个创举。9月28日，南京和上海的请愿学生痛打了外交部长王正廷，捣毁了王的办公室。11月下旬，南京及全国各地学生发起"送蒋北上抗日运动"。12月初，各地赴南京请愿的学生与日俱增，国民党当局明令"禁止学生集队来京请愿"。17日，各地学生三万余人，奔赴国民党中央党部和国民政府所在地示威请愿。示威请愿的学生在珍珠桥附近遭到国民党政府军警的血腥屠杀，死30多人，伤100多人，被捕百余人。珍珠桥惨案发生后，各地纷起抗议，上海学生、工人和市民抬着死难学生的棺木举行了十万人的示威游行。

全国各城市的爱国工商业者也起来抵制日货，要求实行对日经济绝交。民族资产阶级的代表人物和代表民族资产阶级舆论的报刊，纷纷发表言论，要求"立息内争，共御外侮"，抨击国民党政府的不抵抗主义和对内政策，提出"改组政府""组织国防政府"的主张。国民党和国民党军队内部也发生了分化、分裂和动摇。11月，当日军进犯黑龙江省时，国民党黑龙江省政府代理主席、黑龙江省军队总指挥马占山率部在嫩江桥抗战，全国各地各阶层纷纷捐款援马抗战。12月，被蒋介石调到江西进攻红军的国民党第二十六路军1万7000多人，在赵博生、董振堂的率领下，在宁都起义，参加红军。

总之，"九一八"后，不仅工人、农民、学生、城市小资产阶级的抗日爱国热情极为高涨，民族资产阶级也积极主张抗日，国民党和国民党军队中也有一部分人违背国民党中央的意志起来抵抗日本帝国主义的侵略。空前规模的反日运动，成为不可阻挡的历史潮流。

3. 国际社会对九一八事变的反响

九一八事变在世界上引起了强烈的反响。世界各国爱好和平、主持正义的人们同声谴责日本帝国主义的侵华行为。

苏、美、英等世界大国政府基于各自的立场，做出了不同的反应。苏联政府在道义上是同情和支持中国的，但在具体的外交政策上，则采取不干涉的"中立主义"态度。美国政府在开始时对事变采取观望态度，直至日军侵占锦州后，国务卿史汀生才向中日两国政府发出"不承认主义"

照会，宣布美国不承认被改变了的中国东北地区的现状。英国政府的态度是动摇不定，无所作为。这主要通过它在国际联盟的活动反映出来。

国际联盟虽然作出决议限期日本撤兵，但日本拒绝接受，国际联盟毫无办法。后来国际联盟通过了组织调查团的决议。1932 年 1 月，国际联盟调查团正式成立，由英国代表李顿任团长。调查团经过半年多的所谓调查，于十月公布了《国际联盟调查团报告书》。这个报告书虽然承认了"东三省为中国之一部"等若干基本事实，对日本帝国主义的侵略行径也作了一定的揭露，指出日军在九一八事变中的军事行动"不能认为合法之自卫手段"，"满洲国"是日本一手制造的傀儡政权。但报告书在许多方面又为日本侵略者辩解，并提出了一个对中国东北实行"国际共管"的损害中国主权的方案。1933 年 2 月，国际联盟大会通过决议，基本上接受了李顿调查团报告书的意见和建议，并声明对"满洲国"不给予事实上或法律上的承认。但它不过是一纸空文。

4. 宁粤"和解"丢弃抗日

1931 年 5 月，蒋介石召开"国民会议"之后，反蒋派汪精卫、孙科、陈济棠、李宗仁等在广州成立国民党中央执监委非常会议和国民政府，与蒋介石南京国民政府实行武力对峙。"九一八"后，宁粤双方同时唱出和解的调子，南京呼吁粤方取消"广州国民政府"，"立即团结，共赴国难"；粤方则要求蒋介石下野，组织"统一的国民政府"，"息争御侮"。实际上他们是在"共纾国难"的幌子下做政治分赃，争夺权力。经过一番争斗，双方代表于 10 月下旬在上海召开"和平统一会议"。会上双方都把"团结抗日"抛到九霄云外，而以分配党政军大权作为谈判的中心。

粤方代表提出《中央政制改革案》，意在打破蒋介石建立的独裁体制，夺取中枢权力；宁方则坚持党统不能动摇，约法不能改变，实际上是把持中央大权不放。双方互相攻讦，会议陷入僵局。经多方斡旋，达成协议，双方各于所在地点召开国民党第四次全国代表大会，选举中委，然后在南京召开四届一中全会，统一处理双方提案，并改组政府。南京国民党"四大"于 11 月 12 日召开，蒋介石在会上高唱"团结内部""抵御外侮"，但没有抵御外侮的实际措施。他对中枢大权紧紧抓住不放。

广州国民党"四大"于11月18日召开，各反蒋派由于抢权争利无法妥协，又分裂为广州胡派"四大"和上海汪派"四大"。胡汉民宣称广州"四大"的宗旨，一曰"精诚团结，共赴国难"，二曰"推倒独裁，实行民主政治"。他的用意在压迫蒋介石下野，改组南京政府。会后在广州正式成立了胡派中央党部。

在这样的情况下，当权的蒋介石考虑硬顶于己不利，决定采取以退为进的策略，于12月15日辞去国民政府主席兼行政院院长职务。国民党反动统治陷入严重危机之中。

蒋介石辞职后，经国民党四届一中全会决定，由林森任国民政府主席，孙科任行政院院长，宁粤双方组成所谓"统一政府"。林森（1867—1943年），字子超，号长仁，福建闽侯人。孙科（1891—1973年），字哲生，广东香山（今中山）人，孙中山的儿子。事实上蒋、汪、胡互不合作，躲在幕后操纵政局。孙科上台后由于没有实权而一筹莫展。

1932年1月日军几乎在兵不血刃的情况下占领锦州，全国舆论纷起抨击孙科政府。国民党政府的对日政策仍然是无抵抗、无交涉、无办法。在这种形势下，蒋介石的亲信党徒乘机叫嚷促蒋复职。1932年1月11日，蒋介石在奉化武岭学校作"东北问题与对日方针"的演讲。他为国民党政府的不抵抗政策辩解，攻击抗日爱国运动，要求人民一切听从政府；他反对对日宣战绝交，提出了"不绝交""不宣战""不订割地之约""不签丧权之字"的对日外交方针。这时蒋汪已经酝酿合作。蒋介石在发表这个演讲后就到杭州与汪精卫会晤，二人达成了权力分配的协议。汪主持内政外交，蒋负责军事。于是蒋汪两派共同把持了国民党的中央政府，把胡派排斥在这个政府之外。

5. 一·二八事变

1932年1月28日夜，日军进攻上海，驻上海的十九路军在全国人民抗日热潮的推动和影响下，在军长蔡廷锴、总指挥蒋光鼐的指挥下，违抗南京国民党中央政府的意志，奋起抵抗。蔡廷锴（1892—1968年），字贤初，广东罗定人。蒋光鼐（1888—1967 年），字憬然，广东东莞人。一·二八事变后，上海各阶层人民开展了轰轰烈烈的支援十九路军抗日的运动。2 月中旬张治中率领的第五军在得到蒋介石的同意后开赴淞沪参战。由于十九路军和第五军的英勇抵抗以及广大人民群众的积极参战，上海抗战坚持了一个多月，杀伤日本侵略军一万多人，使得日军三易主帅而不能有所推进。但是，十九路军伤亡日重，急需支援，而蒋介石却拒绝再派兵增援，军政部还克扣军饷和截留捐款。

日本侵略军在组成上海派遣军后，于 3 月 1 日开始全线总进攻，并在浏河登陆。中国军队腹背受敌，被迫撤退。3 月 14 日，经英国公使兰普森斡旋，中日双方停止军事行动并进行停战谈判。5 月 5 日签订了丧权辱国的《上海停战协定》。

《上海停战协定》签订后，蒋介石就正式确定把"攘外必先安内"的反动政策，作为国民党处理对外对内关系的基本准则。这个政策的实施是只"安内"不"攘外"。在这样的反动国策下，九一八事变后掀起的抗日民主运动高潮被镇压了下去，而国家的领土和主权则不断地被日本帝国主义所侵夺，中华民族的灾难日益深重。

6.《塘沽协定》

1933 年元旦，日军进犯山海关，中国守军进行还击，揭开了长城抗战的序幕。1 月 3 日，山海关沦陷。日军又分三路向热河进犯。国民党热河省主席汤玉麟和热河驻军 20 万人弃地逃走。日军先头部队 128 人，于 3 月 4 日侵占了省会承德。全国舆论一致谴责张学良，要求惩办汤玉麟。蒋介石决定让张学良辞职，由何应钦兼代北平军分会委员长职。

日军侵占山海关和热河之后，又进犯长城线上的军事要地喜峰口、冷口和古北口。国民党西北军宋哲元部、晋军商震部、东北军王以哲部以及奉命赴援的中央军关麟征部等都英勇地抵抗了日军的进攻。长城抗战给骄横的日本侵略军以沉重打击。日军在进犯长城各要口受挫后，改由山海关向滦东进攻，长城各要口的国民党军腹背受敌，相继撤退。当日军在滦东一路深入时，英国政府担心危及它在这一地区的权益，向日本政府提出严重抗议。日本政府怕引起国际纠纷，于4月中旬命令侵入滦东的日军撤至长城线，而采用在平津收买汉奸从内部策反的办法，图谋在华北制造第二个"满洲国"。至5月初，因策反一时难以奏效，日军再次向滦东发动进攻，并强渡滦河，侵袭滦西，冀东20余县均被日军侵占，平津危急。在大片国土沦丧，平津危急的形势下，5月3日，国民党政府明令设立行政院北平政务整理委员会，任命黄郭为委员长。并令黄郭北上负责对日交涉停战问题。黄郭在北平与日军进行秘密谈判，达成原则性协议。在蒋、汪的同意下，国民党军事委员会北平分会代理委员长何应钦，派熊斌与日军代表冈村宁次于1933年5月31日签订了丧权辱国的《塘沽协定》。

这个协定实质上默认了日本帝国主义侵占东北三省和热河的"合法性"，并承认冀东为"非武装区"。

7. 蒋介石"先安内后攘外"

中国人民的抗日民主运动虽然遭到国民党政府的残暴镇压，但是由于日本帝国主义侵略的深入，蒋介石"先安内后攘外"政策所造成的民族危机深重，抗日民主运动仍在向前发展。当时社会舆论纷纷谴责国民党政府和蒋介石的不抵抗政策，要求国民党改变"剿共"政策，停止内战，一致对外。《申报》《大公报》《新闻报》《东方杂志》等报刊纷纷发表评论，抨击国民党政府的内政外交政策，劝告国民党政府"改弦更张"，责难蒋介石等人，甚至有人说"异日即起诸公之白骨而鞭之，亦何足赎罪于万一"。从这些报刊的评论可以看出民族资产阶级对国民党的统治及其"攘外必先安内"政策越来越不满，知识界的进步分子在民族危机的激荡下，抗日民主团结的要求不断增长。

1933年春，日军把侵略的魔爪伸向关内，华北面临危机。全国许多省市的民众团体电请冯玉祥抗日。在中国共产党的推动和帮助下，5月26日，冯玉祥在张家口通电成立察哈尔民众抗日同盟军，担任总司令。6月，在张家口召开了民众抗日同盟军第一次代表大会，通过了《关于民众抗日同盟军纲领决议案》。会后，分三路迎击日伪军，7月收复多伦，并乘势追击，把日伪军完全赶出察哈尔。蒋介石用各种手段破坏同盟军。在日、蒋的夹攻下，同盟军处境日益艰难。8月日军重新侵占多伦。冯玉祥被迫撤销同盟军总部并离开部队。吉鸿昌、方振武通电宣布改抗日同盟军为抗日讨贼军，继续抗日，奋战于热河、长城一带。9月，讨贼军由于蒋、日军队的联合进攻而失败。

1933年11月，国民党第十九路军将领蔡廷锴、陈铭枢、蒋光鼐与国民党内李济深等一部分反蒋势力发动"福建事变"。陈铭枢（1889—1965年），字真如，广东合浦（今属广西）人。他们在福州举行中国人民临时代表大会，发表《人民权利宣言》，成立了人民革命政府。他们主张排除帝国主义在华势力，废除不平等条约，推翻反革命的卖国政府，扫除一切封建势力，实行计口授田，发展民族资本，改良农工生活，保障一切生产人民之绝对自由平等权利等。这些主张反映了国内中间阶层的政治和经济要求。中华苏维埃临时中央政府、工农红军同福建人民政府签订了抗日反蒋协定。福建人民政府的成立，反映国民党营垒的破裂。蒋介石对福建人民政府采取大力扑灭的方针。1933年年底，蒋介石自任"讨逆军总司令"，调集了大批军队向福建进攻，同时派人潜入福建，以金钱、官职收买十九路军的军官。日、英、美等国海军舰艇也以护侨为名开抵福建附近海域，配合蒋军对福建人民政府进行威胁。翌年1月，由于蒋介石的猛烈围攻，又因为内部有人倒戈投蒋，福建人民政府终于失败。

当时在"左"倾机会主义统治下的中共中央，没有给福建人民政府以应有的支援。1934年4月20日，由中国共产党提出，经宋庆龄、何香凝、李杜等1779人签名，发表了《中国人民对日作战的基本纲领》，号召中国人民自己起来武装驱逐日本帝国主义，自动对日作战，成立全国人民武装抗日的总领导机关。5月，在上海成立了中华民族武装自卫委员会总会。这个纲领表达了中国人民抗日救国的正义要求，但在国民党反动统治下是不可能实现的。

8. 宋庆龄与中国民权保障同盟

1932年12月，中国民权保障同盟正式成立，宋庆龄任主席，蔡元培任副主席。同盟的宗旨是营救一切爱国的革命的"政治犯"，争取人民的言论、出版、集会、结社等项自由。

　　宋庆龄，祖籍海南省文昌县。1893 年生于上海。父亲宋嘉树，字耀如，原名韩教准，早年漂泊美国，中年回国兴办实业，是孙中山革命事业的支持者和亲密战友。母亲倪桂珍是中国较早接受文明，反对封建的进步妇女之一。七岁的宋庆龄入上海中西女塾读书，15 岁就偕妹妹宋美龄赴美国留学。先在新泽西州斯密特城私立学校学习英语，次年考入佐治亚州梅肯市威斯里安女子学院文学系。宋庆龄聪敏好学，思想活跃，经常参加学校的活动。听到辛亥革命胜利的消息，热情欢呼辛亥革命是"二十世纪最伟大的事件"。宋庆龄 20 岁大学毕，获文学学士学位。她怀着满腔爱国热情和振兴中华的理想毅然回国，投身于"求中国之自由平等"的民主革命斗争。

　　归国途中经过日本，拜会了她早已崇敬的孙中山先生。随后担任了孙中山的秘书，在共同的革命斗争中建立了深厚的友谊和感情，她不顾家人的反对，设法从上海重返日本，于 1915 年 10 月 25 日与孙中山在日本东京结婚。她淡泊名利、权势和阔绰优裕的家庭生活，心甘情愿地与孙中山一起分担流亡之苦。她积极参加和支持孙中山领导的中国民主革命。

　　1922 年 6 月 16 日凌晨，陈炯明因反对孙中山北伐而叛变革命。在叛军企图炮轰大元帅府及住所的危急关头，孙中山请宋庆龄先行撤离，而她却对孙中山说："中国可以没有我，不可以没有你。"坚持让孙中山先安全撤离。后来，几经危难才死里逃生，次日于永丰舰（中山舰）会合。此后，孙中山、宋庆龄在上海与共产党人李大钊等中共代表以及列宁派来的特使进行多次交流，总结经验教训，磋商国共合作，着手改组国民党。1924 年 1 月 20 日，有共产党人参加的国民党第一次全国代表大会在广州召开。会议通过了孙中山制定的"联俄、联共、扶助农工"三大政策，实现了第一次国共合作。1924 年年底，宋庆龄随孙中山应冯玉祥之邀，为和平统一全国知难北上，直到 1925 年 3 月 12 日孙中山在北京病逝。孙中山病重期间，宋庆龄日夜守候在病榻旁。

　　孙中山先生逝世后，宋庆龄坚决维护、忠实执行"联俄、联共、扶助农工"的三大政策，同违反孙中山革命原则的势力进行了不懈的斗争。"五卅"惨案发生后，她极为愤慨，呼吁"凡中国国民皆当负此救国重任"。

继续同共产党紧密合作支持北伐。1926年1月，在国民党第二次全国代表大会上当选为国民党中央执行委员会委员。北伐军攻克武汉，国民政府准备迁都，宋庆龄与先遣人员一同抵达武汉。

1927年上半年，正当大革命蓬勃高涨的时刻，国民党内的右派势力背叛孙中山的革命原则，反对"三大政策"，结成"宁汉合流"，大肆屠杀共产党人、爱国进步人士和劳苦大众。对此，宋庆龄义愤填膺，毅然发表了《为抗议违反孙中山的革命和政策的声明》，宣布与"宁汉合流者"决裂，"暂时隐退"。

中国共产党于1927年在南昌发动了武装起义，当时她虽然不在南昌，但仍然与周恩来等25人组成革命委员会并被推选为七人主席团成员。继而为了进一步探求革命道路，实现孙中山的遗愿，赴苏联访问。在苏联，她受到了斯大林和其他领导人的亲切接见，与加里宁夫妇结下了深厚的友谊。

从欧洲回国参加孙中山的奉安大典后，在与戴季陶的谈话中，严厉指出："我对于政客的生活不适合，况且我在上海都没有言论自由，难道到了南京可以希望得到吗？"并宣告："使我不说话的唯一办法，只有枪毙我，或者监禁我。"

在这一时期，宋庆龄积极参加了一系列重要的国际反帝活动，1927年12月和1929年8月两次被选为国际反帝同盟名誉主席，之后又成为世界反法西斯委员会的主要领导人之一。

九一八事变后，宋庆龄再度从西欧回国，无情揭露蒋介石"欲攘外，必先安内"的不抵抗政策。她确信："只有以群众为基础并为群众服务的革命，才能粉碎军阀、政客的权力，才能摆脱帝国主义的枷锁，才能真正实现社会主义。"1932年年初，日本帝国主义侵略上海，十九路军奋起反抗，宋庆龄高度评价十九路军抗日将士的爱国行动。

1932年12月，宋庆龄与蔡元培、鲁迅、杨杏佛等人在上海组织了"中国民权保障同盟"。以自己的崇高威望，通过广泛的社会活动和各种形式的斗争，营救了许德珩、罗登贤、邓中夏、陈赓、廖承志、丁玲和救国会的"七君子"等一大批革命者和爱国进步人士。在鲁迅先生病重时，宋庆龄给他写信说："你的生命并不只是你个人的，而是属于中国和中国革命的！为了中国和中国革命的前途，你有保存、珍重你身体的必要，因为中国需要你，革命需要你！"

1933年9月宋庆龄在上海领导召开了"世界反对帝国主义战争委员会"远东会议。

"西安事变"后，国共两党第二次合作，共同抗日。宋庆龄于1938年在香港创建"保卫中国同盟"，致力于战时的医疗救济和儿童保健工作。她通过各种方法和渠道向海外华侨和国际社会宣传抗战真实情况，并向爱国华侨和国际友人募集了大量资金、药品、医疗器械和其他物资，支援抗战。许多物资通过她的精心安排，运往抗日根据地。她团结和组织国际友人和国际医疗队到共产党领导的抗日根据地去考察和工作。斯诺、史沫特莱、白求恩、柯棣华、马海德等记者和医生都是经她安排进入解放区的，其中白求恩、柯棣华、哈立逊为中国革命献出了宝贵生命。斯诺访问陕北后写下了著名的《西行漫记》。

1941年1月，宋庆龄与何香凝、柳亚子、彭泽民联名致函蒋介石及国民党中央，愤怒谴责当局发动的"皖南事变"。这期间，宋庆龄坚持"保盟"工作，直至香港沦陷前乘最后一班飞机去重庆。到达重庆后，她不顾环境险恶，继续开展"保盟"工作，不计前嫌，宋氏三姐妹牵手共赴困难，支持抗战。

抗战胜利后，宋庆龄将"保卫中国同盟"改为"中国福利基金会"，主要从事妇幼卫生、文化教育和社会福利救济事业。此时的国民党又发动内战，宋庆龄虽然身在国民党的心脏地区，却继续募集大批医药物资，利用各种机会和条件运往解放区，支援共产党领导的解放战争，为建立新中国立下了特殊的功勋。

1949年6月，全国解放指日可待，毛泽东、周恩来亲笔写信邀请宋庆龄赴北平参加新政治协商会议。宋庆龄见信后，非常感动，欣然同意参加中国人民政治协商会议。在第一届政协全体会议上当选为中央人民政府副主席。从此，在新中国成立后的30多年里，她一如既往，言行一致，为祖国的社会主义革命和建设事业做出了卓越的贡献。她经常同毛泽东、周恩来、刘少奇、朱德、董必武等党和国家领导人一起商筹大计方针，参加了大量的国务活动，并深切关怀港澳台同胞和海外侨胞，希望尽早实现祖国统一。在中国革命长期艰苦的斗争中，她坚定地和中国共产党站在一起。中国共产党一向把她作为自己的亲密的战友、同志、无产阶级先锋战士。1981 年 5 月 15 日中央政治局决定接受她为中国共产党党员，16 日全国人大常委会决定授予她中华人民共和国名誉主席称号。1981 年 5 月 29 日，宋庆龄因病在北京寓所逝世。遵照她的遗言，骨灰安葬在上海万国公墓她父母陵墓的东侧。中国共产党、全国人大国务院为她举行了隆重的国葬。她为国家和人民所建树的丰功伟绩，将永载史册。

第十讲　苏维埃革命的深入和扩大

1. 国民党政府的法西斯全面统治

"九一八"和"一·二八"之后，蒋介石一方面推行对日妥协的政策，一方面采取各种措施，强化国民党的反动国家机器，加强对人民的统治和对抗日民主运动的镇压，巩固个人独裁统治和国民党的一党专政。

1932 年 1 月，国民党政府决定重新设立军事委员会。蒋介石任军事委员会委员长。6 月，军事委员会通令将国民党的军队统一编为 48 个军，建立了一支庞大的中央军；并且统一和加强了地方武装——各省保安团队。这支军队是国民党反动统治的主要支柱。

蒋介石在国民党内和政府中建立了庞大的特务组织。早在 1927 年年底，陈果夫奉蒋介石之命组织了"中央俱乐部"（Central Club，简称 CC）。陈果夫（1892—1951 年），浙江吴兴人。1929 年国民党"三大"时，陈立夫当了国民党中执会秘书长。二陈的势力逐渐伸进各省市党部的组织部门和基层组织。从此，有所谓"蒋家天下陈家党"的说法。1933 年年初，以二陈为中心成立"国民党忠实同志会"，会长是蒋介石。在陈果夫控制的国民党中央组织部有一个"党务调查科"（后扩大改称"党务调查处"），专门从事特务活动，它就是"国民党中央调查统计局"（简称"中统"）的前身。1932 年 3 月，蒋介石指使贺衷寒、戴笠、康泽等人，打着"复兴民族"的旗号，成立了"中华复兴社"，以蒋介石为社长。复兴社成立后不久，又在内部成立了一个更为秘密的内层组织"力行社"，并建立了复兴社的外围组织。复兴社的活动范围起初主要是国民党的军事系统，后来扩展到其他方面。复兴社设有特务处（以戴笠为处长）和别动队（以康泽为头目）。这个特务系统后来隶属于军事委员会，称作"军事委员会调查统计局"，简称"军统"。蒋介石把特务组织扩展到军事、政治、经济、文化系统中去，在全国造成一种特务恐怖统治。1932年7月17日，上海反帝同盟代表大会遭特务破坏，被捕80余人。1933年4月23日，北平教育界公葬李大钊，遭到反动军警和特务的镇压，先后被捕与被杀害的竟达400多人。同年6月18日，国民党特务在上海暗杀中央研究院总干事、中国民权保障同盟总干事杨杏佛。杨杏佛（1893—1933年），名铨，江西清江人。宋庆龄、鲁迅、蔡元培均接到特务的暗杀警告。1934年11月13日，《申报》总经理史量才在沪杭公路上被国民党特务暗杀。史量才（1880—1934年），名家修，江苏江宁（今属南京市）人。国民党还通过各种渠道把特务打入共产党、革命组织和进步团体，潜入革命根据地，进行种种罪恶活动。

国民党政府为了加强对人民的统治，从1932年8月开始，在革命根据地周围地区建立保甲组织，1934年又把保甲制度推行到全国各地。这样，从中央到地方形成了一个严密的反革命统治网。

国民党除强化它的军事、政治和特务力量之外，还竭力进行文化思想方面的反动宣传。蒋介石一面大肆宣传中国固有的封建道德"四维"（礼义廉耻）、"八德"（忠孝仁爱信义和平），宣扬王阳明"致良知"的哲学；一面暗中贩卖外来的法西斯主义，把法西斯的"行动主义"搬来，说"古往今来宇宙之间，只有一个'行'字才能创造一切"。蒋介石把二者结合起来，形成了他的反动思想体系，称作"力行哲学"或"诚的哲学"。紧跟蒋介石提倡王学之后，陈立夫抛出了《唯生论》一书，宣扬唯心主义和法西斯的反理性主义。当时国民党报刊充满了"实行国民党的法西斯化""只有铁血的法西斯蒂才能救中国"之类的叫嚣。

1933年7月，蒋介石在江西庐山开办军官训练团，自任团长，对高级军官施行"精神训练"，向受训人员灌输他的反动思想和"攘外必先安内"政策。8月，又开办党政人员训练所，调训军队的高级党政人员。庐山训练团后来扩充为党政军教人员的训练团。1935年8月，又开办"峨眉军训团"。1934年2月，蒋介石在反革命军事"围剿"的大本营南昌发起所谓"新生活运动"。按蒋介石的说法，新生活运动就是使全体国民的全部生活（衣食住行）都合乎民族固有道德——礼义廉耻的运动。新生活运动的目的是要使"国民生活军事化、生产化、艺术化"，"改造社会，复兴国家"。但这不过是装饰门面的话。蒋介石发起新生活运动的真实目的是要以封建伦理道德来整治人心，禁锢人民的一言一行，让广大人民群众服服帖帖地接受国民党的封建买办法西斯独裁统治。接着公布了《新生活运动纲要》和《新生活须知》，成立了新生活运动总会，蒋介石任会长，在全国各地强制推行新生活运动。到1936年止，在国民党统治区成立新生活运动分会的县份，达到1136个。为了宣传封建买办思想和法西斯主义，国民党于1934年发起"文化建设运动"，成立中国文化建设协会，陈立夫为理事长，出版《文化建设》杂志，鼓吹"中国本位的文化建设"。所谓"中国本位的文化建设"，即以中国传统封建文化为本位，调和中西文化，形成一种"新文化"。1935年1月陶希圣等十位教授联名发表《中国本位的文化建设宣言》。之后，报刊上发表了大量关于"中国本位的文化建设"的文章。这些文章曾汇成讨论专辑出版。

如前所述，"九一八"之后，中日矛盾向着主要矛盾地位上升，由此引起中国局势的巨大变化。同时国民党政府执行"攘外必先安内"的政策，从政治、军事、特务、文化思想各方面加强了对人民的统治。

2. 共产党及革命力量经历着变化

这时作为整个中国政局的决定因素之一的共产党和它领导下的革命力量，也经历着重大变化。

1931年9月下旬，以博古为首的中共临时中央政治局成立。博古即秦邦宪（1907—1946年），江苏无锡人。临时中央政治局主张坚决抗击日本帝国主义的侵略，猛烈抨击国民党政府的不抵抗主义，号召全党同下层小资产阶级群众结成抗日反蒋统一战线，发动和领导群众开展反对日本侵略者和国民党反动统治的武装斗争。这些是符合抗日大方向的。但是，这时中共中央的路线方针政策主要是错误的。它认为九一八事变是"世界大战尤其是反苏战争的导火线"，"反苏联成为最主要的、最迫切的根本危险"，因而提出"武装保卫苏联"这样完全脱离人民抗日要求的口号；它片面强调"九一八"后帝国主义相互勾结镇压中国革命的一致性，因此认为在反对日本帝国主义的同时，必须同时"反对一切帝国主义"；它只是强调日本侵略中国是为了镇压中国革命，忽视日本侵略造成的民族危机和国家灭亡的危险；它只看到国民党政府的投降卖国，完全否认日本侵略者和中国当权派之间的矛盾，因此一再强调在反对日本帝国主义的同时，必须进行推翻国民党统治的斗争，而且"推翻国民党政府，是胜利地进行民族革命战争的先决条件"；它把国民党看成铁板一块，把国民党内各反蒋派别一律说成是"反革命的在野派别"，要统统打倒，它看不到"九一八"后民族资产阶级政治态度的变化，拒绝"国防政府"的口号；它否认中间营垒的存在，否认中间阶级的抗日民主要求，而且断定中间派别是"最危险的敌人"，"应该以主要的力量来打击"这些派别。结果对当时的抗日民主运动不但未能给以正确的领导，而且使自己陷于极端孤立。"左"倾的中共中央，还在敌人势力强大的城市，拒绝实行必要的退却和防御，拒绝利用一切合法的条件，采取为当时情况所不允许的进攻方式，组织庞大的没有群众掩护的党的机关和脱离群众的赤色群众团体，经常地无条件地号召和组织政治罢工、同盟罢工、罢课、罢市、罢操、罢岗和游行示威、飞行集会等。由于这一切，白区工作受到极大损失。但是，当时王明的"左"倾冒险主义政策还没有来得及在各个苏区贯彻，因此，那里的工农革命还在深入和扩大。

3. 中华苏维埃共和国政府的成立

1931 年 11 月，在江西瑞金召开中华苏维埃第一次全国代表大会。大会宣布成立中华苏维埃共和国临时中央政府，并通过了《中华苏维埃共和国宪法大纲》。宪法大纲规定：中国苏维埃政权所建立的是工人和农民的民主专政的国家。大会通过了劳动法、土地法以及经济政策等重要文件。这些文件是中共六届四中全会后的中央政治局和共产国际远东局共同商议起草和提交大会的，其中规定了很多"左"的错误政策。

大会选举毛泽东等人为中央执行委员，组成中央执行委员会。中央执行委员会选举毛泽东为中华苏维埃共和国临时中央政府主席，项英、张国焘为副主席。同时组成中华苏维埃共和国军事委员会，朱德为主席，王稼祥、彭德怀为副主席。中华苏维埃共和国临时中央政府的成立，标志着在中国领土内已存在着两个性质根本不同的政权。中华苏维埃共和国是广大被剥削被压迫的工农群众的政权。

4. 蒋介石国民党第四次"围剿"

中华苏维埃共和国的成立，引起了国民党反动派的极大仇视。蒋介石国民党在破坏了上海抗战和把抗日民主运动的浪潮压下去之后，于1932年6月，在江西庐山召开豫、鄂、皖、湘、赣五省"清剿会议"，确定进攻红军的"方略"为"军事与政治并重"，实行"三分军事，七分政治"的方针。下旬在武汉成立"剿匪总部"，蒋介石自任总司令，调集63万兵力向各苏区发动第四次军事"围剿"。国民党军队先以主力进攻鄂豫皖和湘鄂西两苏区。

在鄂豫皖苏区，由于中央分局书记兼军委主席张国焘的错误指导，主力红军被迫撤出，向陕南川北地区转移。不久开辟了川陕苏区。湘鄂西苏区，由于夏曦忠实地执行临时中央的"左"倾冒险主义，使红军失去了粉碎敌人"围剿"的可能，不得不放弃湘鄂西苏区，转战到湘鄂川黔边境。

蒋介石在"围剿"鄂豫皖、湘鄂西两苏区得逞后，于1933年年初集中主力部队三四十万人，向中央苏区发动第四次"围剿"。当敌人大举进攻开始时，毛泽东已离开红军的领导岗位。但是"左"倾的中共中央还没有能够消除以毛泽东为代表的正确军事思想在红军中的影响。当时指挥作战的红军总政委兼一方面军总政委周恩来和红军总司令兼一方面军总司令朱德等，坚持正确作战方针，抵制"左"倾错误意见，于二、三月间连打两个胜仗，共歼敌近三个师，俘敌万余人，缴枪万余支，取得了中央苏区第四次反"围剿"的胜利。中央苏区在第四次反"围剿"胜利后，地域扩大到湘赣闽粤四省，红一方面军发展到十万人左右，赤卫队发展到20万人。这时是中央苏区全盛时期。在1933年内，全国红军发展到30万人，达到第二次国内革命战争时期的最高峰。

蒋介石不甘心第四次"围剿"的失败，一方面大力准备新的军事"围剿"，一方面对苏区加紧实行经济封锁。1933年夏，蒋介石再次召开"剿匪会议"，研讨进一步贯彻"三分军事，七分政治"方针。国民党政府军事委员会委员长南昌行营颁发了《封锁匪区办法》和"补充办法"。办法规定凡属军用品、日用品和农民生产用的种子以及牛马牲畜等均严禁输入革命根据地，革命根据地"生产货物绝对禁止输出"，并封锁革命根据地的邮电和交通。规定"凡邻匪区、半匪区居民购买日用品，须有各保长统计本保实有人口每月所需数量按月按句代为购买发给之"；规定封锁期内，凡"与匪通消息者""与匪私相买卖者""偷运货物济匪图重利者""查获济匪货物隐匿不报图吞蚀者""对于封锁职责奉行不力者"，均"应予枪毙"。后来又制订了"邮电检查""食盐火油公卖"等具体办法。食盐火油公卖办法规定，凭单由各县政府统一制备，保甲长负责填明并签名盖章，凭单每户一张，"每人每日食盐以四钱至五钱为度"，"在邻近匪区，每户每次购买食盐或火油不得超过五日之所需"；违犯规定办法要分别情节轻重予以枪决或严办。蒋介石的打算是通过经济封锁使革命根据地军民"不能存一粒米、一撮盐、一勺水的补给"，造成根据地的"经济枯竭"，使军民无法生存，再配合军事"围剿"，彻底摧毁根据地，消灭红军。

5. "围剿"与反"围剿"的斗争

长期"围剿"和反"围剿"的斗争形势，要求苏区动员一切力量进行必要和可能的建设。

在经济建设方面，为了打破国民党的经济封锁，纠正中央苏区经济工作中的"左"倾错误，毛泽东深入群众，深入实际，亲自到江西兴国的长冈乡和福建上杭的才溪乡进行调查，抓典型，总结经验，指导根据地的经济建设和政权建设。1933年7月中央政府决定，在中央苏区召开经济建设大会，开展经济工作。8月在瑞金召开了中央苏区南部十七县经济建设大会。同月，在博生县又召开了中央苏区北部十一县的经济建设大会。经过这两次大会的号召和组织，使根据地的经济建设逐步开展起来。1934年2月，在中华苏维埃第二次全国代表大会上讨论了经济工作。毛泽东在会上作了报告和总结。大会对处于四周白色政权包围和战争条件下的革命根据地经济建设的经验和教训作了总结，提出根据地经济建设的理论和政策，初步形成新民主主义经济的思想。

共产党非常重视苏区的政权建设。第一次全国苏维埃代表大会后，各苏区普遍进行了选举。通过选举，把大批工农群众中的先进分子选进各级政权机关。1934年1月在瑞金召开了中华苏维埃第二次全国代表大会。大会总结了两年来中国苏维埃运动的经验，提出了当前的任务，具体讨论了苏维埃政权建设、红军建设和经济建设等重要问题。通过了修正的苏维埃宪法和上述各重要问题的决议。大会选出了新的中央执行委员会。由中央执行委员会第一次会议选举产生的主席团，作为执行委员会闭幕后的最高政权机关。毛泽东为中央执行委员会主席，项英、张国焘为副主席，张闻天为人民委员会主席。人民委员会及其所属的十一个人民委员部为中央行政机关。

在苏区和红军迅速扩大的时候，革命又面临着新的严重问题。1933年夏，蒋介石在签订《塘沽协定》和镇压了察哈尔抗日同盟军之后，向苏区发动了第五次"围剿"。在发动第五次"围剿"之先，蒋介石做了多方面的准备。他在南昌设立了"军事委员会委员长行营"；召开了赣、粤、闽、湘、鄂五省"剿匪军事会议"；举办庐山"军官训练团"；聘请一批德国军事专家当顾问，筹划作战方案，研究改用新的战略战术；从美英等国家购买军火，增加部队的新装备；在苏区周围修筑了几千个碉堡和建立经济封锁线等。国民党政府为这次进攻调集了100万军队，200架飞机，由蒋介石任总司令。蒋介石以50万兵力，分四路"围剿"中央苏区。

当时，中央苏区有红军主力八万多人，力量比以前加强；但是有一个非常不利的因素，就是中共临时中央对这次反"围剿"进行错误的领导。红军在博古和共产国际派来的军事顾问李德的错误指挥下，先是实行进攻中的冒险主义，继而又采取防御中的保守主义，使红军完全陷于被动地位。1933年11月，发生福建事变，蒋介石被迫抽出进攻红军的主力去镇压。此时红军应乘机突进到以浙江为中心的苏浙皖赣地区去，将战略防御转变为战略进攻。但是中共临时中央犯"左"倾错误的领导人拒绝了这个正确建议。结果，蒋介石在镇压了福建人民政府后，又集中全力继续向中央苏区推进。

1934年1月，在江西瑞金召开中共六届五中全会。五中全会对形势作了完全错误的估计，断定第五次反"围剿"的胜利"将实现一省或数省的苏维埃革命首先胜利，并奠定苏维埃革命在全中国胜利的强固基础"；这一次斗争将决定中国的"苏维埃道路与殖民地道路之间谁战胜谁的问题"。在战略战术上，全会也做出了错误的决定。这一切就使第五次反"围剿"的失败不可避免。

6. 伟大的长征与遵义会议的光辉

1934 年年初，红军在泰宁、建宁地区与敌人相持了几个月，因节节抗击不能取胜而被迫后撤。广昌失守后，红军又"分兵六路"全线防御，继续实行"短促突击"的错误战法，使红军遭受了更大的损失。到了 10 月，整个战争形势对红军越来越不利，打破"围剿"已无可能。中共中央领导人博古等决定红军主力撤离中央苏区，突围转移。10 月 16 日，中央红军连同后方机关共 8 万 6000 多人，从福建长汀、宁化和江西瑞金、雩都等地出发，向红二、六军团所在地湘西前进，开始长征。

长征开始后，中共中央领导人又在军事上犯了逃跑主义错误。虽经红军英勇苦战，连续突破了敌人的四道封锁线，渡过了湘江，但人员折损过半，减至三万余人。博古等的"左"倾错误领导使中央红军和中国革命陷入极大的危机之中。

在这生死存亡的紧急关头，毛泽东向中央建议放弃与红二、六军团会合的计划，改向敌人力量薄弱的贵州前进。毛泽东的主张得到了中央多数人的赞同。于是红军由湖南进入贵州，强渡乌江，占领遵义。

1935 年 1 月 15 日至 17 日，中共中央在遵义召开了政治局扩大会议。遵义会议集中全力纠正了当时具有决定意义的军事上的错误，作出了《中央关于反对敌人五次"围剿"的总结决议》。决议肯定毛泽东等指挥红军取得多次反"围剿"胜利的战略战术的基本原则，明确指出"军事上的单纯防御路线是我们不能粉碎敌人五次'围剿'的主要原因"，博古、李德要负主要责任。会议决定改组中央领导机构，选举毛泽东为政治局常委，并决定取消由博古、李德、周恩来组成的实际上主持政治和军事指挥的"三人团"，仍由中央军委主要负责人周恩来、朱德指挥军事。会议之后，政治局常委进行分工，决定洛甫代替博古负党的总的责任。洛甫即张闻天（1900—1976 年），江苏南汇（现属上海市）人。再后中央军委决定设置前敌司令部，以朱德为司令员，毛泽东为政治委员，并成立由毛泽东、周恩来、王稼祥组成的三人军事指挥小组，负责军事行动。王稼祥（1906—1974年），安徽泾县人。

在紧急的战争形势下举行的遵义会议，不可能全面地讨论政治问题。因此，会议的决议一般地肯定了中共中央的政治路线，也没有探讨造成军事指挥错误的深刻的政治原因。但是，遵义会议解决了当时最迫切要求解决的军事问题，又在组织上结束了"左"倾教条主义在中共中央的统治。所以遵义会议实际上确立了以毛泽东为代表的新的中央的正确领导，毛泽东思想开始在中共中央取得领导地位。这次会议在极端危险的时刻举行，挽救了中国共产党和红军，成为中国共产党历史上一个生死攸关的转折点，为中国革命开辟了走向胜利的航道，标志着中国共产党从幼年走向成熟。

遵义会议后，中央红军在新的中共中央指挥下，四渡赤水，南渡乌江，作出进逼贵阳的姿态，迫使蒋介石调动滇军援黔，红军却乘虚直入云南，巧渡金沙江，摆脱了数十万敌军的围追堵截，掌握了作战的主动权。中央红军北渡金沙江之后，由于执行了共产党的正确的民族政策，得到了彝族同胞的帮助，顺利通过了大凉山彝族地区。接着，强渡大渡河，飞夺泸定桥，翻越终年积雪的夹金山，于1935年6月到达四川的懋功，和由川陕苏区退出的红四方面军会合。这时总兵力达到十万人。中共中央于6月在两河口召开政治局会议，决定北上创造川陕甘根据地。但是张国焘却与中央方针背道而驰，主张到川康边界少数民族地区去。7月，红军到达毛儿盖。中共中央在这里召开政治局会议，决定把一、四方面军混合编成左右两路军，继续北上。

右路军在毛泽东等率领下穿过荒无人烟的草地，到达川北的巴西。张国焘在左路军经过草地到达阿坝以后，打电报给中共中央反对北上，要右路军全部南下。他甚至企图以武力危害中央。中共中央发现了张国焘的阴谋，决定迅速脱离危险区域。

9月，中共中央率领右路军的七八千人，继续北上，攻克天险腊子口，越过岷山，通过渭水封锁线。10月，翻越六盘山，抵达陕北吴起镇，与陕北红十五军团会师。

10月，在毛泽东指挥下取得了在直罗镇歼敌一个师又一个团的胜利，粉碎了国民党军对陕北根据地的第三次"围剿"，为中共中央把全国革命大本营安放在西北举行了奠基礼。

1935年10月，张国焘在卓木碉非法宣布另立"中央委员会""中央政治局""中央书记处""中央革命军事委员会"，自封为中央"主席"。

朱德、刘伯承等在艰难的处境下与张国焘的反党分裂主义进行了不懈的斗争。

张国焘的反党分裂行动，在红四方面军中是不得人心的。1936年6月张国焘不得不宣布取消他的伪中央。1935年11月，红二、六军团从湘鄂川黔根据地出发进行长征。1936年6月在西康甘孜与红四方面军会合。7月初，二、六军团编为红二方面军。贺龙任总指挥，任弼时任政治委员。任弼时（1904—1950年），原名培国，湖南湘阴人。两支红军汇合后，加大了反对张国焘错误的斗争力量。张国焘虽已取消伪中央名义，但仍自居于和中央分庭抗礼的地位。在朱德、任弼时、贺龙等力争下，召开了甘孜会议。经过同张国焘的激烈争论，会议决定北上与中央会合。张国焘分裂党和红军的罪恶活动失败了。1936年10月，二、四方面军到达甘肃会宁，同一方面军会师，伟大的长征胜利结束。在三大主力红军会师后，红四方面军主力部队和红五军团共二万余人，于11月10日组成西路军，西渡黄河向河西走廊前进。西进期间，红军指战员进行了英勇的战斗，但在优势敌人围攻下，到1937年3月，遭到最后失败。1936年12月，组成新的中央革命军事委员会，由毛泽东任主席。1937年3月，中共中央在延安召开政治局扩大会议，批评张国焘，对张国焘的机会主义错误和反党分裂活动作了总结。张国焘（1897—1979年），又名特立，江西萍乡人。后于1938年4月背叛革命，投入国民党特务集团，随即被开除党籍。

在中央红军长征后，中央苏区成立了以项英为书记的中共中央分局（后改为东南分局），同时成立了以陈毅为主任的中华苏维埃共和国中央政府办事处，继续领导留在南方各根据地的红军和游击队坚持斗争。南方八省14个地区的红军游击队坚持了三年游击战争，为中国革命做出了很大的贡献。

共产党领导下的武装力量，除了集中到西北的红军和在南方老根据地坚持游击战争的红军外，还有在东北抗日第一线的革命武装。到1933年年底，在共产党直接领导下的各支游击队已发展成东北抗日游击战争的主力。1936年，东北各抗日武装力量陆续改编为抗日联军。从1936年年初到1937年夏，东北抗日联军在南起长白山，北抵小兴安岭，东起乌苏里江，西至辽河东岸的广大地区内，开展游击战争，同日伪军进行了大小几千次战斗，粉碎了敌人的多次"讨伐"。他们的英勇斗争，打击了日本帝国主义在东北的殖民地统治。

第十一讲　新民主主义经济的产生与国民党统治区经济的变化

1. 新民主主义经济在革命根据地产生

伴随着农村革命根据地的建立和发展而产生的革命根据地的经济，是一种新民主主义经济。它是革命根据地苏维埃政权赖以生存和发展的基础，是中国社会新的经济成分，代表着中国经济发展的前途。

革命根据地的经济具有三个主要特点：

（1）它是在敌人分割包围的战争环境中产生和发展起来的；

（2）它是在落后的农业区域产生和发展起来的，因此主要是农业经济，工业很少，主要又是手工业；

（3）它是一种包括国营经济、合作社经济和私人经济多种经济成分的新民主主义经济。这是由中国的经济状况决定的，由中国革命的性质和任务决定的。

革命根据地经济的产生和初步发展，首先是实行土地革命，改封建地主土地所有制为农民土地所有制的结果。1931 年年初，明确解决了土地革命中农民的土地所有权问题后，农民的生产积极性大为提高。但是，由于国民党反动派对革命根据地的疯狂"围剿"和大批青壮年为保卫苏区的红色政权而参军参战等原因，革命根据地的农业生产出现了不少困难，其中以劳动力不足和耕牛缺乏最为严重。各革命根据地的共产党和苏维埃政府为了恢复和发展农业生产，曾经想了许多的办法，其中最根本的办法，就是把广大农民组织起来，实行劳动互助（包括劳力、耕牛和农具等的换工互助）。为此临时中央政府发布了《劳动互助社组织纲要》《关于组织犁牛站的办法》《关于组织犁牛合作社的训令》等文件。各革命根据地劳动互助组织的名称和组织形式略有差异。有的叫耕田队，有的叫劳动互助社、劳动合作社，也有的叫互助团、生产流动小组等。农业生产上劳动互助组织的出现，虽然还只是"建立在个体经济基础上（私有财产基础上）的集体劳动组织"，还不是社会主义集体所有制的经济单位。但是它已经孕育着社会主义的因素。

其次，各革命根据地都建立了新型的财政金融，以支援革命战争，保障红军和苏维埃政府的供给。财政方面，开始时革命根据地的财政收入主要依靠战争缴获和没收地主豪绅的财产。稍后，才有取之于民的财政收入，主要包括群众的捐献，红军公田的收入，发行公债和商业税、土地税等。财政支出主要用于红军的战争供给，少量用于苏维埃政府的行政费和工作人员的生活费。各革命根据地的红军官兵和苏维埃政府工作人员都实行供给制。金融方面，各革命根据地废除了封建性的高利贷剥削，没收了当铺。在废除高利贷剥削同时，各地先后建立了工农银行，同时提倡和支持发展集体集资的信用合作社。1932年年初正式成立了中华苏维埃共和国国家银行，各苏区相继成立了分行。国家银行及其分行发行了纸币。

第三，各革命根据地建立后，都努力恢复和发展农工业生产，以支援革命战争，改善群众生活。由于革命根据地处于经济落后的农村，而且大多属于山区或边界地区，农业在整个根据地经济中的地位和作用特别重要，根据地的经济可以说是"农业经济"。因此，共产党和苏维埃政府很重视农业。为了发展农业生产，除了推行互助合作运动之外，还采取了开垦荒地、积肥、兴修水利和植树造林等措施。1932年和1933年农业取得了较好的收成。工业生产，各根据地的红军和苏维埃政府，为了适应革命战争的需要，从无到有，兴办了一些简单的工业，如军械厂、印刷厂和被服厂等，其中主要是军事工业。中华苏维埃第一次全国代表大会之后，苏区的国营工业有了较快的发展。在军需工业之外，建立了纺织、煤炭、钨砂、农具、造纸等民用或供出口的工业。到1934年1月，中央苏区的国营工厂已经有32个。这是社会主义性质的经济。在苏维埃政府大力倡导之下，苏区的手工业生产合作社有了很快的发展，到1934年年初，中央苏区的兴国等17个县的手工业生产合作社发展到176个，社员3万2700多人。

第四，各革命根据地为打破敌人的经济封锁，活跃根据地经济，尽可能地保证红军的供给和改善农民生活，做了不少商业工作。例如井冈山革命根据地利用和改造了传统的农村商品交换场所——墟场，设立公营商店和公卖处，开展对白区的贸易活动等。为保持粮价的稳定，不致"谷贱伤农"，成立了苏维埃政府经营的粮食调剂局。有的地方成立了群众集股的粮食调剂局（实际上是粮食合作社）。为减轻商人的中间剥削，各个根据地先后办起了消费合作社。消费合作社的主要任务，是以合理的价格向农民销售工业品和收购农副产品。消费合作社是革命根据地新型的商业组织，它是具有社会主义因素的集体所有制经济。为组织农产品出口和工业品进口，根据地建立了外贸机构。1933年年初，在中央国民经济部属下设立了对外贸易局。1933年年底成立了中华商业股份公司，同福州、厦门、广州等地进行秘密贸易。总之，各革命根据地经过土地革命的逐步开展，废除了封建土地所有制，动摇了帝国主义和封建主义的经济基础，扩大了农民的个体经济；农民在土地改革后开展了互助合作运动，建立了劳动互助组织和消费合作社；手工业者组织了生产合作社；红军和苏维埃政府兴办了国营的工厂、商店和对外贸易机构。这一切说明，与工农民主政权的建立相适应，新民主主义经济已经在革命根据地产生了。

2. 根据地的经济在曲折中向前发展

1931年11月7日，在江西瑞金召开了中华苏维埃第一次全国代表大会。

1931年11月7—20日，中华苏维埃第一次全国代表大会在瑞金叶坪隆重开幕。出席大会的有来自中央苏区、闽西、赣东北、湘赣、湘鄂赣、琼崖等苏区的代表，以及红军、全国总工会、全国海员工会等代表，共610人。越南、朝鲜的来宾也应邀出席大会。

毛泽东代表苏区中央局向大会作《政治问题报告》。大会通过了《中华苏维埃共和国宪法大纲》以及《中华苏维埃共和国土地法》《中华苏维埃共和国劳动法》《中华苏维埃共和国关于经济政策的决定》等法律文件。大会选举产生了63人组成的中央执行委员会，作为全国代表大会闭会期间的最高政权机关；设立中华苏维埃中央革命军事委员会；宣告了中华苏维埃共和国临时中央政府的成立。从此，一个崭新的红色国家政权在世界的东方诞生了！为庆祝这次会议的召开，毛泽东提笔挥毫，欣然写下"苏维埃为工农劳苦群众自己管理自己生活的机关，是革命战争的组织者与领导者"的题词。

11月27日，毛泽东在中华苏维埃共和国中央执行委员会第一次会议上，当选为中央执行委员会和人民委员会主席，项英、张国焘（未到职）任副主席。"毛主席"之称始于此时。同时，会议产生了中央政府的各部部长（时称人民委员）。决定中华苏维埃共和国临时中央政府设在江西瑞金（改名"瑞京"）。于是，瑞金成为中华苏维埃共和国的首都，成为全国苏维埃运动的心脏和枢纽。

12月1日，中央执行委员会发布第一号《布告》，庄严宣布中华苏维埃共和国成立。中华苏维埃政权体制由全国中华苏维埃代表大会、中华苏维埃中央执行委员会、中央执行委员会主席团、人民委员会、最高法院、审计委员会等部分组成。全国中华苏维埃代表大会是中华苏维埃共和国最高政权机关。全国中华苏维埃代表大会闭会期间，中央执行委员会成为中华苏维埃共和国最高政权机关。中央执行委员会闭会期间，选举主席团为最高权力机关。人民委员会则为中央执行委员会的行政机关，最高法院为中央执行委员会的司法机关。

这个政权性质是无产阶级领导的反帝反封建的新民主主义革命的人民民主专政；它宣布中华民族的完全自主与独立，不承认帝国主义在华的一切政治经济特权；"在苏维埃领域帝国主义的海陆空军不容许驻扎"。大会通过宪法大纲、土地法、劳动法、妇女法等，规定没收地主阶级土地，分配给贫农、中农。

临时中央政府于1932年4月26日发出对日宣战通电，宣告它将"领导工农红军和全国广大被压迫民众以民族革命战争驱逐日本帝国主义出中国，反对一切帝国主义实行瓜分中国，以求得中华民族彻底的解放和独立"。

大会通过的《中华苏维埃共和国宪法大纲》《土地法》《劳动法》以及《关于经济政策的决议案》等文件，都包含有"左"倾错误的内容。例如土地法规定了地主不分田、富农分坏田的过"左"土地政策；劳动法脱离革命根据地的实际情况，机械地推行八小时工作制，规定了过高的物质福利等。这些曾给根据地的经济带来了不利的影响。根据地的经济在曲折中向前发展。

3. 国统区半殖民地半封建经济并没有变

国民党政府在确立它在全国统治地位的过程中，逐步走上了对全国经济的垄断地位。而国民党统治区经济的半殖民地半封建性质并没有变化。

1929 年世界资本主义经济危机爆发后，各帝国主义国家竞相扩张在华的经济势力，加紧对中国的经济侵略。帝国主义国家的经济侵略，首先是向中国倾销"过剩"产品。1929 年之后，中国进口激增，而出口却大大减少。1929 年入超 3 亿元，1931 和 1932 两年入超额达 8 亿 1000 万元和 8 亿 6000 万元，这是前所未有的。在各种进口货物中，农产品增长最多。其次是扩大对华资本输出，加强对中国经济命脉的控制。从 1930 年至 1936 年，各国在华投资（包括贷款）平均每年增长 1 亿 3000 万美元。到 1936 年，各国在华资本总额已达 43 亿美元。此时，中国的重工业主要为外国资本所垄断。

1936 年，外国资本控制了中国生铁产量的 95%，钢产量的 83%，机器采煤量的 66%，发电量的 55%。在比较发达的轻工业部门，外资也占了优势。在纺织工业中，外国资本占有纱锭数的 46% 和织布机数的 56%。

财政金融更是处在帝国主义的支配之下。势力雄厚的英国汇丰银行，操纵着中国外汇价格，享有发行兑换券、经理外债、保管关税盐税等特权。从 1927 年到 1937 年，国民党政府公开举借的外债有 14 笔，约 4 亿美元。其中 1933 年的棉麦借款为 5000 万美元。帝国主义在华经济势力的扩张，使中国半殖民地化的程度更加深了。东北则沦为日本的占领地，脱离了中国国民经济体系。

在帝国主义加紧经济侵略的同时，国民党政府依靠帝国主义的支持，凭借政治军事权力，巧取豪夺，迅速集中了大量财富，逐步形成了以蒋、宋、孔、陈为代表的国民党官僚资本。它是中国半殖民地半封建的国家垄断资本主义，构成了国民党反动政权的重要经济基础。国民党官僚资本是从接收北洋军阀政府旧有官僚资本企业而来的，但这部分资本数量有限。以四大家族为代表的官僚资本家，主要是靠买办和内战起家的。

四大家族以蒋介石为首的封建买办统治集团，即蒋介石、宋子文、孔祥熙和陈果夫、陈立夫四大家族，是国民党官僚资产阶级的代表。抗战开始以后，四大家族利用战争时期的新情况，极力加强官僚资本在整个国民经济中的垄断地位，大发国难财，使官僚资本迅速膨胀。四大家族官僚资本的迅速膨胀和垄断地位的加强，是依靠政治特权和经济掠夺来实现的。它掠夺的对象不只有工人、农民和城市小资产阶级，而且有民族资产阶级和中小地主。

蒋介石集团为了镇压人民和消灭异己，连年发动内战。随着内战的扩大，军费开支也跟着增长，仅据公开的数字，1928 年为 2 亿 1000 余万元，1934 年为 4 亿 4000 余万元，增加一倍以上。为了筹措军费，国民党政府一面加紧财政搜刮，一面滥发公债，以四大家族为代表的官僚资本便从中攫取大量财富。从 1927 年至 1937 年，国民党政府共发行公债 26 亿元以上，其中绝大部分用于军费开支。历年发行公债，主要是向金融界推销。一般是五折、六折或七折押给银行，而按票面十足偿还，并有很高的利息。所以经营公债，可以得到很大的好处。以四大家族为代表的官僚资本既可以通过国家政权发行公债，又可以通过银行垄断公债的经营，从转手中攫取大量财富。

以四大家族为代表的官僚资本还从军火买卖中取得巨额回扣。国民党政府进行内战的军火几乎全部依赖外国。大宗的军火贸易为官僚资本所垄断，而买办军火的折扣是很大的，有时高达 40%。此外，为了打内战而进行的公路修建，车辆器材燃料等军用物资的购运，也都成了官僚资本获得财富的好买卖。

以四大家族为代表的官僚资本的急剧膨胀，一方面取决于从内战和买办活动中积聚大量财富，另一方面取决于种种独占经济活动的完成。它首先垄断了全国的金融事业。1928 年 11 月，国民党政府在上海成立中央银行。在此前后又以强制加入"官股"的办法控制了中国银行和交通银行。1933 年设立鄂豫皖赣四省农民银行，1936 年改为中国农民银行。四行之外，国民党政府设立了中央信托局、邮政储金汇业局两个金融机构，垄断信托保险等事业。四行二局是以四大家族为代表的官僚资本金融垄断的中心机构。此外，国民党政府利用政治和经济特权控制了"小四行"（新华信托、中国通商、四明、中国实业四个银行）、"北四行"（金城、盐业、中南、大陆四个银行）和"南三行"（上海、浙江实业、浙江兴业三个银行）等二流银行。这样就在全国建立了一个垄断金融网。

以四大家族为代表的官僚资本在完成金融垄断的同时，开始了垄断工商业和国民经济各部门的活动。商业方面有孔祥熙的"祥记商行"及其他七八个大商行，专门经营匹头、颜料、煤油等货物。宋子文的中国棉业公司，操纵全国的花、纱、布市场；华南米业公司，垄断了洋米入口；国货联营公司，垄断了全国国货和洋货的买卖。陈家在各地也有商行。宋子文（1894—1971 年），广东文昌（今属海南）人。孔祥熙（1880—1967 年），字庸之，山西太谷人。工矿业方面，国民党政府在 1928 年、1931 年和 1936 年先后设立了"全国建设委员会""全国经济委员会"和"全国资源委员会"。通过资源委员会，国民党政府建立了一批新的官办企业。到抗战爆发前，资源委员会有下属厂矿 11 个。建设委员会也抢夺和吞并了几个企业。抗战前国民党官僚资本在工业中大约占不到 15%，但是，它已掌握了全国大部分铁路和公路，左右着三分之二的国内商品流通，垄断了中国的金融，通过货币、信用和外汇政策掌握了民族工商业的命脉。总之，这一时期已经形成了以四大家族为首的国家垄断资本主义。

4. 中国经济的发展形势丧失

由于帝国主义在华经济势力的扩张，官僚资本对国民经济的控制和掠夺，国民党军阀连年内战的破坏和苛捐杂税的不断增加，中国整个国民经济处于凋敝或发展迟缓的状态。

在这期间，中国民族资本发展的道路是曲折的。1925 年五卅运动爆发以后，在革命和抵货运动推动下，中国民族资本又有缓慢发展，资本主义生产关系的范围也扩大了。1929 年开始的世界资本主义经济危机，并未立即波及中国，中国民族资本的缓慢发展持续到 1930 年。从 1931 年起，由于资本主义国家相继放弃金本位，银价回升，中国市场物价下跌，更加上东北广大市场和资源的丧失，洋货跌价倾销和日货走私进口等原因，中国民族资本的发展遇到危机，呈衰退状态。

注册工厂与资本额从1931年起明显下降，工厂改组与闭歇者增加，开工率严重不足。1934年由于美国货币贬值和实行购银法案，更使这一危机加重。中国广大农村的经济则由于帝国主义、封建主义和官僚资本主义的掠夺，加上国民党军阀连年不断的内战和严重的自然灾害而陷于破产的境地。从1927年到1935年，农村年年都有大灾。1931年发生长江大水灾，受灾地区有十几个省，灾民5000万。1935年又发生水灾，江西、安徽、湖北、湖南四省，灾民即超过1000万。

国民党政府连年忙于内争和内战，不搞经济建设。1931年制订了一个"中国工业化"的"十年计划"，但结果仅是为军事需要修建了一些铁路（主要有浙赣铁路、粤汉铁路株韶段、陇海铁路灵宝段、江南铁路、淮南铁路和苏嘉铁路等）和公路（共四万多公里）；设立了航政局，将招商局收归国营，开设内河及沿海航运；与美国合组中国航空公司，与德国合组欧亚航空公司，两个公司的飞机飞行于国内少数重要城市；邮电业的发展主要是服务于军事需要；水利方面虽然特设了黄河、长江、淮河、粤江等水利委员会，负责河道疏浚、防洪、筑堤等事宜，但成绩几乎等于零。国民党政府的所谓"十年建设"有一些成绩，但很小。

1935年11月，国民党政府在英国的支持下进行币制改革，把中国的货币统一为"法币"，集中法币发行权，将白银收归国有，并把法币纳入英镑集团。这就是所谓的"法币政策"。

1936年5月，国民党政府和美国政府签订了中美白银协定，又把法币与美元挂钩。法币政策的实施，一方面是国民党政府对全国的一次搜刮，使以四大家族为代表的官僚资本完成了对全国金融的垄断；另一方面全国货币的统一，便利了商品的流通，而由于采取货币减值的办法，增加了货币流通量，使物价回升，刺激了农工商业的发展。在国民党政府推行法币政策的同时，世界各资本主义国家逐步摆脱了经济危机，走上恢复阶段，出现了短暂的"繁荣"。中国大规模内战，这时已基本停止。全国大部分省区风调雨顺，农业丰收。在这些有利因素的影响下，1936年的中国国民经济出现了好转的局面，民族资本主义的发展达到中国历史上的最高峰。1936年，中国的农业生产，除四川、河南、广东三省受灾外，全国均获丰收。重要谷物的产值达法币56亿元，比1933年至1935年的平均产值高出17亿元，几乎增加了45%。主要农作物的产量与1935年相比也大幅度增长，棉花增加78.4%，小麦增加8.3%，大豆增加13.8%，稻子、高粱、芝麻、烟叶等也都比历年的产量高。农业生产的增长，使农民的购买力有所提高，促进了工商业的发展。1936年的工业品总产值为122亿元，比1936年增加11%，棉纱增加29%，水泥增加26.2%。火柴增加18.8%，电力供应增加8.1%。1937年上半年，仍继续有所增长。1936年对外贸易入超大为减少。1936年的工农业总产值比1935年增加了8%。1936年资本主义生产占全部工业总产值的58.6%。官僚资本与民族资本在工业的资本额中分别占12%和88%。但是，好景仅仅是昙花一现，1937年7月，日本帝国主义发动全面侵华战争。此后，全国进入战争状态。由于战争对经济的巨大破坏，由于继续膨胀的官僚资本的腐朽性及对整个国民经济的破坏性，总的来说，此后中国经济的发展形势便丧失了。

第十二讲 由国内战争向抗日战争的过渡

1. 《何梅协定》与策动华北五省"自治"

　　1935 年日本帝国主义发动华北事变，制造一系列事端，策划把华北五省（河北、山东、山西、察哈尔、绥远）从中国分离出去。它策动华北五省"自治"采取的第一个步骤是迫使国民党中央的势力退出平津和河北，削弱国民党中央对地方势力的控制。1935 年 5 月，日本制造和利用一些借口，向国民党政府军事委员会北平分会代理委员长何应钦提出对华北统治权的无理要求，并从东北调军队入关进行军事威胁，声称中国如不接受日方要求，日本将采取"自由行动"。国民党政府继续妥协退让。于 6 月初颁布了"敦睦邻邦令"，并派何应钦和日本华北驻屯军司令官梅津美治郎谈判。双方经过多次交涉，7 月 6 日何应钦致函梅津，"承诺"日方的要求。何应钦的"承诺"包括：取消河北省和平津两市的国民党党部；撤退驻在河北省的东北军、中央军和宪兵第三团；撤换河北省主席和平津两市市长；取缔反日团体和反日活动等。这一信函，习惯上称作《何梅协定》。同年 6 月，日本制造借口迫使察哈尔省民政厅长秦德纯与日军代表、特务头子土肥原签订了《秦土协定》（即《察哈尔协定》），内容包括：保证日人在察省自由来往；取消在察省的国民党机构；二十九军从察哈尔全部撤退；察省主席撤职；成立察东非武装区等。从此，中国在冀察两省的主权大部丧失。

　　日本帝国主义在迫使国民党中央的势力退出华北后，随即积极策动华北五省脱离中国，实行"自治"，同时加紧对华北进行经济侵略。这些行动从根本上威胁了国民党在华北的统治。10 月，日本内阁会议通过广田外相的"对华三原则"：一、中国取缔一切排日运动；二、承认"满洲国"，建立日"满"华经济合作；三、中日共同防共。同时，正式通过了"鼓励华北自主案"。会后，日本外交人员向国民党政府进行"广田三原则"的交涉，而日本关东军和华北驻屯军则在华北大肆煽动"自治"运动。

11月6日，土肥原带着所谓"华北高度自治方案"到达天津，压迫宋哲元于11月20日宣布"自治"。关东军司令官南次郎与土肥原的活动紧密配合，命令关东军在15日以前作好从长城外向华北进军的准备，并令空军作好在20日进驻平津的准备。至此，华北危机达到顶点。为了阻止华北"自治"，国民党政府采取了一些对策，如派军事委员会参谋本部参谋次长熊斌北上对宋哲元进行工作，同时调动部队在南京附近进行特别大演习，并令其中的一部分部队北上佯动。日本未能迫使宋哲元在11月20日宣布"自治"，因而继续向宋哲元施加压力，迫令他在11月30日宣布"自治"。

11月25日，在日本侵略者唆使下，河北省滦榆区行政督察专员殷汝耕在通县宣布"脱离中央自治"，成立"冀东防共自治委员会"（后改称"自治政府"）。国民党政府行政院召开紧急会议，决议撤销北平军分会，其职务由军委会直接处理；特派何应钦为行政院驻平办事长官；特派宋哲元为冀察绥靖主任；殷汝耕免职拿办。蒋介石既不允许华北脱离南京国民党政府管辖而宣布"自治"，又慑于日本的武力威胁，于是派何应钦北上，与宋哲元等商议解决华北危机办法。12月11日，国民党政府明令设置冀察政务委员会，由宋哲元任委员长。宋哲元（1885—1940年），字明轩，山东乐陵人。冀察政务委员会名义上虽然隶属于南京国民政府，但实际上具有相当大的独立性，日本帝国主义和亲日汉奸势力对它有很大影响和控制力。冀察政务委员会的成立并没有缓和中日之间的矛盾。

日本帝国主义不以成立这样一个政权为满足，继续支持"冀东防共自治政府"，并欲使冀察政务委员会尽快与之"合流"。至此。对国民党政府来说，如果不想把华北拱手让给日本，那就再也无路可退了。

2. 一二·九运动

在民族危机进一步加深，国内阶级关系进一步发生新的变动的情况下，1935年9月1日，中国共产党驻共产国际代表团以中国共产党中央委员会、中华苏维埃中央政府的名义发表《为抗日救国告全体同胞书》，即"八一宣言"。

宣言呼吁和号召各党派、各界同胞、各军队"停止内战，以便集中一切国力（人力、物力、财力、武力）去为抗日救国的神圣事业而奋斗"；组织全中国统一的国防政府和全中国统一的抗日联军。这一宣言获得了全国广大人民的拥护。10月，中共中央和中央红军到达陕北，给了全国革命人民很大的鼓舞。这两件事进一步推动全国抗日民主运动的新高涨。

12月9日，北平五六千名爱国的大中学校学生，在中国共产党领导下，举行了声势浩大的反日救国示威游行。游行群众向国民党政府驻华北的代表请愿，要求"停止内战，一致抗日"，高呼"反对华北自治""打倒日本帝国主义"等口号。游行示威的学生队伍遭到军警的镇压。次日，北平全市学生举行总罢课，抗议反动当局的暴行，并酝酿更大规模的斗争。12月16日，冀察政务委员会准备成立。这一天北平学生一万多人冲破军警的包围袭击，举行声势浩大的群众大会和示威游行，反对成立冀察政务委员会，反对华北任何傀儡组织，反对华北"自治"。华北当局再一次对学生进行了镇压。北平学生的爱国行动，得到了全国各地学生的广泛响应和支持。一二·九运动，标志着中国抗日民主运动新高潮的到来。一二·九运动后，先进青年在中国共产党的指引下，深入工厂、农村和抗日前线，走上了与工农兵群众相结合的道路。

3. 中共中央召开陕北瓦窑堡政治局会议

华北事变后，国家民族危机的日益深重和抗日民主运动新高潮的到来，要求中国共产党对形势做出科学的分析，并根据这种分析制定出新的正确的政治路线和革命策略。为此，中共中央于 1935 年 12 月中旬至下旬在陕北瓦窑堡召开政治局会议。

25 日通过了《关于目前政治形势与党的任务决议》。会议正确地认识到目前时局的基本特点是日本帝国主义正在准备把中国由各个帝国主义的半殖民地变为日本一国的殖民地。指出："党的策略路线是在发动、团结与组织全中国全民族一切革命力量去反对当前主要的敌人——日本帝国主义与卖国贼头子蒋介石。""只有最广泛的反日民族统一战线（下层的与上层的），才能战胜日本帝国主义与其走狗蒋介石。"会议决定把苏维埃工农共和国改为苏维埃人民共和国，再改为民主共和国，并调整自己的政策。会议决议明确指出，在目前，"'左'的关门主义，是党的主要危险"；但同时也要同右倾机会主义做斗争。会议后，毛泽东根据会议精神，在党的活动分子会议上作了《论反对日本帝国主义的策略》的报告。

会议的决议和毛泽东的报告所阐述的关于建立抗日民族统一战线的理论和策略，既说明了在抗日前提下，有可能和有必要与民族资产阶级以至地主买办阶级中的一部分建立统一战线，也着重说明了无产阶级在统一战线中能够和必须掌握领导权；既着重批判"左"倾教条主义在政治策略上的错误，也提醒全党警惕 1927 年由于无产阶级放弃领导权而使革命遭到失败的教训。这次会议是共产党政治路线转变的起点，是一次极端重要的会议。它为迎接抗日新高潮的到来做了理论上和政治上的准备。

4. 蒋介石对日继续妥协退让并坚持"剿共"

华北事变严重地威胁了国民党在华北的统治地位。日本帝国主义无止境的侵略欲望已非蒋介石妥协退让政策所能满足，而全国抗日救亡运动高潮的掀起，也不允许蒋介石继续推行他的对日政策。这时英美与日本的矛盾也在不断扩大。在这种情况下，国民党及其政府和军队进一步发生分化，国民党左派在抬头，英美派的势力和影响在上升，亲日势力受到抨击。

1935 年 11 月初，在国民党四届六中全会期间，汪精卫被刺受重伤，出国治疗，亲日势力受到打击。同月，中国国民党召开了第五次全国代表大会。大会在内政方面仍坚持"铲除残余之赤匪"这一反动方针。在外交方面，蒋介石发表了对外关系演说，表示"和平未到完全绝望时期，决不放弃和平，牺牲未到最后关头，也不轻言牺牲"，"以抱定最后牺牲之决心，而为和平最大之努力，期达奠定国家复兴民族之目的"。蒋介石的对外关系演说表示国民党对日外交开始发生变化。大会通过了接受宪法草案的决议，授权五届中执会对宪草修正后公布，并决定召开国民大会。"五全"大会后，国民党召开五届一中全会，推选林森为国民政府主席，蒋介石接替汪精卫任行政院院长。行政院作了改组。这反映了国民党内亲英美势力和亲日势力之间裂痕的增大。以蒋介石为首的国民党实权派虽然仍旧抱着"剿共"政策不放，还继续与日本侵略者搞妥协，但是已经不得不轻微地修改原来执行的政策。总之，从国民党"五大"之后，开始出现了一些微弱的但却值得重视的新迹象。

国民党"五大"之后，蒋介石的对日政策在继续变动。他亲自参与以广田三原则为基础的中日外交谈判。他以接受广田三原则为条件要求日本停止策动华北"自治"，但没有达成协议。蒋介石被迫同意设立冀察政务委员会。

这时国民党的一个重要活动是蒋介石密令陈立夫派人通过各种渠道同中国共产党联系，进行秘密谈判。他的用意是通过谈判达到"收编"红军的目的。这表示蒋介石对红军采取了"剿""抚"并用的政策，代替单纯"剿"的政策。但是，这样也就使国共两党间由于多年战争造成的完全对立的关系开始有了松动。

1936年年初，蒋介石把与日谈判的责任交给外交部长张群，让张群在谈判中采取拖延的策略。3月，张群和日本驻华大使有田就调整中日关系举行了四次会谈。由于国民党政府对日政策开始转硬，日本没能从谈判中得到它要得到的东西。

5. "两广事变"是向蒋介石挑战的行动

1936年6月发生"两广事变"。广东的陈济棠和广西的李宗仁、白崇禧宣布北上抗日，并联合出兵湖南，准备同蒋介石的军队作战。这是一个在抗日旗帜下公开向蒋介石挑战的行动。全国人民要求抗战反对内战，希望和平解决两广事件。蒋介石收买了陈济棠部下余汉谋等，迫使陈济棠下台。到 9 月，蒋介石又和李宗仁、白崇禧达成协议，两广事变和平解决。

7 月，国民党召开五届二中全会，决定成立国防会议，以蒋介石为议长。会上蒋介石对国民党"五大"确定的外交方针作了解释，明确地表示了决不签订承认"伪国"的协定，并说"假如有人强迫我们签订承认伪国等损害领土主权的时候，就是我们不能容忍的时候，就是我们最后牺牲的时候"。九、十月，张群与日本驻华大使川越举行了八次会谈，日方要求在"华北共同防共"，中方则要求取消上海、塘沽两停战协定和冀东伪政权。蒋介石指示张群"应以完整华北行政主权为今日调整国交最低之限度"。中日交涉停顿。1936 年 11 月，伪军在日军配合下，大举进犯绥远，驻绥远的傅作义部奋起抵抗，击溃了日伪军的进犯，收复百灵庙。绥远抗战受到全国人民的热烈赞扬和积极支援。国民党政府对这次抗战采取了比较积极的态度。

6. "逼蒋抗日"及全国抗日救亡之高涨

一二·九运动以来，中国国内形势迅速地朝着抗日的方向发展。这是一个极大的变化。为了贯彻瓦窑堡会议确定的抗日民族统一战线策略方针，中国共产党根据新时期的总路线和总任务，调整了各项政策，进行了艰巨而又复杂的斗争。

1936 年 2 月，中国共产党组织了中国人民红军抗日先锋军，东渡黄河，进入山西发动群众抗日，并准备开赴华北前线，与日本帝国主义直接作战。蒋介石调了十个师号称 20 万人的兵力开入山西，协同阎锡山阻拦红军东进。为避免大规模内战，损耗国防力量，东征红军撤回河西。5 月 5 日发出通电，号召"停战议和，一致抗日"。

红军回师之后，中共中央决定红军西征，以巩固和发展陕甘革命根据地，扩大红军，争取西北抗日力量的联合。为了联合回族人民共同抗日，中华苏维埃中央政府于 1936 年 5 月 25 日发表对回族人民的宣言。宣言说："我们联合回族中自己的一切武装力量，并帮助其发展。""回汉两大民族亲密的联合起来，打倒日本帝国主义与汉奸卖国贼。"

在两广事变和国民党五届二中全会后，中共中央决定放弃"反蒋抗日"

口号，并于 1936 年 8 月 25 日致书中国国民党，正式公开宣告愿同国民党"重新合作，共同救国"。之后，毛泽东、周恩来分别致书国民党重人士，呼吁促成第二次国共合作。9 月 1 日，中共中央向党内发出《关于逼蒋抗日问题的指示》，指出："目前中国人民的主要敌人，是日本帝国主义，所以把日本帝国主义与蒋介石同等看待是错误的，'抗日反蒋'的口号，也是不适当的。"我们的总方针是"逼蒋抗日"。同月中共中央又作出《关于抗日救亡运动的新形势与民主共和国的决议》。决议指出："推动国民党政府及其军队参加抗日战争，是实行全国性大规模严重的抗日武装斗争之必要条件。"为此决定用民主共和国的口号，代替苏维埃人民共和国的口号。

7. 刘少奇实现党在白区工作的彻底转变

瓦窑堡会议后，共产党的白区工作也开始转变。以刘少奇为首的中共中央北方局，为实现党的白区工作的彻底转变，开展了一系列工作，为建立抗日民族统一战线，做出了重大贡献。刘少奇（1898—1969 年），原名渭璜，曾用名胡服等，湖南宁乡人。

刘少奇，1898 年 11 月 24 日生于湖南省宁乡县。少年时读过私塾，1919 年中学毕业。

1920 年，刘少奇加入中国社会主义青年团。1921 年他到苏俄莫斯科东方劳动者共产主义大学学习，同年加入中国共产党。1922 年从莫斯科回国，在中国劳动组合书记部工作。不久到江西安源煤矿，同李立三等领导安源路矿工人大罢工。1925 年，在第二次全国劳动大会上，他当选为全国总工会副委员长。此后在上海、广州、武汉参加五卅运动、省港大罢工和武汉工人群众收回汉口英租界的斗争。1927 年在中共第五次全国代表大会上当选为中央委员。大革命失败后，他先后在河北、上海、东北从事党的秘密工作。1930 年夏，他出席在莫斯科召开的赤色职工国际第五次代表大会，当选为执行局委员，留在赤色职工国际工作。1931 年 1 月在中共六届四中全会上当选为政治局候补委员。同年秋回国，任中共临时中央职工部部长、全国总工会党团书记。1932年冬进入位于江西省南部和福建省西部的中央革命根据地，领导职工运动，后任中共福建省委书记。1934年10月参加长征。1935年1月在贵州省遵义县城召开的中央政治局扩大会议上，他支持毛泽东的正确主张。1936年春赴华北，先后任中共中央代表、北方局书记，坚定地执行了中共中央关于建立抗日民族统一战线的新政策。

1937年抗日战争后，他坚持深入敌后、发动群众、开展游击战争的方针，领导了开创华北敌后抗日根据地的工作。1938年11月任中共中央中原局书记，随后组织力量深入华中敌后，开展游击战争。1941年国民党阴谋制造的皖南事变，使新四军蒙受惨重损失。此时，他被任命为新四军政治委员和华中局书记，同陈毅等一起扭转了新四军的困境，恢复和发展了长江中下游地区的抗日武装力量，扩建了华中抗日根据地。1939年至1941年，他作了《论共产党的修养》等演讲，丰富了党的建设的理论。1943年，刘少奇回到延安，任中共中央书记处书记和中央革命军事委员会副主席。1945年在中共第七次全国代表大会上作修改党章的报告，对毛泽东思想作了完整概括和系统的论述。同年8月，日本宣布投降，毛泽东赴重庆同蒋介石谈判。在此期间，他代理中共中央主席职务。1947年3月，国民党军队攻占延安，毛泽东、周恩来、任弼时等留在陕北指挥全国解放战争，刘少奇任中共中央委员会书记，转移到华北，和朱德一起负责中共中央委托的工作。同年7—9月，在河北省平山县主持召开全国土地工作会议，这次会议确定的方针，进一步推动了解放区土地改革运动的发展。

1969年11月12日，刘少奇病逝。他的主要著作收入了《刘少奇选集》。

一二·九运动后，全国抗日救亡运动进一步高涨。1936年年初，北平、天津、上海等地学生纷纷去工厂、农村，宣传抗日。2月，成立了共产党领导下的革命青年团体——中华民族解放先锋队。5月，全国学生救国联合会在上海成立。

8. 沈钧儒、邹韬奋等全国各界救国会领袖

在全国各抗日阶级、阶层、团体的抗日救亡运动迅速发展起来的基础上，1936年5月31日至6月1日在上海召开了全国各界救国联合会成立大会，发表了《全国各界救国联合会成立大会宣言》和《抗日救国初步政治纲领》。宣言说，全国各界救国联合会是"一个全国统一的联合救国阵线"，现阶段的主要任务是"促成全国各实力派合作抗敌"。宣言向各党各派建议立刻停止军事冲突，立刻派遣正式代表进行谈判，制定共同抗敌纲领，建立一个统一的抗敌政权。7月15日，沈钧儒、陶行知、章乃器、邹韬奋四人发表《团结御侮的几个基本条件与最低要求》的宣言性文章，表达了全国人民要求停止内争、共同抗日和争取人民自由民主权利的意见和主张。这个文件产生了很大的影响。伴随着全国抗日救亡运动的开展和全国各地救亡团体的成立，救亡刊物大量涌现。

但是，脱离国民党控制的自动自主的有组织的抗日民主运动，是国民党绝对不允许的。11月23日，国民党政府以"危害民国"的罪名，逮捕了全国各界救国会领袖沈钧儒、章乃器、邹韬奋、李公朴、王造时、沙千里、史良七人。这就是"七君子事件"。事件发生后，全国各界举行了援救运动。沈钧儒（1875—1963年），字秉甫，号衡山，浙江嘉兴人。邹韬奋（1895—1944年），名恩润，江西余江人。如前所说，蒋介石虽然派人同共产党进行接触，但并没有放弃"剿共"政策。

沈钧儒，清光绪时进士，曾出席国际民主法律工作者协会第五届代表大会，当选为国际民主法律工作者协会副主席。

沈钧儒于1926年任浙江省临时政府政务委员兼秘书长；1928年后任上海法科大学教务长，并执律师业务；1933年参加中国民权保障同盟；1935年年底领导成立上海文化界救国会，发表宣言支持"一二·九"学生运动；1936年救国会又发表救国宣言，同年5月参与宋庆龄、马相伯等领导成立的全国各界救国联合会，11月与邹韬奋、李公朴等七人被国

民党反动派逮捕入狱，坚贞不屈，直至 1937 年 7 月才获释。

沈钧儒于 1938 年代表救国会任国民参政会参政员。抗日战争时期，曾组织平民法律扶助会，为被迫害的人民、抗日军人家属及进步图书杂志义务辩护，还在汉口筹组抗日救亡总会；1941 年倡议组织中国民主政团同盟，后改组为中国民主同盟，抗战胜利后，任中国人民救国会主席；1946 年 1 月代表民盟参加旧政治协商会议，为争取全国的和平民主而斗争，当国民党反动派撕毁旧政协决议，下令召开伪国民大会时，曾代表民盟发表声明，坚决反对伪国大；1947 年民盟被国民党反动派非法解散，1948 年年初在香港主持民盟一届三中全会，发表紧急声明，坚决与中国共产党合作，终于促使民盟走上革命道路；同年 5 月响应中共"五一宣言"，9 月赴东北解放区，次年春到北京，参加新政治协商会议的筹备工作。

之后，沈钧儒历任中华人民共和国中央人民政府委员、最高人民法院院长、全国人民代表大会常务委员会副委员长、政协全国委员会副主席、中国民主同盟中央主席。

邹韬奋，中国卓越的新闻记者、政论家、出版家，乳名荫书，曾用名李晋卿。他先后就读于福州工业大学、上海南洋公学附属小学、南洋公学中院，1919 年由南洋公学上院机电工程科转入上海圣约翰大学文科。

邹韬奋之所以在舆论界独树一帜，是因为他在抗战前国民党对日本妥协时期，不避个人安危，力主抗日，在抗战以后，他所办的刊物和书店，一直高举抗日旗帜，他的爱国思想正是韬奋精神。后来，他受国民党迫害而被迫流亡，一直到停止呼吸，但他仍为自己的理想而奋斗不息。

9. 张学良、杨虎城与震惊中外的西安事变

1936 年 10 月，蒋介石到西安、洛阳进行"剿共"部署，将他的嫡系部队约 30 个师调到以郑州为中心的平汉、陇海铁路沿线，随时准备开赴陕甘地区。他压迫驻在陕西的张学良的东北军和杨虎城的第十七路军继续"剿共"。中国共产党对张杨的部队采取争取与团结的政策。1936 年 2 月，杨虎城和中共代表达成互不侵犯、互派代表等项协议。4 月 9 日，周恩来到东北军驻地肤施（延安）同张学良举行秘密会谈，商定了红军与

东北军互不侵犯等事项。从 1936 年上半年开始，红军和东北军、第十七路军之间，实际上停止了敌对状态。蒋介石于 10 月 31 日，下达对红军的总攻击令。红军被迫应战。11 月 21 日，在甘肃环县山城堡歼灭胡宗南部七十八师，粉碎了蒋军的进攻。这是结束国内战争的最后一仗。12 月初，蒋介石又亲飞西安"督剿"，以临潼华清池作为"行辕"。蒋介石调集的部队纷纷开赴潼关，战云笼罩西北。蒋介石逼迫张学良、杨虎城进攻红军，中央军在后接应督促。如张杨不服从命令，他即将东北军、第十七路军调出，由中央军进驻陕甘。这是蒋介石的一箭双雕之计。张学良以国家民族的大义多次劝蒋改变内战政策，实现全国抗日，均被蒋介石拒绝。张学良别无办法，经与杨虎城密商，决定发动"兵谏"，扣留蒋介石，强迫他抗日。杨虎城（1893—1949 年），名彪，号虎城，陕西蒲城人。

杨虎城，幼名长久，曾用名音忠，出生于农民家里。父亲杨怀福，母亲孙一莲，以农业为业，家境贫寒。杨虎城读过两年私塾，为人佣工。1908 年，杨父被清绞杀，使杨虎城更加仇视清廷，他便联络贫苦农民，抗御暴政。1911 年，杨虎城投身于辛亥革命运动，1917 年，参加陕西民主革命早期仅有的一支武装力量靖国军，后又参加国民军。1924 年，他参加国民党，拥护孙中山联俄、联共、扶助农工三大政策。他先后担任师长、军长、十七路军总指挥、陕西省政府主席、西安绥靖公署主任、国民党中央监察委员等职。杨虎城的一生，由蒲城起事，反清抗暴，讨袁护法，转战关中，坚守西安，出师北伐，回陕主政，被迫内战，直到呼吁抗战，张、杨合作，实行"兵谏"，逼蒋抗日。1936 年 12 月 12 日，杨虎城同张学良一起，拥护共产党的抗日民族统一战线政策，坚持抗日，反对内战，发动了震惊中外的"西安事变"。此后，他被迫出国，后回国，过囚禁生活达 12 年之久。1949 年 9 月 17 日，被蒋介石下令杀害于重庆中美合作所，终年 56 岁。

12 月 12 日，张学良、杨虎城下令在临潼华清池扣留了蒋介石。同时在西安拘捕了陈诚、卫立煌等十多人。

事变发生后，张、杨联合发出通电，说明事变动机完全在于抗日救国。对蒋介石本人"保其安全，促其反省"。提出改组南京政府、停止一切内战、释放全国一切政治犯、开放民众爱国运动、立即召开救国会议等八项主张。西安事变的突然爆发，全国和全世界都非常震惊。南京政府陷入一片混乱。世界各国和国内各种势力都从各自的国家或阶级集团的利益出发，对事变做出不同的反应。日本帝国主义企图以此挑起中国大规模内战，以便趁机扩大侵略。它支持在德国养病的汪精卫回国，组织亲日的政府。英美主张和平解决，声言愿意进行调解。苏联支持中国抗日，希望和平解决，但极力抨击张学良、杨虎城。何应钦等人力主"讨伐"，意在乘机掌握全国政权。开始时"讨伐派"占优势，何应钦被推为"讨逆总司令"。宋子文、孔祥熙等人为了稳住英美派在国民党政府中的地位，则反对"讨伐"，主张营救蒋介石，和平解决西安事件。当时在南京的冯玉祥等也主张和平解决，避免内战。宋、孔一派的主张很快在南京政府中占了上风，最后决定营救蒋介石。国民党的地方军阀多数都不表示支持张、杨。只有广西的李宗仁、白崇禧，四川的刘湘，比较明确支持张、杨，主张西安事件"用政治解决"。傅作义也是支持张、杨的。阎锡山曾表示支持张学良逼蒋抗日，但事变发生后，他却发电责问张、杨，并要求把蒋介石交给他掌握，想借此由他控制局势。宋哲元、韩复榘等表面拥护国民党中央，实际主张杀蒋。西安事变的爆发对中间阶级是一个"晴空的霹雳"。他们大多数人都谴责张、杨，几乎一致地要求恢复蒋介石的自由。

当蒋介石被捉的消息传到陕北时，共产党员、红军战士和根据地人民非常兴奋，绝大多数人主张杀蒋。但不少人担心内战再来，也忧心忡忡。中共中央政治局在对事变进行了深入的讨论之后，从民族的长远利益出发，迅速否定了杀蒋的意见，确定了和平解决的方针。12 月 19 日，中共中央明确指出：只要蒋介石同意停止内战一致抗日，就应当释放他。应张、杨电邀，中共中央派出由周恩来、博古、叶剑英等组成的代表团前往西安。代表团在西安做了大量卓有成效的工作。12 月 22 日，南京方面正式派出代表宋子文、宋美龄等到西安谈判。12 月 24 日达成协议。蒋介石被迫答应改组国民党与国民政府，释放一切政治犯，停止"剿共"政策，联合红军抗日，召集各党、各派、各界、各军的救国会议以决定抗日救亡方针等条件。

25 日蒋介石被释放，西安事变和平解决。张学良亲自送蒋介石回南京。但一到南京张即被蒋扣押。西安事变及其和平解决，成为时局转换的枢纽。

至此国民党的"攘外必先安内"政策宣告破产，内战基本结束。给国共两党重新合作建立了必要的前提。

10. 全国团结抗日的总形势正在形成之中

1937年2月，国民党为商讨对共产党和对日本的政策，召开五届三中全会。中国共产党为实现国共两党的重新合作，致电国民党三中全会，提出五项要求和四项保证。五项要求是：

（一）停止一切内战，集中国力，一致对外；

（二）保障言论、集会、结社之自由，释放一切政治犯；

（三）召集各党、各派、各界、各军的代表会议，集中全国人才，共同救国；

（四）迅速完成对日作战之一切准备工作；

（五）改善人民生活。如果国民党能够实行上述五项条件，共产党愿意向国民党提出四项保证：

（一）在全国范围内停止推翻国民政府之武装暴动方针；

（二）工农民主政府改名为中华民国特区政府，红军改名为国民革命军，直接受南京中央政府与军事委员会之指导；

（三）在特区政府区域内，实施普选的彻底民主制度；

（四）停止没收地主土地之政策，坚决执行抗日民族统一战线之共同纲领。

在这次全会上，宋庆龄、冯玉祥等提出"恢复孙中山先生手订的三大政策案"。经过斗争，这次全会终于确定了与共产党重新合作的方针。全会通过了一个《关于根绝赤祸之决议案》。它的要点是：

（一）一国的军队必须统一编制，统一号令，故须彻底取消红军。

（二）一国之内不许有两种政权存在，故须彻底取消苏维埃政府。

（三）必须根本停止赤化宣传。

（四）必须根本停止阶级斗争。

决议虽对共产党仍旧大肆诬蔑，但是毕竟表示了国民党对共产党的方针，已由武力"剿共"改变为"和平统一"。这是国民党政策上的重大变化。

但是这个改变只是策略上的变化，而"根绝赤祸"的根本方针是不变的。国民党的这种立场和它所采取的"和平统一"策略，决定了以后国共两党的关系，决定了以后两党斗争的方式。

根据形势的新发展，国民党三中全会后，中国共产党于1937年4月15日发表《告全党同志书》，及时地提出了"巩固和平""争取民主""实现抗战"三位一体并以"争取民主"为中心的口号。5月，在延安召开中国共产党苏区代表会议。会议批准了党中央自1935年以来的政治路线，确定了新的历史时期党的任务。与此同时，中共中央还在延安召开了白区党代表会议。会议总结了党在白区工作中的经验教训，批判了"左"倾关门主义和冒险主义错误，制定了白区工作的基本方针和斗争策略。这些都为抗日战争的发动做了重要准备。

西安事变和平解决以后，中国历史前进道路上仍不断出现种种曲折，如蒋介石在南京扣押张学良，国民党政府对沈钧儒等七人进行审判，压制工人罢工，镇压和破坏学生爱国运动，把东北军从陕西调到河南、安徽使之与红军隔离，杨虎城被迫离职出国等。国民党还利用全国人民要求团结的心理，大作"溶共"宣传，利用舆论压力迫使共产党投降；在国共会谈中坚持消灭红军和取消革命根据地的无理要求。但是全国团结抗日的总方向，国民党蒋介石是无力改变的。第二次国共合作的谈判不断升格，抗日的潮流日益高涨，全国团结抗日的总形势在形成中。

第十三讲　全国抗战的开始与三种不同性质的政权

1. 卢沟桥事变与抗日民族解放战争全面开始

日本帝国主义发动全面侵华战争是有预谋的。1937年资本主义世界发生了新的经济危机，日本统治集团感到国内政治经济形势不稳，又看到中国政府内部英美派势力在扩大，国共两党趋向合作，英美给予蒋介石政府一定的援助，中苏日益接近，便急于大举进攻中国，以便镇压国内的反法西斯势力，确立并扩大它在中国大陆上的殖民统治，加强同英美及苏联对抗的地位。

1937年7月7日晚，日军在卢沟桥附近举行作战演习，借口一名士兵"失踪"，要求进宛平县城搜查。中国地方政府拒绝了日军的无理要求。当交涉还在进行时，日军竟向宛平县城进攻，继而炮轰卢沟桥。中国驻军奋起抵抗。神圣的抗日民族解放战争从此开始，中国历史进入一个新的阶段。

卢沟桥事变发生后，国民党政府对事变的态度动摇不定，采取所谓"不屈服、不扩大"的方针。蒋介石一面派中央军北上，并令宋哲元"就地抵抗"；一面又让宋哲元"在不丧失领土主权原则下与日本谈判"，以求事变的局部解决。一直到7月17日，蒋介石才在庐山发表谈话，重申中国政府的外交政策，提出解决卢沟桥事变的四条原则：（一）任何解决不得侵害中国主权与领土之完整；（二）冀察行政组织不容任何不合法之改变；（三）中央所派地方官吏不能任人要求撤换；（四）第二十九军现在所驻地区不能受任何约束。表示"此事能否结束，就是最后关头的境界"。并说："如果战端一开，那就地无分南北，人无分老幼，无论何人皆有守土抗战之责任。"但他又把卢沟桥事变作为"地方事件"，"希望由和平的外交方法，求得卢事的解决"。宋哲元为保存自己在华北的实力和地位，力主与日本妥协。

日本政府虽然声明采取"不扩大方针"，而实际上却在加紧准备扩大战争。7月11日，近卫内阁发表《派兵华北的声明》。19日冀察当局在日方所提的条件上签字。但日本援军已到达平津一带，完成了战斗部署。20日前后，日军不断地在北平四郊发动攻击。蒋介石连续会见英、美、德、法大使，要求各国进行调解。国民党政府甚至表示接受冀察当局与日方议定的解决办法，但已无济于事。26日日军攻占廊坊，并派兵强行进入北平城，与中国守军在广安门发生战斗。当天日军向宋哲元发出最后通牒。未等中国方面答复，日军即在28日黎明发动进攻，二十九军仓促应战，副军长佟麟阁和师长赵登禹阵亡。宋哲元奉令把军队从北平撤到保定。29、30两日，北平天津相继失陷。

2. 在中共力争下抗日民族统一战线正式形成

为了直接向南京国民政府施加压力，1937年8月13日，日军对上海发动进攻。中国军队奋起抵抗，即"八一三抗战"。17日，日本内阁会议决定"放弃"所谓的"不扩大方针"。上海是中国最大的金融和工商业中心，也是英美等帝国主义在华利益的集中地区。当上海遭到日军大规模进攻时，蒋介石和国民政府不得不起来抵抗。

8月14日，国民政府发表《自卫抗战声明书》，表示："中国为日本无止境之侵略所逼迫，兹已不得不实行自卫，抵抗暴力。"20日，国民政府军事委员会将南北战场划分为五个战区，并制定了作战方针：国军一部集中华北持久抵抗，特别注意确保山西之天然堡垒；国军主力集中华东，攻击上海之敌，力保淞沪要地，巩固首都；另以最少限兵力守备华南各港口。上海、苏南、浙江为第三战区，由冯玉祥任司令长官（后蒋介石自兼第三战区司令长官）。8月15日，日军成立上海派遣军司令部，以松井石根大将为司令官。淞沪战役开始后，全国各界民众积极支援上海抗战，支援前线。中国地方部队也纷纷开赴前线。

卢沟桥事变的第二天，中共中央通电全国，号召："全中国同胞、政府与军队团结起来，建筑民族统一战线的坚固长城，抵抗日寇的侵掠！"红军做好了开赴前线的准备。为了促成国共两党合作抗日，7月15日，中共代表周恩来等在庐山将《中共中央为公布国共合作宣言》交给国民党中央。宣言提出迅速发动全民族抗战、实行民主政治、改善人民生活的基本主张。声明中共愿为实现孙中山的三民主义而奋斗，停止推翻国民党政权和没收地主阶级土地的政策，取消苏维埃政权，改称特区政府。取消红军番号，改编为国民革命军。但这时蒋介石对抗日还没有下定最后决心，因此国共谈判仍无结果。

八一三事变后，国民政府军事委员会于8月22日宣布将红军改编为国民革命军第八路军，任命朱德、彭德怀为正副总指挥，下辖一一五、一二〇、一二九三个师。红军改编后立即开赴前线作战。

在中国共产党的一再催促下，9月22日，国民党终于通过中央通讯社发表了《中共中央为公布国共合作宣言》。23日，蒋介石发表谈话，指出了团结御侮的必要，实际上承认了共产党的合法地位，但把两党的合作说成是国民党"接纳"共产党，"使有效忠国家之机会"。共产党的宣言和蒋介石的谈话的发表，标志着以国共两党合作为基础的抗日民族统一战线正式形成。

3. 洛川会议指明了争取抗战最后胜利的道路

抗日战争初期，中国共产党中央一再向国民党提出，以国共两党合作为基础的抗日民族统一战线要有一个固定的组织和全国各党各派的共同纲领。这种组织可以是国民党本身变为民族联盟，各党派加入国民党而又保持各自的独立性，或者是各党派共同组织民族联盟。但是，这两种形式，国民党都拒绝采取。因此抗日民族统一战线始终没有固定的组织形式，只能是遇有重大事情，双方临时进行协商。抗日民族统一战线也没有协商一致的共同纲领。从抗战一开始，就存在着两条不同的抗战指导路线，即中国共产党的全面抗战路线和国民党的片面抗战路线。国共两党两条不同的抗战指导路线的分歧和斗争贯穿着抗日战争的始终。

为了贯彻全面抗战路线，制定战胜日寇的纲领方针和具体政策，1937年8月，中共中央政治局在陕北洛川举行扩大会议。会议通过了《关于目前形势与党的任务的决定》和毛泽东起草的《抗日救国十大纲领》。抗日救国十大纲领的要点是：

（一）打倒日本帝国主义；

（二）全国军事的总动员；

（三）全国人民的总动员；

（四）改革政治机构；

（五）抗日的外交政策；

（六）战时的财政经济政策；

（七）改良人民生活；

（八）抗日的教育政策；

（九）肃清汉奸卖国贼亲日派，巩固后方；

（十）抗日的民族团结。

它全面地概括了中国共产党在抗日战争时期的基本政治主张，是共产党全面抗战路线的具体化，给全国人民指明了争取抗战最后胜利的道路。会议决定了共产党在新阶段的具体行动方针：

第一、把党的工作重心放在战区和敌后，放手发动群众，开展独立自主的游击战争，建立敌后抗日根据地；

第二、以减租减息作为党在抗战时期解决农民问题的基本政策；

第三、在国民党统治区放手发动抗日的群众运动，争取人民应有的政治经济权利；

第四、红军实行战略转变，把过去的正规军和运动战，转变为游击军和游击战。

洛川会议后，八路军开赴华北抗日前线，开展敌后抗日游击战争，创建敌后抗日根据地。抗日救国十大纲领规定了关于少数民族的政策：动员蒙民、回民及其他少数民族，在民族自决和自治的原则下，共同抗日。之后，中国共产党又提出，蒙、回、藏、苗、瑶等各少数民族有与汉族平等的权利，在共同对日抗战原则之下，有自己管理自己事务之权，同时与汉族联合建立统一的国家。

国民党政府被迫抗战以后，并没有下决心抗战到底。它害怕人民力量在抗战中壮大起来，威胁国民党的统治，同时又感到自己力量不足，需要利用人民的力量来抵御日寇的进攻。因而一面单纯依靠政府和军队来抗战，限制人民的抗日民主运动，拒绝对现行政治制度和经济制度进行改革；一面幻想依赖国际联盟和九国公约签约国的压力，给人民一定的抗战自由。抗战开始以后，国民党政府推行了一条片面抗战路线。

抗战开始后，中间集团（包括民族资产阶级、上层小资产阶级、开明绅士和地方实力派）主张坚决抗战，反对妥协投降。他们要求实行"全民抗战"和实现民主政治。希望国民党政府"动员全国民众抗战"，主张"发动民众运动""彻底改造政治机构""努力促进政治的民主化"。但是，他们把领导抗战胜利的责任寄托在国民党政府和蒋介石身上。中间集团的抗战主张与国民党的片面抗战路线不同，也和共产党的全面抗战路线有区别，它在抗战期间起着进步的作用。

中国的抗日战争得到全世界人民的广泛同情和积极支援。苏联向中国派出志愿飞行员。加拿大人白求恩率领医疗队来华，柯棣华也随印度援华医疗队来华，为中国人民的解放事业服务。

4. 国民党的片面抗战与中国军队的浴血抗日

平津沦陷后，华北战场的日军分别向平绥路、平汉路和津浦路发动进攻。在平绥路，日军首先进攻南口，中国驻南口的军队进行了激烈的抵抗，8月13日南口失陷。27日，日军占领张家口。9月上旬，日军向晋北推进，企图占领山西以控制华北。驻守晋北重镇大同的六十一军军长李服膺率部不战而逃，日军于13日占领大同。日军一面继续向绥远推进，于10月16日侵占包头；一面向南进攻。国民政府为保住太原，在忻口一线集结重兵，进行太原会战。日军在沿平绥路进犯的同时，于8月下旬，沿平汉路南犯。国民党军队仓皇南逃。9 月 24 日保定陷落。10 月 10 日国民党军队撤出石家庄。

日军侵占石家庄后，分兵两路，一路继续沿平汉路南下，一路沿正太路西进，配合晋北日军会攻太原。10 月 13 日，日军五六万人向忻口发动猛攻，中国守军英勇抵抗。经过半个月的激战，歼敌约两万人。中国军队伤亡十万人以上，第九军军长郝梦龄等牺牲。这时沿正太路西进的日军，于 10 月 26 日占领娘子关。忻口的国民党军队损失很大，渐不能支，加以晋东战况不利，即于 11 月 2 日奉令南撤。原拟撤至太原以北阵地，配合保卫太原，但在日军追击下，未能进入阵地，即渡汾河西逃。11 月 8 日夜，日军突入太原城，经过激烈肉搏巷战，傅作义率仅存守军 2000 余人向西山突围，太原失守。在津浦路，日军于 10 月初侵入山东境内，韩复榘一味保存实力，消极避战，于 12 月 27 日放弃济南，逃到鲁西南。12 月底日军在青岛登陆。至此，华北地区的主要城市和交通线全部被占。

在江南战场，日本动用了海陆空军 20 余万人进攻上海，国民政府布置了三道防线，调集总计 70 余万人的兵力保卫上海。中日双方在上海进行了三个月激烈的争夺战。中国军队在上海人民支援下，坚守阵地，不畏牺牲，奋勇杀敌。宝山城守军 500 余人，面对优势敌人死守不撤，全营官兵与入城之敌巷战肉搏，激战两昼夜，全部壮烈殉国。"八百壮士"扼守苏州河北岸的四行仓库，在日军的猛烈攻击下，孤军苦战四昼夜，才杀出重围，奉命退入上海公共租界。11 月 12 日，日军付出伤亡六万余人的代价占领了上海。中国部队也有重大伤亡。

日军攻占上海后，立即向南京进犯。国民政府于 11 月 20 日宣布迁都重庆，而政府机关实际迁驻武汉。武汉成了临时首都。日军一路沿沪宁线进犯，接连攻占苏州、无锡等地，进至南京附近。另一路自太湖以南向西进犯，攻陷嘉兴和吴江后，兵分两路，一路自郎溪北侵，进至南京以南，准备会攻南京；另一路自宣城攻芜湖，切断南京的退路。蒋介石仓促决定固守南京，临时建立南京卫戍军，由 14 个师约十余万人组成，特任唐生智为南京卫戍司令长官，准备进行南京保卫战。到 12 月上旬南京已陷入三面包围之中。8 日开始了南京附近的战斗。12 日晚南京卫戍军在极度混乱中溃退。此役国民党军队损失十余万人，器械弹药丢弃无数。13 日，南京失陷。日军占领南京后进行了灭绝人性的烧杀淫掠"大竞赛"，历时六周之久，制造了惨绝人寰的"南京大屠杀"。我同胞被杀害者达30万人以上，全市三分之一的房屋被焚毁，城内尸骨纵横，瓦砾成堆。

这是第二次世界大战中震惊全世界的极端残暴的兽行之一，是日本帝国主义对中国人民犯下的滔天大罪。

抗战初期，国民党政府抗战是比较努力的，全国出现了一致对外抗击日本侵略者的局面。与此同时，国民党的对内政策也发生了一些变化，如承认各党派的合法地位，释放部分政治犯，公布《战时军律》《惩治汉奸条例》，修改《危害民国紧急治罪法》，允许人民有较多的自由等。但是，国民党对抗日民主运动的开放是有限度的，更不肯改革政治机构，实施战时的财政经济政策，改良人民生活。对日本帝国主义的侵略一面进行抵抗，一面又在谋求妥协。它想依靠国际联盟和西方列强来阻止日本的侵略。但国际联盟只是承认日本侵略中国的事实，认为日本违背九国公约，建议召开九国公约各签字国的会议，而没有采取任何支援中国、制裁日本的实质措施。

11月3日，第八届九国公约国会议在比利时首都布鲁塞尔举行。但会议也只是建议中日双方停止战争，未能解决任何问题。同时，国民党政府又接受德国驻中国大使陶德曼的调停。蒋介石表示日方的条件可以作为谈判的基础。但是由于日本在攻占上海后提高了招降条件和蒋介石害怕全国人民反对，调停没有成功。日军侵占南京后，日本政府于1938年1月16日发表声明（即第一次近卫声明）："帝国政府今后不以国民政府为对手，而期望真能与帝国合作的中国新政权的建立与发展。"

由于日本帝国主义要对国民政府"一直打到它崩溃为止"，国民党被迫重申了"持久抗战"的方针，与此相应，对内也采取比较开明进步的姿态。1938年3月，国民党在武昌召开临时全国代表大会。大会通过了宣言和《抗战建国纲领》。宣言声称："吾人当竭其全力，为国家民族争取生存与独立"，同时根据三民主义"完成政治上、经济上之建设"。宣言一方面声言此次抗战不获得最后胜利"决不中止"；一方面又说希望日本幡然变计，"与中国谋合于正义之和平"。《抗战建国纲领》是国民党片面抗战路线的具体化，它规定了国民党的军事、政治、经济、外交等各方面的政策。它要使"抗战建国"同时并行。它规定抗战建国要以蒋介石的三民主义为"最高准绳"，全国抗战力量要在国民党和蒋介石"领导之下"。纲领规定要加紧军队之政治训练，在敌人后方发动普遍的游击战，设立国民参政机关，改善各级政治机构等。

大会的文件具有两面性。国民党可以用它来包办抗战和维护大地主大资产阶级的统治，人民也可以利用它作为发动抗战力量和向国民党作斗争的工具。大会决定国民党设总裁一人，蒋介石为总裁。决定在中央执行委员会之下，设立调查统计局，扩大特务机构。决定设立三民主义青年团，把它作为同共产党争夺青年的工具。1938年7月，三青团在武昌成立，由蒋介石任团长，陈诚任书记。大会决定由国民政府召集国民参政会。1938年4月国民政府公布了《国民参政会组织条例》。该会只是一个咨询性质的机关，它的决议对国民党政府没有任何约束力。参政员总额200名，具体人选经国民党中央决定后，由国民政府公布。国民参政会的成员以国民党员占大多数。但设立这个政治机构给各党派和各界人士一个发表政见的场所，是有利于抗日和民主的。

1938年7月，第一届国民参政会在武汉召开。日军占领南京后，为把南北战场联成一气，决定打通津浦路，攻占徐州。国民政府为保卫徐州，并把日军主力钳制在津浦线，调集了45万军队组织徐州会战。1938年3月，日军七八万人向台儿庄发动进攻，国民党第五战区李宗仁所部顽强抵抗十余天，将敌主力吸引在台儿庄附近，随后调动十几万军队将日军包围，歼灭日军两万余人，缴获大批武器和装备。这是抗战以来正面战场上的一次大的胜利。日军进攻台儿庄失利后，仍按原来的意图，加紧部署兵力进攻徐州。从4月中旬起，日军从各战场增调30万军队并配以各种重武器，分六路对徐州进行大包围，企图一举歼灭徐州地区的中国军队。5月中旬，日军切断陇海路，形成对徐州的包围。国民政府为了保存有生力量，决定放弃徐州，向豫皖边突围。19日，徐州失陷。日军侵占徐州后，便调动南北战场上的兵力，沿陇海路西进，6月5日，攻陷开封，准备夺取郑州，把平汉、津浦、陇海三路沟通，造成进攻武汉的有利形势。

国民政府为了阻止日军前进，炸开了郑州以北花园口的黄河大堤，使河南、安徽、江苏三省3000多平方公里的田园尽成泽国，数十万人被淹死，给人民带来了重大的灾难。泛滥的黄河水虽然暂时阻滞了日军沿陇海路西进，但日军很快改变了进攻方向，将其主力南调，配合海军溯长江而上，攻取武汉。日军对武汉作战的主力为加强配置的华中派遣军，华北方面军进行配合牵制作战。6月初，日军开始进攻，12日攻陷安庆，下旬又陷马当要塞，7月初湖口失守，7月26日攻占九江。8月初，日军动员了12个师团约35万人，飞机500余架，舰艇120余艘，分五路进攻武汉。国民政府在武汉外围构筑坚固阵地，集结了14个集团军共129个师和其他部队，40余艘舰艇，100余架飞机，约110万人保卫武汉。从大别山南北麓到长江两岸，中日双方军队在纵横千里的战场上进行战斗。10月25日，中国军队放弃武汉。在历时四个多月的武汉保卫战中，大小战斗数百次，日军伤亡20万人。在进攻武汉的同时，华南日军于10月12日在广东省的大亚湾登陆。21日广州失陷。

从七七事变到武汉广州失守的15个月里，国民党正面战场虽然进行了英勇抵抗，很多将士殉国，但是，由于国民党领导集团存在依赖列强制止日本侵略的幻想和利用暂时的抵抗换取日方妥协的苟安思想，由于国民党的片面抗战路线和消极防御的战略方针，加上不少军队腐败和部分将领指挥无能或别有用心，致使北方的河北、山西、察哈尔、绥远、山东、河南等省的广大地区，华中的宁沪杭地区和武汉地区，华南的广州地区，均沦于敌手。

5. 在华北以共产党为主体的游击战争为抗战主位

抗日战争除以国民党军队为主体的正面战场外，还有中国共产党领导下的逐步扩大的敌后战场，即解放区战场。中国工农红军改编为国民革命军第八路军和新编第四军后，同国民党军队合作共同进行抗日战争。这是抗战时期国共两党合作的主要内容。

抗战开始后，根据军事上和政治上的要求，八路军实现了从正规军向游击军、从运动战向游击战的战略转变。这是一个关系人民根本利益的重大转变。1937年8月底到10月底，八路军的三个师和总部相继从陕北渡过黄河，进入山西战场。当时，日本侵略军正在猛烈地向国民党军队防守的山西各战略要地节节进攻。为了打击日本侵略军的气焰，在战役上配合国民党军队作战，八路军所属各部进行了一系列的战斗。

9 月 25 日，一一五师一部在平型关东北公路两侧的山地设伏，对日军第五师团（坂垣师团）第二十一旅团一部发起猛攻，激战一整天，歼敌千余人。平型关歼灭战是全国抗战开始后中国军队取得的第一次重大胜利。一二〇师为了配合国民党军队保卫太原的忻口战役，多次截断敌军后方的交通线，伏击敌军的运输汽车队，袭击和歼灭敌增援部队，使日军侧背经常受到威胁。一二九师的七六九团 10 月 19 日在晋北的代县以一营兵力夜袭阳明堡敌飞机场，击毁敌机 24 架。11 月 8 日国民党军队放弃太原，向晋南、晋西南撤退。

毛泽东明确指出：“在华北，以国民党为主体的正规战争已经结束，以共产党为主体的游击战争进入主要地位。”要在国民党军队撤离华北之后坚持广泛的游击战争，必须建立抗日根据地。八路军各部根据中共中央和毛泽东的战略部署，收复了被国民党军队丢失的大片国土，分兵发动群众，开展独立自主的敌后游击战争，建立了许多块抗日民主根据地。

平型关战斗后，一一五师主力南下，留一部分部队约 3000 人，在政委聂荣臻率领下，进入五台山地区。11 月成立了以阜平、五台为中心的晋察冀军区。军区在粉碎了两万多日军的围攻后，于 1938 年 1 月在冀西阜平召开全区军政民代表大会，成立了晋察冀边区临时行政委员会。这是在敌后建立的第一个抗日民主政权。1938 年 4 月和 7 月，晋察冀部队对平汉、平绥、正太铁路进行了两次破袭作战。9 月日军出动五万多兵力对晋察冀边区的中心地区发起围攻，我军在一个多月的反围攻作战中毙伤俘敌 5000 余人。以后，相继开辟了平西、冀中、冀东抗日根据地。在冀中抗日根据地，建立了回民支队。

太原失守后，中共中央指示一二〇师在晋西北广大山区和乡村开展游击战争。该师先后开辟了晋西北抗日根据地和大青山抗日根据地，以后两根据地统一为晋绥抗日根据地。1938 年 3 月，一二〇师打破了日伪军万余人对晋西北抗日根据地的围攻，歼敌 1500 余人。一二九师在太原失守后转向晋东南，开辟了以太行山为中心的抗日根据地。1938 年 4 月成立了晋冀豫军区。同月，日军三万余人分九路围攻晋东南地区，我军与进犯的日军周旋，先后歼敌 4000 余人。同年春，一二九师开赴冀南，开辟冀南抗日根据地。五月，一二九师和一一五师各一部进入冀鲁边，之后开辟了冀鲁边抗日根据地。

1938 年 5 月，中共中央派一部分干部支援山东，开辟以沂蒙山区为中心的抗日游击根据地。以后又成立了八路军山东纵队。

6. 项英领导建立敌后新四军抗日民主根据地

1937 年 10 月，南方八省红军游击队统一整编为国民革命军陆军新编第四军。1938 年 1 月，新四军军部在江西南昌正式成立。军长叶挺，政委兼副军长项英。项英（1898—1941 年），原名德隆，湖北武昌人。

项英，化名江钧、江俊、张成。他在武昌涵三宫的日新预备学堂读完初中后，15 岁便进入武昌模范大工厂当工人。他白天做工，晚上坚持读书，经过生活磨砺并塑造出自强不屈的性格。俄国十月革命与五四运动的爆发，又坚定了他追求真理的执着信念。1920 年，项英曾在武汉组织过纺织工人罢工，1921 年 12 月起又在武汉江岸筹建铁路工人俱乐部工作，1922 年 4 月加入中国共产党，成为湖北最早的产业工人党员。

1922 年 10 月，项英领导汉口扬子江机器厂罢工，并向厂方提出增加工资、改善待遇等条件。经过细致的组织宣传和思想工作，工友们团结一心，取得了罢工斗争的胜利。项英很快成为武汉工人阶级公认的领袖之一，深孚众望。项英长期在武汉、上海等地从事工人运动和党的工作，曾任平汉铁路总工会总干事、湖北省工团联合会组织主任、中共中央职工运动委员会书记，为反对资本家的剥削和压迫、改善工人的政治地位和生活进行了坚决斗争。他参与领导的 1923 年平汉铁路"二七"大罢工和 1925 年沪西日商纱厂工人二月罢工，推动了全国工人运动的发展。1926 年秋起，在武汉组织工人纠察队，任总队长，配合北伐军作战，维持社会秩序，参与收回汉口英租界和反夏斗寅叛变的斗争。在中共第三至五次全国代表大会上，均当选为中央委员。大革命失败后，项英到了上海，从事党的秘密工作。1928 年 2 月任中共江苏省委书记、中华全国总工会副委员长，7 月当选为中央政治局委员、常务委员，后又参加了在莫斯科召开的共产国际第六次代表大会，当选为共产国际监察委员会委员。1929 年任中华全国总工会委员长兼中共党团书记。1930 年 8 月任中共中央长江局书记。

1931 年 1 月起任中共苏区中央局委员、代理书记兼中央革命军事委员会主席。和副主席朱德、毛泽东一起，决定建立红军总政治部，明确其职责以及政治委员与政治机关之间的关系。对江西红军和苏区的"肃反"扩大化进行严肃批评，提出以教育为主来解决党内矛盾的正确主张，但受到错误的批评。4 月被撤销苏区中央局代理书记，改任军委副主席。1933 年 5—12 月，任中华苏维埃共和国中央革命军事委员会代理主席。发布命令，确定 1927 年 8 月 1 日南昌起义之日为工农红军成立纪念日。积极领导扩建红军，编组新的师和军团。主持制定《中国工农红军誓词》，建立红军中的奖励制度。动员和组织群众发展生产，筹措给养，保证前线供应。1934 年 1 月，在中共六届五中全会当选为中央政治局委员、书记处书记。曾主持筹备中华苏维埃第一次全国代表大会和成立苏维埃临时中央政府，并两次当选为中华苏维埃共和国副主席。

1934 年 10 月，中央红军主力长征。根据中共中央决定，任中共苏区中央分局书记、中央军区司令员兼政治委员、军委分会主席，与中华苏维埃共和国中央政府办事处主任陈毅等一起，率留在苏区的红二十四师和地方武装 1 万 6000 余人，掩护红军主力进行战略转移。11 月底鉴于形势恶化，逐步做出独立自主坚持斗争的部署。1935 年 2 月后，根据遵义会议后中共中央的指示，组织红军和游击队分路突围，转入分散的游击战。在与中央失掉联系、国民党军持续"清剿"的极端困难条件下，紧紧依靠群众，恢复党的基层组织，及时调整策略，变换斗争方式，领导赣粤边游击区军民作殊死斗争。曾将游击战术编成歌诀，教育红军游击队提高斗争艺术，巧妙地与敌周旋，灵活地打击敌人。和各游击区指战员共同努力，保持了南方游击区革命支点，保存了革命骨干。

1937 年 12 月 13 日，中共中央政治局作出《对于南方游击区工作的决议》，对项英和南方各游击区军民的斗争给予高度评价。1937 年抗日战争爆发后，和陈毅一起，按照中共中央关于国共合作团结抗日的精神，先后在赣州、南昌与国民党地方当局进行停止冲突、合作抗日的谈判。同年 12 月起，任新四军副军长、中共中央东南分局（后改为东南局）书记、中央军委新四军分会书记。依据中共中央指示，代表中国共产党到武汉同国民党当局谈判，就新四军的具体编组达成协议。

1938 年春，向各游击区传达中共中央指示和抗日民族统一战线政策，用很短时间将分散在南方八省 14 个地区的红军和游击队编组为新四军。接着，派出先遣队赴敌后作战略侦察，陆续组织部队向苏南、皖南、皖中敌后挺进，开展游击战争。抓紧东南各省中共地方组织的恢复、建立和发展，在长江南北地区创建抗日民主根据地。重视部队建设，强调要做好政治思想工作，发扬艰苦奋斗的优良传统，大力培养干部，努力提高军政素质。

1940 年 4 月在皖南指挥春季反"扫荡"，10 月参与指挥秋季反"扫荡"，共歼日伪军 3000 余人。皖南事变中，项英等率军部 10 余人隐蔽于附近山区，3 月 14 日凌晨在泾县蜜蜂洞被叛徒刘厚总杀害。

新四军下辖四个支队。1938 年和 1939 年先后开辟了以茅山为中心的苏南抗日根据地、皖南抗日根据地以及津浦路东西的抗日根据地，并初步打开了豫东的抗战局面。

综上所述，共产党领导的八路军和新四军及其他人民抗日武装，在敌后广泛发展游击战争，建立抗日民主根据地，逐步开辟了广大的敌后解放区战场。从 1937 年 9 月到 1938 年 10 月，八路军同敌人作战 1500 多次，毙伤俘敌五万余人。八路军发展到 15 万 6000 多人。新四军发展到 2 万 5000 人。敌后抗日民主根据地的人口达 5000 万以上。这充分显示了人民战争的巨大威力。这是共产党全面抗战路线和独立自主地开展敌后游击战争的战略方针的重大胜利。

7. 中国共产党正式成立陕甘宁边区政府

在开辟敌后抗日根据地的同时，陕甘宁边区进一步巩固起来。1937年 9 月，正式成立了陕甘宁边区政府，共辖 23 个县。11 月，在完成普选的基础上建立了边区各级民主政权。陕甘宁边区在建立抗日民主政权之后，实行了一系列的民主改革，进行了肃清匪患，打击汉奸、特务和反动地主豪绅的斗争。

1939 年 1 月，成立了陕甘宁边区参议会，并通过了《陕甘宁边区抗战时期施政纲领》。之后，陕甘宁边区政治、经济、军事和文化等各方面的建设，欣欣向荣，成为模范的抗日民主根据地。在抗日战争时期，中共中央一直在陕甘宁边区的首府延安，在政治上指导着全国人民进行抗战。

为了指导全国人民的抗战，争取抗战的最后胜利，毛泽东在1938年5月写了《抗日游击战争的战略问题》和《论持久战》两篇重要军事著作。在《论持久战》一书中，毛泽东全面地考察和论证了中国能够、也必须经过持久抗战取得胜利的客观根据。他从实际出发分析了中日战争中双方的长处和短处，驳斥了亡国论和速胜论的错误。指出持久的抗日战争将经过战略防御、战略相持和战略反攻三个阶段。毛泽东还指出，持久战是抗日战争的总的战略方针，为了实现持久战的总的战略方针，还必须有一套具体的作战方针，这就是主动地、灵活地、有计划地执行防御战中的进攻战，持久战中的速决战，内线作战中的外线作战。他着重阐明了"兵民是胜利之本"的人民战争思想。毛泽东在上述两篇著作中阐明了游击战争在抗战全过程中的重要战略地位，批判了轻视游击战争的错误思想，规划了由游击战争转到正规战争，以争取抗日战争的胜利成为人民的胜利的具体道路。

抗日战争中存在着不同的战争指导路线，各个阶级和政治派别对通过抗日战争所达到的目的有不同的主张和做法，因此领导权问题是一个突出而又实际的问题。关于抗日战争的领导问题，毛泽东在洛川会议上即明确提出，在统一战线中，是无产阶级领导资产阶级呢，还是资产阶级领导无产阶级？是国民党吸引共产党呢，还是共产党吸引国民党？1937年11月12日，毛泽东在延安党的活动分子会议上作了《上海太原失陷以后抗日战争的形势和任务》的报告。报告分析了共产党全面抗战路线和国民党片面抗战路线的原则分歧，指出必须坚持全面抗战路线，彻底执行抗日救国十大纲领。报告提出在党内在全国都必须反对投降主义。1937年11月底，王明从苏联回到延安。他把原来只是党内一部分人在实际工作中产生的右的倾向发展起来，形成一种有代表性的意见。王明提出"一切经过统一战线""一切服从统一战线"等错误口号；他不经中央同意就以中共中央名义发表有错误内容的宣言；在他负责的工作中贯彻他的右倾主张。为了总结抗战以来的经验，确定党在抗战相持阶段的基本方针，统一党的领导思想，1938年9月29日至11月6日，中国共产党在延安召开了扩大的六届六中全会。毛泽东在会上作了《论新阶段》的政治报告和会议总结。许多同志围绕着总结抗战 15 个月的经验做了发言。王明的右倾观点，在会上受到批评。全会通过了《中共中央扩大的六中全会政治决议案》，批准了以毛泽东为首的中央政治局的路线。全会号召全党同志要认真地负起领导抗日战争的重大历史责任。全会重申了独立自主地放手组织人民抗日武装斗争的方针，把党的主要工作方面放在战区和敌后。全会强调全党必须自上而下地努力学习马克思列宁主义理论，特别要学习马克思主义的观察问题、解决问题的立场和方法，善于把马克思列宁主义的一般原理应用于中国的具体环境，反对教条主义。这次会议基本上克服了王明的右倾错误，统一了全党的步调。全会为实现共产党对抗日战争的领导进行了全面的战略规划，推动了各项工作的迅速发展。

8. 国统区、解放区、沦陷区不同性质政权的并存

从卢沟桥事变到武汉、广州沦陷，中国华北、华中和华南大部分地区已被日军占领。国民党军队的主力已大部退往西南和西北。中国共产党领导的八路军和新四军已深入华北和华中敌后广大地区，开展游击战争，建立敌后抗日根据地。中国形成了犬牙交错的三种地区，即国民党统治区、解放区和沦陷区，出现了三种不同性质政权并存的局面。

在国民党统治区，国民党是执政党，它坚持国民党一党专政，不肯开放政权，所以国民党统治区还是大地主大资产阶级的政权。

解放区的政权是共产党领导下的民族统一战线的抗日民主政权，是一切赞成抗日又赞成民主的人们的政权。它是新民主主义的政权。

在沦陷区，日本帝国主义搜罗汉奸，建立伪政权，实行殖民统治。沦陷区的政权是汉奸傀儡政权。

日寇占领平津后，即在平津组织治安维持会，并积极策划建立统一的华北伪政权。1937 年 12 月 14 日，在北平成立了以王克敏为头子的伪中华民国临时政府，由议政、行政和司法三个委员会组成，分别以汤尔和、王克敏、董康为委员长。伪临时政府以五色旗为"国旗"，继续使用中华民国年号，以北京（敌伪把北平改称北京）为"首都"。伪临时政府成立后，冀东伪政府取消。"中华民国临时政府"下辖河北、山东、山西、河南四

个省公署和北京、天津两个市政府。

1937年9月，日寇在以张家口为中心、包括察哈尔南部十县的地区，成立伪察南自治政府。10月，在以大同为中心的晋北13个县，成立伪晋北自治政府。同月，在归绥成立伪蒙古联盟自治政府，德穆楚克栋鲁普任政务院院长。11月，上述三个伪政权组成伪蒙疆联合委员会，统一管辖三个伪政权。1939年6月，伪蒙疆联合委员会改组为伪蒙古联合自治政府，以德穆楚克栋鲁普为主席，李守信、夏恭、于品卿为副主席。

上海沦陷后，日寇组织了伪上海大道市政府。1938年1月，又成立了南京伪自治委员会和杭州治安维持会。3月28日，在南京成立了伪中华民国维新政府。"维新政府"以梁鸿志为头子，设行政院、立法院、司法院、议政委员会、秘书厅。下辖江苏、浙江、安徽三个省政府和南京、上海两个特别市政府。

上述各个伪政权都是在日寇操纵下建立的，并受日军的严密控制，一切听命于日本所派的官员和顾问。日寇在沦陷区建立各种"民众团体"，配合伪政权进行殖民统治。1937年12月，由日本华北方面军特务部操纵，在北平成立了"新民会"，会长王克敏，中央指导部长缪斌。日本帝国主义在上海建立了"大民会"，在汉口组织了"正义会"。

第十四讲　抗战相持阶段及其形势的演变

从卢沟桥事变到武汉、广州沦陷，日本实行大规模的战略进攻，侵占了中国大片领土；但是日本没有能够使中国屈服，它的"速战速决"方针破产了。

战争的长期化给日本带来了日益增长的困难。从平津战役到武汉会战，日本在华北、华中和华南先后投入了 24 个师团的兵力，占其陆军师团总数的三分之二以上。到 1938 年年底，日军伤亡已达 44 万 7000 多人。由于战争的持久和战线的延长，日本的兵力已感不足，人民的反战情绪在增长，军费开支日益加大。相反，中国在战争中虽然受到严重损失，但是人民抗战到底的决心更坚定，共产党领导的八路军和新四军，在敌后开展游击战争，建立抗日民主根据地，已经形成了一个规模很大的敌后战场。国民党政府虽然已退到西南和西北地区，但还拥有很多的兵力和日军对抗。国际上，由于日本对华侵略的扩大，加深了它与英美的矛盾。这样，中日战争就出现了战略相持的局面。

1. 日本对华策略的重大变化

日本政府鉴于战争的长期化、国内困难的加重以及外交上的孤立，不得不"重新检讨对华国策"。它在坚持灭亡中国的总方针下，在策略上做了新的修改。1938 年 11 月，日本政府和日军大本营制定了"调整日华新关系"的方针，决定在不扩大战争的局势下，加强"政略谋略"攻势，迫使国民政府屈服。这就是日本帝国主义决定把以往对国民政府实行军事进攻为主政治诱降为辅的方针，转变为政治诱降和军事打击并重的方针。另一方面，为了应付战争长期化的趋势，决定要"进一步做好确保占领地区的治安和自主的建设"，在兵力运用和配置上，要将华中、华南的一部分军队向华北转移，加强进攻敌后战场的兵力。这是日本帝国主义对华策略的一次重大变化。

为了对国民党进行诱降，1938 年 11 月，日本政府发表声明（即第二次近卫声明），改变了第一次声明中"不以国民政府为对手"的做法，表示只要"国民政府抛弃以前一贯政策，更换人事组织"，日本"不予以拒绝"。12 月，日本政府又发表声明（即第三次近卫声明），进一步明确提出"善邻友好、共同防共和经济合作"三项原则作为"调整关系的总方针"，"日满华共同建设东亚新秩序"。声明提出只要国民政府承认"满洲国"、签订日华防共协定、承认日本在内蒙古、华北等地驻军和享有经济特权、承认日本人在中国内地有居住营业等自由，日本就可以同它"合作"，甚至愿意进一步考虑放弃治外法权和归还租界。

日本帝国主义对华政策的改变对中国的抗战产生了相当大的影响，其一是汪精卫集团的公开投降，其二是蒋介石集团的动摇。与第二点密切相关的是这个集团的反动性上升和国共关系趋向恶化。抗日战争的形势更加复杂化了。

2. 汪精卫集团公开叛国投日

在日本帝国主义诱降下，国民党中的汪精卫集团公开叛国投敌。汪精卫当时是国民党副总裁、中央政治委员会主席、国防最高会议副主席和国民参政会议长。这个集团的主要成员有国民党中委、宣传部长周佛海，国民党中委、政府实业部长陈公博等人。1938 年 12 月 18 日，汪精卫潜离重庆飞抵昆明，次日和周佛海等叛逃至越南河内。29 日汪精卫发表《艳电》响应第三次近卫声明，宣称愿以近卫三原则与日本作"和平之谈判"。汪精卫的叛国投敌，激起全中国人民的极大愤怒。国民党中央于 1939 年 1 月宣布：永远开除汪精卫的党籍，并撤销他的一切职务。5 月，汪精卫到上海，策划组织伪国民党中央和伪国民政府。6 月，国民政府下令严缉汪精卫归案。

3. 国民党抗日减弱反共增长

日本帝国主义改变对华政策之后，紧接着1939年1月国民党召开五届五中全会。这次会议的议题是确定抗战进入新阶段后的"抗战建国"问题。关于抗战，全会认为第三次近卫声明"是诱降的文告，而不是讲和的条件"，是敌人"和平速结"的"狡谋"，表示要"持久抗战"，"抗战到底"。但是，蒋介石在会上表示抗战到底的"底"，就是"恢复卢沟桥事变以前的状态"。这是蒋介石在陶德曼调停时就提出来的媾和条件。关于建国，全会提出"加强团结""积极奋斗""加紧建设"三件事，而其重点是"整顿党务"和"复兴"国民党，巩固蒋介石的地位，加强"与共产党作积极之斗争"的力量。为了加强党政军的统一指挥，全会后设置了国防最高委员会，"代行中央政治委员会之职权"。蒋介石任委员长。会议确定了"防共、限共、溶共"的方针，设立了"防共委员会"。会后，国民党陆续秘密颁布了《共党问题处置办法》《沦陷区防范共党活动办法》《限制异党活动办法》等反动文件。这些文件的具体内容是：否认陕甘宁边区和各个抗日民主根据地的存在；限制八路军、新四军和抗日游击队的发展；不准共产党组织民众运动，"如经发现，即勒令解散"；取消共产党领导的抗日团体和革命组织；共产党员绝对不准在国民党的军政机关"服务"，"尤应严格防范共党潜入活动，发展其秘密组织"。但是国民党进行这些活动时仍然打着抗日的旗帜，而以"统一行政体制""统一军令政令""遵奉抗战建国纲领""实行三民主义"作为"限共"反共的借口。

五届五中全会后，国民党抗日的积极性减弱，反共的反动性增长。但当时中日矛盾还是主要矛盾，国民党还不愿公开破裂国共合作，也不敢恢复内战时期的"剿共"口号。它既继续与共产党合作抗日，又采取措施"防共""限共"。这是抗战期间顽固派的两面性的表现。

4. 中国共产党坚决反对妥协分裂和倒退

国民党五届五中全会之后，日本继续进行诱降活动。它把以前抛弃蒋介石的方针改为承认蒋介石地位的方针。1939 年 3 月，日本新任首相平沼正式提出"蒋介石将军与其领导之政府，假使能重新考虑其反日态度，与日本共同合作，谋东亚新秩序之建立，则日本准备与之作中止敌对行为之谈判"。这时，英美也从各自利益出发向国民党蒋介石劝降。英国由于欧洲形势紧张，无力顾及远东，希望以对日妥协的办法来保护其在中国和东南亚地区的利益。美国也不愿意卷入对日战争，表示准备参加对它有利的谈判，以解决中日战争问题。

1938 年 12 月，英国大使卡尔由上海到重庆进行活动，曾和蒋介石等人会谈。事后他表示"假使日本和中国两方面都能自动地接近，那时英国很愿作一个调停者"。1939 年年初，英美通过报纸大量散布关于召开太平洋会议，以解决"中日冲突"的消息。4 月，卡尔再次从上海到重庆进行活动，劝说国民党政府对日妥协。10 月前后，美英大使一起到重庆。国民政府外交部长王宠惠表示希望能促成调停。孔祥熙说："欲求保护美国之利益，则恢复远东之和平，实为必要。"此后张群等纷纷赴香港，做"和平"的试探。于是"和平""妥协"之声，传遍各地。

在上述日本诱降和英美劝降的国际背景下，国民党统治集团妥协投降倾向日益严重，反共摩擦日渐增多。投降分裂倒退成为时局的重大危险。1939 年 6 月 7 日，中共中央发出《关于反对投降危险的指示》，指出：目前最大的危险就是国民党投降的可能。共产党应当用全力来进行反对投降分子、反共分子的斗争。同时明确指出：党的基本任务，仍然是巩固国共合作，继续抗日。6 月 10 日，毛泽东在延安高级干部会议上作了反投降的报告，强调指出国民党投降的可能已经成为最大的危险，而其反共活动则是准备投降的步骤，这是目前形势的特点。同时毛泽东又分析说，国民党五届五中全会虽包含有反共降日的因素，但还是以联共抗日为主要方向。因此对蒋介石的态度要慎重，不能轻率地恢复"反蒋"口号。共产党要帮助蒋介石"向好的一边走"。对反共摩擦，我们的方针是统一不忘斗争，斗争不忘统一，二者不可偏废，但以统一为主。

7月7日，中共中央在为抗战两周年纪念对时局的宣言中，提出了"坚持抗战到底—反对中途妥协""巩固国内团结—反对内部分裂""力求全国进步—反对向后倒退"三大口号，给全国人民坚持抗战，反对国民党动摇妥协指明了方向。

5. 中国共产党是抗日战争的中流砥柱

日军在侵占广州武汉后，由于兵力不足，"在作战上大致已到达前进限度"；同时，日本估计中国国共之间虽然经常发生摩擦，但暂时还不会破裂。根据这一判断，日本决定今后"不谋求大规模的作战"，而要确保所有占领区。从1939年1月至1940年3月，日本华北方面军连续发动三次"治安肃正"作战。

面对日寇的大举进攻，敌后解放区军民，同日伪军展开了英勇的斗争，粉碎了敌人的围攻和"扫荡"，给了敌人以严重的打击。在抗战第三周年的一年中，八路军对日伪军作战6900多次，歼灭日伪军11万3000多人。1939和1940两年中，新四军对日伪军作战2400多次，歼灭日伪军5万1000多人。在华北军民的对日作战中，1940年8月至12月进行的百团大战是规模最大的一次战役。这次战役实际参战的主力部队和地方部队共105个团，近40万人，动用民工20多万人。总计大小战斗1824次。歼灭日伪军4万6300多人，其中日军2万600多人。百团大战是中国军民给予日本帝国主义的一次沉重打击。从抗战开始到1940年的三年作战中，八路军、新四军收复县城150座，从敌人手里夺回了大片国土。1940年八路军、新四军抗击了侵华日军的58%和伪军的全部，总数共达70万人。

在对敌斗争中，共产党领导的人民革命力量获得了迅猛的发展，到1940年7月，八路军、新四军和华南游击队已发展到近50万人，共产党员发展到 80 万人，根据地人口包括两面负担粮税的在内约 1 亿人。解放区军民巩固了华北解放区，发展了华中解放区，开辟了华南解放区。共产党领导的抗日力量，成为坚持抗战争取胜利的重要力量。

6. 日军施压与人民宪政运动

日军在向敌后抗日根据地大举进攻的同时，为了切断中国的后方补给线和控制交通要冲，向国民政府施加压力，从 1939 年年初到秋天，在华南和华中地区发动了新的进攻，先后在海南岛登陆和攻陷南昌、汕头、长沙（后退出）、南宁等地。1940 年 5 月，日军发动枣宜战役，以确保武汉并威胁重庆。第三十三集团军总司令张自忠在奋勇指挥作战中牺牲，襄阳、宜昌相继失陷。从 1939 年春至 1941 年，日本空军大规模轰炸中国后方城市，尤其集中对重庆进行轰炸，造成重大伤亡和损失。

由于日军大举进攻敌后抗日根据地，国民党正面战场相对来说压力减轻。因此，国民党在五届五中全会后，得以有很大的精力来加强它的统治地位。首先，在全国大张旗鼓地进行所谓"国民精神总动员"。在国防最高委员会之下设立精神总动员会，蒋介石任会长，公布了《国民精神总动员纲领》。1939 年 5 月举行全国国民精神总动员。蒋介石推行这一运动，虽然打着为战胜敌国而改造国民精神的旗号，但主要是要人民对大地主大资产阶级专政的国家"尽至忠""行大孝"，维护"军政军令及行政系统之统一"，对所谓"纷歧错杂之思想"一概"摈绝"。其次，大力加强对基层政权的控制。从 1939 年起开始推行所谓"新县制"，把地方上的政治、财经、教育、地方武装、民众组织和训练统统控制起来。截至 1943 年年底止，已有 21 个省实施了"新县制"。第三，玩弄实施"宪政"的骗局。1939 年 9 月，国民党为了抵制全国人民的民主要求，忽然玩弄起"宪政"的骗局来了。在一届四次国民参政会上，国民党的参政员突然提出一个"建议政府召开国民大会，制定宪法，开始宪政"的提案。

11 月召开的国民党五届六中全会，作出在 1940 年 11 月 12 日召集国民大会的决定。全国人民由此掀起了一个人民的宪政运动，要求国民党真正实施宪政。各党派、各阶级、各团体的代表人物，在会议上和报刊上纷纷发表关于宪政的言论，宪政问题一时成为全国瞩目的大事。中国共产党洞察国民党对实施宪政并无诚意，但实施宪政是全国人民的愿望和要求，因此积极地推动和参加这一运动，在延安和各个抗日根据地都成立了各界宪政促进会。国民党在轰轰烈烈的人民宪政运动面前感到十分惧怕，于是在1940年9月宣布，因交通不便，召开国民大会有困难，国民大会之召集日期另行决定。热闹一时的宪政运动就此收场。

7. 国民党反共摩擦愈演愈烈

国民党五届五中全会后，反共摩擦愈演愈烈。从1939年4月到11月，国民党顽固派相继制造了博山惨案、深县惨案、平江惨案和确山惨案。1939年年底到1940年春，国民党顽固派在华北掀起了抗战以来第一次大规模的武装冲突，即通称的第一次反共高潮。

这次反共高潮，国民党顽军主要在三个地区向八路军发动军事进攻。在陕甘宁边区，国民党在边区周围修筑了五道封锁线。1939年12月胡宗南部袭占边区五个县城。在山西，阎锡山于1939年12月制造了晋西事变，围攻驻守在晋西地区的决死队第二纵队和八路军晋西独立支队。并配合蒋介石顽军向活动在晋东南地区的决死队一、三纵队进攻，摧毁了沁水等七个县的抗日民主政权和人民团体，屠杀500余人，逮捕千余人。在太行区，1940年春，石友三部向冀南抗日根据地的八路军进攻，朱怀冰等部向八路军总部所在的太行区发动进攻。国民党顽固派掀起的反共高潮，使抗日战争和抗日民族统一战线面临严重危机。

共产党对国民党顽固派的大规模武装进攻采取了既要针锋相对地予以还击，又不破裂团结抗战大局的斗争策略。按照中共中央的指示，各解放区军民奋起反击，挫败了国民党顽军的进攻。1940年1月，在打退了国民党顽军的进攻之后，中共主动提出休战，与国民党进行谈判。3月，中共中央指出："目前山西、河北的反摩擦斗争即须告一段落，不应再行发展。"这样，这次大规模的武装冲突就基本上平息了下来。

8. 关于三民主义问题的争论

从1939年夏天起，中国政治思想界展开了关于三民主义问题的争论。这次争论从国民党方面来说是它反共活动的一个组成部分。为了实现第二次国共合作，中国共产党在抗日战争爆发前后，一再声明："孙中山先生的三民主义为中国今日之必需，本党愿为其彻底的实现而奋斗。"国民党顽固派抓住这样的声明，大作"溶共"反共宣传。他们说，既然共产党声明拥护三民主义，那么就应当把共产主义收起来。既然如此，中国只要有一个实行三民主义的国民党就够了，共产党没有存在的必要。为此他们大肆宣传"一个主义""一个党""一个领袖"的法西斯论调。孙中山创立的三民主义，其本义是进步的革命的，这不符合蒋介石集团的需要，是这个集团所反对的；但是它又不能放弃这面旗帜。这就需要另外建立一种蒋介石集团的三民主义。1939年5月，蒋介石发表的《三民主义之体系及其实行程序》，就是这种三民主义的系统的表述。他抛弃孙中山三民主义的革命精神，摘取三民主义的某些词句，构成蒋记三民主义的体系。他用"民生史观"反对唯物史观；说"诚"是"革命的原动力"。谈到三民主义的实行时，他说"以军政时期为本，而同时加紧训政时期的工作"，训政时期的主要工作是"开始实行地方自治"。他说只要按他的"体系"去"切实研究三民主义"，按他的"实行程序"去"努力奉行三民主义"，"就可以战胜敌人，也就可以立即建设一个新中国"。

一些反动文人和资产阶级右翼分子，也以维护三民主义的姿态，向共产党和马列主义发起攻击。共产党的叛徒叶青抛出《中国底现阶段及其将来》《中国政治问题》《与社会主义者论中国革命》等小册子，宣传蒋记法西斯主义，用"一次革命论"反对共产党和共产主义思想。

为了捍卫马克思列宁主义和共产党民主革命纲领，维护革命的三民主义，推进中国的民族解放事业，反击国民党在政治思想上的进攻，中国共产党人发表了许多文章，阐明自己关于三民主义和共产主义、关于中国革命的基本观点。这些观点主要是：

（一）拥护真三民主义，反对假三民主义，坚持新三民主义；

（二）正确认识共产主义和三民主义的关系；

（三）坚持革命阶段论，驳斥"一次革命论"。

关于三民主义的争论是政治思想战线上的一次重要斗争。这次争论，促进了中国共产党的新民主主义革命理论的发展和成熟。

中国共产党在领导中国人民进行新民主主义革命的过程中，批判了"左"的和右的错误，总结了正确的经验，形成了中国共产党关于中国新民主主义革命的理论。1939年10月，中共中央创办了指导党的建设的专门刊物《共产党人》，毛泽东为这个刊物写了发刊词。《〈共产党人〉发刊词》总结了中国共产党成立18年来的历史经验，提出了一个极为重要的论断："统一战线，武装斗争，党的建设，是中国共产党在中国革命中战胜敌人的三个法宝，三个主要法宝。"1939年12月毛泽东主持编写了《中国革命和中国共产党》一书。1940年1月，毛泽东发表了《新民主主义论》。毛泽东论述了近代中国的社会性质、中国革命的历史特点及其发展规律，他指出：中国革命的历史进程，必须分为两步，第一步民主主义革命，第二步社会主义革命。这是由中国的社会性质所决定的。中国的民主主义革命，在五四运动前后起了一个变化，其前是旧民主主义革命，其后是新民主主义革命。新民主主义革命必须是无产阶级领导的革命，它区别于资产阶级领导的旧民主主义革命；新民主主义革命又必须是人民大众的反帝反封建革命，它又区别于无产阶级的社会主义革命。这个革命是工人阶级、农民阶级、小资产阶级和民族资产阶级几个阶级联合起来反对帝国主义、反对封建主义的革命。毛泽东还提出了新民主主义的政治、经济和文化纲领。毛泽东说，新民主主义的政治、新民主主义的经济和新民主主义的文化相结合，这就是新民主主义共和国，这就是我们要造成的新中国。

《新民主主义论》是一部伟大的马克思列宁主义政治理论著作。它的发表标志着中国新民主主义革命理论的成熟。毛泽东在发表《新民主主义论》之后，又于1940年3月和12月，先后写了《目前抗日统一战线中的策略问题》和《论政策》两个重要文件。毛泽东指出，在整个抗日战争时期，无论在何种情况下，我党的抗日民族统一战线的政策是决不会变更的。在统一战线中，我们决不能重犯一切联合、否认斗争的右倾机会主义错误，也不能重犯一切斗争、否认联合的"左"倾机会主义错误。现在的抗日民族统一战线是综合联合和斗争两方面的政策。毛泽东把抗日民族统一战线中的各阶级、阶层和派别划分为进步、中间和顽固三种不同的政治集团，并规定了"发展进步势力，争取中间势力，孤立反共顽固势力"的策略总方针。中国共产党的策略思想是马克思主义社会革命论的重要组成部分。

9. 国民党反共新高潮——皖南事变

正当中国共产党领导解放区军民为坚持抗战、发展抗日民族统一战线和巩固解放区而斗争的时候，1940年9月，日德意签订了军事同盟条约。日本为了实行南进政策，急谋结束中日战争。为此，日本帝国主义在进攻解放区的同时，加强了对国民党政府的诱降。10月，日本御前会议决定了《处理中国事变纲要》，规定对中国事变的处理，"除继续进行军事行动外，应用尽政治策略和战争策略上的一切手段，促使重庆政权迅速屈服，努力促进南京和重庆的合作工作"。

英美在日德意军事同盟缔结后，为加强自己在远东和太平洋地区的地位，抵制日本对东南亚和南太平洋的侵袭，决定把中国拉入英美同盟，向国民党政府提供了更多的援助。英美和德日意两方面都想拉蒋介石站在自己一边，这就加重了蒋介石集团的地位。于是蒋介石决定趁机再次掀起大规模的武装冲突，打击共产党的力量，把中国的命运完全掌握在自己手里。从1940年春起，国民党顽军就加紧在华中制造摩擦事件，并制定了进攻新四军的计划。7月，国民党提出了一个取消陕甘宁边区、限制八路军新四军发展及规定其作战区域的所谓"中央提示案"。

中共中央拒绝了"提示案"中的无理要求。1940年10月19日，何应钦、白崇禧在蒋介石的授意下，发出"皓电"，限令八路军、新四军各部队于一个月内全部开到黄河以北。12月8日，何应钦、白崇禧再次发出"齐电"，强令黄河以南的八路军、新四军于1941年1月底以前全部撤至黄河以北。

蒋介石一面于 10 月 9 日发布手令要新四军限期北移，一面于 10 日密令顾祝同"按照前定计划妥为部署，至限期（本年 12 月 31 日止）该军仍不遵令北渡，应立即将其解决，勿再宽容"。顾祝同在皖南集结了七个师约八万人的兵力，准备包围聚歼新四军。在这种情况下，中共中央指示新四军军部迅速北移到长江以北。1941 年 1 月 4 日晚，新四军军部及在皖南的部队 9000 余人，从泾县云岭出发，5 日到达茂林地区时，遭到国民党军队的包围和袭击。新四军广大指战员与顽军进行了七昼夜殊死的战斗，终因众寡悬殊，伤亡过大，弹尽粮绝，大部壮烈牺牲。叶挺被扣押，项英遇害。蒋介石宣布新四军为"叛军"，取消其番号，将叶挺交"军法审判"。这就是震惊中外的"皖南事变"，即通常所说的第二次反共高潮。

皖南事变发生后，中共中央领导全党全军和全国人民同反共顽固派进行了坚决的斗争。1 月 20 日，中共中央革命军事委员会发布重建新四军军部的命令，任命陈毅为代理军长，刘少奇为政治委员。蒋介石的反共投降活动，也受到国际舆论的责难。蒋介石被迫表示"新四军事件完全为整肃军纪，当然不牵涉其他问题"。后又在国民参政会上表示皖南事件"不牵涉党派政治，保证以后决无剿共军事"。至此，国民党制造的又一次大规模武装冲突平息了下来。

10. 民盟成立

抗战初期，代表中间阶级的各党派，对蒋介石抱有很大幻想。但是，他们的希望落空了。为"探讨国事政策"，1939 年 10 月，国民参政会中的各小党派的参政员，如乡村建设派的梁漱溟，国家社会党的张君劢，中华职业教育社的黄炎培，中国青年党的左舜生、李璜，救国会的沈钧儒、邹韬奋，第三党的章伯钧和无党派人士张澜等发起成立统一建国同志会。当时该会还不具备一般政党的组织形式。皖南事变前后，国民党顽固派不但对共产党实行政治压迫和军事进攻，对各民主党派和民主人士也施行高压政策。为了加强团结合作，调解国共冲突，谋取自身的生存和发展，他们决定将统一建国同志会改组为中国民主政团同盟。

1941 年 3 月，民主政团同盟在重庆秘密召开成立会，通过了《中国民主政团同盟政纲》和《中国民主政团同盟简章》，选举了中央领导机构。由13人组成中央执行委员会，黄炎培、左舜生、张君劢、梁漱溟、章伯钧为中央常务委员。黄炎培任中央常务委员会主席，左舜生为总书记，章伯钧为组织部长，罗隆基为宣传部长。不久，黄炎培辞去常委会主席职务，由张澜担任主席。10月，民主政团同盟公开宣布已经成立，发表《中国民主政团同盟成立宣言》和《对时局主张纲领》。宣言和纲领代表了民族资产阶级、开明地主和上层小资产阶级的利益和政治主张。民盟的成立是中间阶级政治力量发展中的一件大事。张澜（1872—1955年），字表方，四川南充人。黄炎培（1878—1965年），字任之，江苏川沙（今属上海市）人。章伯钧（1895—1969年），安徽桐城人。左舜生（1893—1969年），名学训，号仲平，湖南长沙人。张君劢（1887—1969年），原名嘉森，号立斋，江苏宝山（今属上海市）人。1944年9月中国民主政团同盟改称中国民主同盟。

11. 汪伪政府的成立及日本的经济掠夺

汪精卫叛国投敌后，于1939年5月去日本，得到了日本政府支持他建立伪中央政府的保证。8月，在上海召开汪伪国民党"六大"，制定了《中国国民党政纲》，标榜"和平建国"。12月，与日本签订"日汪协定"（即《日支新关系调整要纲》）。1940年3月，汪精卫在南京召开伪国民党中央政治会议，决定伪政权用"国民政府"名义，由汪任"国民政府"代理主席和行政院院长。3月30日汪伪国民政府在南京成立。10月，日本御前会议决定承认汪伪政府。并签订《日本国与中华民国关于基本关系的条约》及附属秘密协定。同时由日汪和伪满签署了《日满华共同宣言》。所谓基本关系条约，就是把日汪之间的秘密协定改为正式条约，它的内容远远超过了袁世凯卖国的"二十一条"。日本帝国主义在沦陷区实行野蛮统治和残酷掠夺。

在东北，卢沟桥事变后，日本建立了满洲重工业开发股份公司，垄断钢铁、轻金属、汽车、飞机、煤炭等经营，并疯狂地掠夺东北的资源。为了战争的需要，日本大量掠夺东北的粮食和其他农产品，实行百万户农业移民计划，圈占大量土地。在关内，日本在沦陷区进行各种形式的掠夺。

金融方面，1941年1月在南京成立伪中央储备银行。工矿业方面，开始时在华北采用"军管理"、在华中采用"委托经营"的办法进行掠夺，以后改用所谓"中日合作"方式进行掠夺。1939年设立了华北开发公司和华中振兴公司两个"国策公司"，下设许多分公司，经营华北、华中的煤铁等矿产以及盐、电力、交通、电讯等，实际上企业经营权全归日本人掌握，大部分利润也归日本所有。在农村，日寇通过强占土地、征收捐税、强制低价收购农产品和直接抢夺粮食、耕畜、财物等办法来进行掠夺。日寇将粮食规定为军用物资，实行"统制"，强行"征购"，对中国老百姓施行"配给"的办法。日寇在沦陷区和在"讨伐"时大批抓走青壮年充当苦工。处于日寇严密控制之下过着亡国奴生活的敌占区人民，日夜盼望早日打倒日本帝国主义获得解放。

第十五讲 太平洋战争的爆发及国统区、解放区的状况

1940年以后，由于日本积极推行南进政策，日美之间的矛盾日趋尖锐。但是双方都想避免直接发生战争。

1. 太平洋战争的爆发及日军在初期的巨大胜利

从1941年3月开始，日美间就维持太平洋现状、中国问题和对欧洲战争的态度等问题举行谈判。日美谈判期间，6月22日德苏战争爆发。战争开始后，德国取得很大胜利，由此世界形势发生重大变化。日本帝国主义决定趁机加紧向南方扩张。9月6日召开的御前会议决定，如果日美谈判到10月上旬尚未达到"我方要求"，就"下决心对美（英、荷）开战"。

日本对美方的要求有：美英"不阻挠帝国对中国事变的处理"，"不在远东采取威胁帝国国防的行动"等。到了10月中旬，日美谈判仍未取得进展。首相近卫文麿主张继续谈判，陆相东条英机则主张对美开战。在陆军极力反对之下，近卫辞职，由东条组阁。东条上台后，积极准备发动对美战争。11月下旬，美国国务卿向日本提交了一份备忘录，要求日本从中国和越南撤军，日美双方不在政治、军事、经济上支持中国国民政府以外的任何其他政权等。日本拒绝了美国的要求，并在12月1日的御前会议上，做出对美、英、荷开战的决定。

1941年12月8日，日本海军偷袭美国在太平洋的主要海军基地珍珠港，使停泊在那里的美国太平洋舰队几乎全军覆没。接着，日军又袭击了英国在东南亚的战略要地新加坡。战争范围很快扩大到东起夏威夷、西至

马来半岛的广大地区。德国和意大利于12月11日向美国宣战。同一天，德意日三国签订《联合行动协定》，决定"不完成对美国及英国的作战，绝不收兵"。到1942年4月，日本已经占领美属菲律宾、关岛、威克岛，英属香港、新加坡、马来亚、缅甸，荷属东印度，法属印度支那，并把进攻的矛头指向印度和澳洲。

太平洋战争的爆发和日军在战争初期的巨大胜利，对世界局势，特别是对东亚、西南太平洋的局势和中国抗战，产生了重大影响。

2. 世界反法西斯战线成立

在抗战初期，中国共产党就估计到建立太平洋反日阵线的可能性，现在这种时机到来了。为此，中共中央于太平洋战争爆发后的第二天，发表《为太平洋战争的宣言》，并发出《关于太平洋反日统一战线的指示》。《宣言》分析了战争爆发后的国际形势，指出：全世界一切国家一切民族划分为举行侵略战争的法西斯阵线与举行解放战争的反法西斯阵线，已经最后地明朗化了。"中国与英美及其他抗日诸友邦缔结军事同盟，实行配合作战，同时建立太平洋一切抗日民族的统一战线，坚持抗日战争至完全的胜利"，是中国政府和人民的重要任务。《指示》指出，这个统一战线的组成部分，应当包括反对日本侵略的一切民族的政府、党派及一切阶层的人民。中国人民与英美的统一战线特别有重大的意义。"中国共产党应该在各种场合与英美人士作诚恳坦白的通力合作，以增加英美抗战力量，并改进中国抗战状况。"

太平洋战争的爆发，扩大了世界反法西斯阵营，欧亚美许多国家纷纷对日宣战。1941年12月，罗斯福向蒋介石提出成立中国战区（包括中国和越南、泰国北部），由蒋介石任最高统帅。美国政府派史迪威来华，任中国战区参谋长。由陈纳德指挥的中国空军美国志愿大队，在太平洋战争爆发后，积极投入空战，击落击伤了大量日机，帮助了中国的抗日战争。1942年1月1日，美、英、苏、中、澳、比、加等26国，在华盛顿签署《联合国家共同宣言》，宣布签字国政府保证运用其军事与经济之全部资源，对抗法西斯同盟国及其附从国家，约定不与敌国缔结单独停战协定或和约。

以后又有墨西哥、菲律宾、阿比西尼亚、伊拉克、巴西等21个国家加入。

2月，美国与国民政府订立中美五亿美元借款协定。5月，苏英签订同盟条约。6月，中美、苏美都签订了互助协定。这样，国际反法西斯统一战线正式结成。中国的抗日战争与各国政府和人民的反日战争汇合在一起。同时，国民党政府的命运同美国更紧密地联系了起来。太平洋战争爆发时，国民党政府估计日本不是美国的对手，所以于12月9日对日宣战，宣布"所有一切条约、协定、合同，有涉及中日之关系者，一律废止"。但是英美在开战初期却遭到惨败，这又使蒋介石感到失望和彷徨，以致对26国联合宣言的签字发生犹豫。为了对日本示意，免去了对日宣战时的外交部长郭泰祺的职务。在日本帝国主义诱降之下，蒋介石更加动摇，扬言要同日本单独媾和。1942年1月，国民党一要人受蒋之命，对美国记者发表谈话称："中国对日作战牺牲重大，如再不援助，中国便单独媾和。"日本《朝日新闻》发表关于太平洋战争后国民党对日投降空气日浓的消息说："重庆自我国发动大东亚战争连战连捷后。已逐渐步入崩溃之危机，目前已几乎完全失去其战斗能力，对日媾和之主张已走上指导者之地位。"但是由于太平洋战争胜负还没有最后分晓，由于共产党领导的抗战力量和全国人民坚决反对投降，蒋介石集团仍在观望之中。它一面保持同日寇联系的渠道，一面继续抗战，并乘机向美国索取援助。

3. 日作战重心的转移及中国军队顽强抗战

太平洋战争发动后，日本的作战重心由中国战场转移到东南亚和西南太平洋地区。为了配合南方作战，牵制华中的中国军队，同时为了利用太平洋战争胜利的威势压迫蒋介石集团投降，日本的中国派遣军决定由驻武汉的第十一军第三次进攻长沙。1941年12月下旬，日军渡过汨罗江。1942年1月初猛攻长沙。国民党第九战区部队顽强阻击。4日拂晓中国军队完成了对日军的包围。日军发觉后立即下令撤退。在撤退中不断受到中国军队的袭击。15日日军撤到岳阳一带。第三次长沙战役结束。

1942年4月18日，从航空母舰上起飞的美国轰炸机在轰炸了日本本土东京等地以后，降落在中国浙赣地区的机场。为了解除本土被炸的威胁，日本中国派遣军命令驻上海的第十三军和驻武汉的第十一军组织浙赣战役，东西夹击中国第三战区部队，打通浙赣线。日军第十三军于28日占领金华，6月7日占领衢州，12日占领玉山。7月1日第十三军同从南昌东进的第十一军一部在横峰会师。日军打通了浙赣线。但日军因兵力不足，在两个月之后，除继续占领金华及其附近地区外，其余部队撤回原驻地。此后，1943年5月和11月，日军在宜昌、沙市和石首西南地区发动过两次进攻。1942年2月6日日军攻占缅甸首都仰光（现首都为内比都），随后向北进攻。在仰光危机时，应英国的要求，国民政府将第五、第六、第六十六军编为中国远征军，先后开入缅甸作战。从4月中旬至5月，远征军先后在同古、安仁羌、腊戍等地同日军战斗。安仁羌之战解救出被日军包围的英军7000多人。由于英军没有防守缅甸的决心和准备，不和远征军配合，4月至5月远征军向北退却。远征军的主要部分在通过野人山及高黎贡山时受到很大损失，此后退到怒江东岸。日军进抵怒江西岸。两军隔江相持。另一部退往印度，于8月在印度的兰姆珈集结，成立中国驻印军总指挥部，史迪威任总指挥。驻印部队与以后从国内运去的部队，改编为新一军和新六军，接受美军的训练和装备。

4. 国统区的统治更加黑暗和经济全面走向衰落

皖南事变以后，国民党的统治更加黑暗，对国统区民主进步势力的压制更加厉害。1941年2月间，生活书店设在成都、昆明、桂林、贵阳的分店，先后被封或被迫停业。国内的生活书店只剩下在重庆的一个了。生活书店总负责人、著名文化人士和政治活动家邹韬奋，被迫秘密离开重庆，到了香港。1942年3月，国民党政府公布《国家总动员法》，其中规定：政府对封锁工厂、罢工、怠工和其他妨碍生产之行为，严行禁止；政府于必要时，得对报馆及通讯社之设立，报纸通讯稿及其他印刷物之记载，加以限制、停止或令其为一定之记载；政府得对人民之言论、出版、著作、通讯、集会、结社加以限制。这些措施本来是早已施行了的，这时又用法律规定了下来。这是对人民权利的进一步剥夺。

5月初，国民党中央下令各省市不准纪念"五四"，就是实施这个总动员法的一着。蒋介石本人利用各种时机加强他自己的独裁统治。国民政府主席一职在林森担任的时候，本来是个没有任何实权的虚职。1943 年 8 月林森去世。9 月，国民党中央修改了《国民政府组织法》，规定国府主席为陆海空军大元帅，掌握全国一切军政大权，还可以兼任任何职务。同时推荐蒋介石为国府主席兼行政院院长，并继续担任军事委员会委员长。国民党的和国家的大权更加集中于蒋介石一身。

1943 年国民党聘请美国特工专家，成立"中美特种技术合作所"，戴笠为主任，美国军官梅乐斯为副主任。这是一个专门为国民党训练特务的机构。加强反动统治是国民党固定不变的宗旨，它仍然在这条黑暗的道路上继续走着。

国民党统治区的经济，抗战中期是由发展走向衰落的转折点。这也是整个国民党统治时期经济上发生变化的关键时期。截止 1941 年，内迁的工厂共约 600 余家，总计机器和材料 12 万余吨。这些工厂的内迁大大促进了大后方经济的发展。当时大后方经济发展的原因有以下几个方面：

第一，我国西南地区工业很落后，沿海战区工厂的内迁，增加了这些地区的生产能力。

第二，中国经济是半殖民地型的经济，受外资的影响和控制。外资在大后方的影响本来就很小，加上世界大战使它无力顾及中国，这就出现了有利于中国资本发展的形势。

第三，抗战前期，国民党统治区物价比较稳定，国民党政府财政上的困难还不大。

第四，由于人口增加消费需求扩大，由于战争的原因国家对物资的需求大增，这就刺激了工农业生产的发展。但是不久，发展就被衰落所代替。

战前的 1936 年大后方有工厂 300 家（其中民营 270 家），1937 年设立工厂 63 家（民营 60 家），1938 年 209 家（民营 182 家），1939 年 419 家（民营 346 家），1940 年 571 家，1941 年 866 家，1942 年 1138 家（民营 1077 家），1943 年 1049 家（民营 977 家），1944 年 549 家（民营 533 家）。从设立工厂的数目看，1942 年是数量最多的一年。但按折算成 1936 年币值的资本额来看，实缴资本最多的是 1939 年，其次为 1938 年。1939 年以后，除 1943 年高于前一年以外，是逐年递减的。就当时最重要的工业中心重庆来说，1943 年全市 871 家工厂中，停工减产者达 270 余家。以上这些都说明国统区工业衰落的情况。

民族资本以及整个国民经济的衰落是一个方面，另一方面却是官僚资本的迅速膨胀和垄断地位的加强。抗战期间，国民党政府和大官僚利用战争时期的特殊情况，大发国难财，使官僚资本迅速膨胀。官僚资本掠夺人民财富的手段有以下几种：(1)发行公债。(2)增加捐税。(3)通货膨胀。(4)管制外汇和买卖黄金。(5)实行专卖。(6)实行统购统销。官僚资本对国民经济的垄断抗战前已经开始，抗战期间更加强了。

在金融方面，抗战初期设立了中央、中国、交通、农民四银行联合办事总处，作为国民党集中的金融机构，蒋介石担任总处理事会主席，"总揽一切事务"。1942年7月，国民党政府规定全国货币集中统一于中央银行。抗战期间，官僚资本在商业方面形成了正式的公开的垄断。专卖事业管理局、贸易委员会、物资局等机构的设立，专卖和统购统销政策的实行，是官僚资本实现商业垄断的重大步骤和措施。以孔宋为首的大官僚还以私人名义设立了不少商业公司。这些公司既有政治特权又有金融势力，居于操纵市场的垄断地位。在战前官僚资本对工矿业的垄断势力还较小。

1937年9月。国民党政府设立了工矿调整委员会，作为垄断工矿业的机构。官营工矿业主要有隶属于资源委员会和工兵署的两大系统，此外还有不少省办的官营工业。官营工业以外还有商办形式的私营工业。以孔家和宋家办的为主。这类工业实际上是公私不分的，也居于垄断地位。

抗战前期国统区农业状况还是较好的。随着战争的延长，国民党政府财政支出剧增。由于通货膨胀和对农产品需求的增加，国民党政府加紧对农民实行掠夺。从1940年起，开始按官价征购粮食。从1941年下半年开始田赋征实。1941年度田赋征实规定正附税额每元折征稻谷二市斗，1942年每元改折稻谷四市斗。以上两种办法同时实行。1943年国民党政府又实行"征借"。这种办法是向农民强行"借粮"，不付现款，给粮食库券。征借没有利息，只规定从第五年起分五年平均偿还或抵充当年新田赋。征购、征实、征借是对农民的残酷掠夺。三项加一起在农民的总收获物中所占的比例，据1942年统计，四川占59%，湖南占52%，云南占49%。粮食以外，棉花、蚕丝、茶叶、猪鬃、桐油等都由国民党政府统购统销。"三征"的负担名义上是向土地所有者征收，但地主却把沉重的负担转嫁到租种土地的农民身上，地租额迅速上升。四川一个县27户佃农的平均租率，

1941 年为 53%，1943 年为 73%，1944 年为 79%。惨重的打击之下，大后方的农村经济走向衰落。

国统区的官僚资本，残酷地剥削劳动人民，也大大损害了民族资产阶级的利益。它严重地阻碍着社会生产力的发展，是社会进步的极大障碍。官僚资本的剥削和破坏不断地促使国内阶级矛盾尖锐化。这是中国革命发展的根本原因之一，也是抗战后期民主运动发展的重要原因之一。国民党政府经济的总崩溃虽然还在数年之后，但急剧地走下坡路是从抗战中期开始的。

5. 反"扫荡"、反"清乡"及解放区的建设发展

随着抗日战争的进展，八路军、新四军的人数迅速增加，解放区迅速扩大起来。"百团大战"之后，日军对华北敌后战场更加重视。

日军在中国的占领区是他们从陆上向太平洋进攻的基地。为了确保和稳定后方基地，日军加紧了对解放区的作战。1941 年 7 月日本华北方面军制定了《治安肃正建设三年计划》。计划中把华北分为"治安区""准治安区""非治安区"三种地区。对"治安区"，日军以"清乡"为主，普遍建立伪组织，强化保甲制度，颁发"良民证"，加强对中国人的暴力统治。对"准治安区"，日军以"蚕食"为主，修筑碉堡，挖封锁沟，防止八路军的活动和解放区的扩大，进而缩小解放区。对"非治安区"，日军以"扫荡"为主，实行残暴的"三光政策"，摧毁以至消灭中国军民抗战力量。从 1941 年春至 1942 年秋，日军在华北接连推行了五次"治安强化运动"，对沦陷区人民进行了野蛮的摧残、劫掠和屠杀。但是并没有达到"确保华北占领"的目的。

在 1941 年和 1942 年，日军对各个抗日根据地进行了频繁的大"扫荡"，其中有：1941 年以四万兵力对冀东区进行的大"扫荡"；以七万兵力对北岳、平西区进行的大"扫荡"；以五万兵力对山东沂蒙区进行的大"扫荡"；以三万余兵力对太岳区进行的大"扫荡"；以一万余兵力对冀鲁豫区进行的大"扫荡"。1942 年以一万余兵力对晋西北进行的大"扫荡"；以 2 万 5000 余兵力对太行区进行的大"扫荡"；以五万兵力对冀中区进行的大"扫荡"；以一万余兵力对冀南区进行的大"扫荡"，等等。此外，

万人以上兵力的"扫荡"还有数十次之多。小规模的"扫荡"就更多了。

由于日本帝国主义的频繁"扫荡"，由于国民党顽军的制造摩擦和包围封锁，再加上1942年华北地区的严重自然灾害，敌后抗日根据地进入严重困难的时期。冀中、冀南、冀鲁豫、冀东等平原根据地，大多变为游击区或敌占区，整个根据地的面积大大缩小，人口由1亿下降到5000万，八路军由40多万人减少到30万人。解放区军民的生活陷入极端困难的境地。

在对华北抗日根据地进行大"扫荡"和推行"治安强化运动"的同时，日本帝国主义和汪伪政府在南方发动了"清乡运动"和对新四军的大"扫荡"。1941年七八月间，一万多名日军和1万5000多名伪军对苏北解放区进行"扫荡"。1942年11月，三万多名日军和三万多名伪军再一次"扫荡"苏北解放区。日伪的"清乡"和"扫荡"，使长江南北的抗日根据地缩小并受到极大摧残。

根据这种极端困难的情况，共产党采取了开展广泛的群众性的游击战争的作战方针。各个根据地把发展地方游击队和民兵放在重要地位，实行主力兵团地方化，地方武装群众化，普遍发展民兵。在各个军区，建立起正规军、地方游击队和民兵三位一体的军事机构。1941年县以下的地方游击队和不脱产的民兵，差不多较前发展了一倍。在广泛的群众性游击战争中，敌后军民创造了一整套对敌斗争的办法。在解放区，针对敌人的"扫荡"，部队以一部分力量分散与民兵相结合，日夜与敌人扭打，用地雷战、地道战、麻雀战等战法，巧妙地到处杀伤敌人，同时实行空舍清野。大部分主力部队跳到敌后之敌后，去打击敌人，粉碎"扫荡"。在游击区，针对敌人的"蚕食"政策，采取"把敌人挤出去"的方针。在敌人点线的正面，组织联防，主力部队、地方游击队和民兵三级武装密切配合，乘敌人立足未稳，给以坚决打击。如果敌人深入腹地扎下据点，就实行围困，迫使敌人撤走，或集中兵力袭占。在敌人点线后面，以武装深入敌占区，发动群众，推翻伪组织，使敌人腹背受击。在敌占区，采取"敌进我进"的方针，组织无数支武装工作队，深入敌后开展攻势。武工队是一个党政军民各项工作结合在一起的精干的一元化战斗单位。它的经常工作是发动与组织群众，对敌开展政治攻势。同时还进行一系列斗争，如打击敌宪兵队、特务队和死心塌地鱼肉人民的汉奸，摧毁伪政权，袭据点，打埋伏等。

在解放区抗战最艰苦的1941年和1942年，军民进行了极其英勇的斗争。抗战第五周年，八路军、新四军共作战1万4600余次，毙伤俘日伪军13万余人。抗战第六周年共作战2万7500余次，毙伤俘日伪军19万9000余人。在1941、1942两年中，抗日根据地受到极大摧残，但却站稳了脚跟。到1943年就渡过了最困难的阶段，解放区有了恢复和发展，面积扩大了，人口上升到8000多万（包括一面负担和两面负担的），军队发展到47万，共产党员90多万。解放区的恢复和发展，军民战斗力的加强，为开展局部反攻打下了基础。

在解放区最艰苦的年月，中国共产党不仅领导军民开展对敌斗争，而且大力加强党本身的整顿，加强解放区的各项建设工作。这些都是渡过难关并取得恢复和发展的重要条件。1942年2月，毛泽东在中共中央党校做了《整顿党的作风》的演说。6月，中共中央发出全党进行整风学习的通知。从此开始了一场整风运动。这次整风运动以批判和纠正主观主义、宗派主义、党八股，树立和发扬理论与实践相结合、同人民群众紧密联系在一起以及自我批评的作风为根本任务。尤其以批判和纠正主观主义思想作风，树立和发扬理论联系实际、调查研究、实事求是的思想作风为核心。目的是达到全党在政治上、思想上高度的团结和统一。这次整风运动采取了"惩前毖后、治病救人，既要弄清思想又要团结同志"的方针，纠正了过去"左"倾路线时期"残酷斗争、无情打击"的做法。

整风运动收到了极好的效果。1942年到1944年，中共中央政治局和党的高级干部，对党史进行了讨论和总结。通过学习和总结，使党的干部的思想统一到正确的路线上来。1945年4月，中共中央召开六届七中全会，通过了《关于若干历史问题的决议》。为了战胜面临的困难，增强解放区的力量，为彻底打败日本侵略者打基础，解放区人民进行了政权建设、经济建设，发展了文化教育事业。在政权建设上，普遍实行了"三三制"政策。1940年3月，中共中央发出《抗日根据地的政权问题》的指示。指出：这种政权，是一切赞成抗日又赞成民主的人们的政权，是几个革命阶级联合起来对于汉奸和反动派的民主专政。在政权的人员构成上实行"三三制"，即共产党员占三分之一，非党的"左"派进步分子占三分之一，中间派占三分之一。凡是年满18岁的赞成抗日和民主的中国人，不分阶级、民族、性别、信仰、党派、文化程度，都有选举权和被选举权。1941年陕甘宁边区各级政府按"三三制"原则进行了改选。华北、华中各解放区先后按"三三制"原则选出了各地的参议会和政府。各地区的抗日民主政府实施了"精兵简政"的措施。

解放区在最困难的时期，普遍实行减租减息，开展大生产运动，加强经济建设，发展了新民主主义经济。1941年年底以前，减租减息只在少数地区实行。1942年1月中共中央通过《关于抗日根据地土地政策的决定》之后，减租减息普遍开展了起来，1943年进入高潮。大生产运动是1941年以后开展起来的。在陕甘宁边区，首先从一部分部队开始，随后在所有部队、机关和学校普遍推行，以后又普及到工农群众中去。晋察冀、晋冀鲁豫、晋绥、华中各抗日根据地普遍开展了大生产运动，加强了经济建设。当时的发展生产以农业为主，同时也发展工业和手工业。1940年到1942年陕甘宁边区共开垦荒地180万亩，增产粮食47万担。公营工厂发展到62个，职工近4000人，年产土布十万匹；同时发展了炼铁、炼油、修理机械、制造武器弹药等工业手工业。经济建设的开展，使根据地在经济上渡过了难关，为下一步革命事业的发展打下了物质基础。

中国共产党和解放区政府非常重视教育和文化事业的发展。1940年3月，中共中央发出《关于开展抗日民主地区的国民教育的指示》，指出：开展抗日民主地区的国民教育，是当前深入动员群众参加与坚持抗战，培养革命知识分子与干部的重要环节。解放区的教育，是新民主主义的教育，"即是以马列主义的理论与方法为出发点的关于民族民主革命的教育与科学的教育"。指示提出，要尽可能地恢复与重新建立各地小学校，建立广泛的小学网；必须计划在几个中心地区设立师范学校；在某些县区内设立公立中学。1940年，陕甘宁边区的小学有1300余所，学生4万3000余人；晋察冀边区开办小学7600余所，学生达46万9000余人。在陕甘宁边区创办了抗日军政大学、陕北公学、鲁迅艺术学院等学校，培养了大批人才。在文化宣传方面，中共中央所在地延安出版了《解放日报》《解放》《八路军军政杂志》《中国工人》《中国青年》《中国文化》等报刊。其他根据地出版有《晋察冀日报》《大众报》《江淮日报》《挺进报》和《新华日报》（华北版）等多种报纸。在解放区出版了相当数量的马克思列宁主义著作和毛泽东著作。过去落后的农村地区的文化教育，有了相当的发展。解放区的政权、经济、文化教育各方面建设的成就，使它成为以后新中国的雏形。

第十六讲　抗日战争的反攻及最终的胜利

1943 年是世界反法西斯战争发生重大转折的一年。从年初起，第二次世界大战进入后期阶段。作为世界反法西斯重要国家之一的中国的战局和政局也发生了重大变化。

1. 第二次世界大战进入了后期阶段

从 1942 年 7 月开始的斯大林格勒战役，到 1943 年 2 月 2 日完全结束。在这次战役中，苏军歼灭德国及其仆从国军队共约 170 万人，其中德军约 30 万人。德国损失坦克 3000 辆，飞机 2000 架。这次战役是苏德战争的转折点，也是第二次世界大战的一个转折点。从此，德军从战略进攻转入战略防御，苏军从战略防御转入战略反攻。在北非战场，1943 年 5 月德意军队向同盟军投降，北非作战结束。7 月美英联军在意大利的西西里岛登陆。墨索里尼政府垮台。9 月 3 日意大利政府同美英签署了停战协定。随着苏美英对德意作战的胜利，德国占领下的法、比、荷、南、波、捷、挪、丹、希腊、阿尔巴尼亚等被占领国家的民族解放运动都有了新的发展。

德、意、罗、保、匈等法西斯集团国家内部的人民抵抗运动也发展了起来。经过 1943 年一年的作战，苏美英军队在各个战场都占了优势，掌握了战争主动权。德国法西斯方面则接连失败，完全陷入被动挨打的困境。至此，世界战争形势发生了根本变化。

1943 年也是亚澳和太平洋战场发生根本和重大变化的一年。日本帝国主义在发动太平洋战争后的半年内，相继占领了包括缅甸、马来西亚、菲律宾、印度尼西亚、新几内亚、所罗门群岛在内的广大地区。这些地区加上以前占领的中国领土，总面积达 3200 万平方英里以上，占地球总面积的六分之一。日本帝国主义所追求的"大东亚共荣圈"实现了。但是日本帝国主义极盛时期的到来，同时也是走下坡路的起点。1942 年 5 月，日本集中大量兵力进攻中途岛，遭到惨败。中途岛海战是太平洋战局的转折点。从此日军失去了战略进攻的能力，美国则由守势转为攻势。8 月上旬，美军在瓜达尔卡纳尔岛登陆。这是同盟军在太平洋上展开正面反攻的开始。日军为了夺回该岛，几次增兵发动反攻。美国也不断增兵顽强作战。1943 年 2 月上旬日军从瓜岛全部撤退。在瓜岛战役中，日军遭到重大损失。从 1943 年 6 月起，美军在西南太平洋发动反攻，从 11 月起在中部太平洋发动反攻。在美军攻势面前，日军节节败退，整个太平洋战争的形势完全改观了。

2. 东条内阁"对华新政策"的失利

日本帝国主义在太平洋战争初期，曾利用胜利的声势，一度采取迫使蒋介石国民党屈服的进攻政策。1942 年 2 月，制定了攻击西安和长沙、常德的作战方案。8 月又计划向四川进攻，目的是消灭国民党军队，占领四川省的重要地区，"加速重庆政权的屈服或崩溃"。但这时日本在太平洋上的作战越来越不利，于是决定把作战重点放在南太平洋方面，搁下进攻四川的计划。东条内阁为了抽出中国战场上的军队，加强对付美国的力量，决定采取"对华新政策"。12 月，日本御前会议决定以汪伪政府的参战作为"打开日本和中国的现状的一大转机"，"专心加强国民政府（指汪伪国民政府）的政治力量，消灭重庆借以抗日的口实，和新生的中国一起真正为完成战争而迈进"。为了加强汪伪政权的"政治力量"，减少一些它在中国人民心目中的恶感，决定交还租界和废除治外法权。新政策中的对华经济措施，"以增加获取战争必需的物资为主要目标"。新政策还规定，"不进行一切以重庆为对手的和平工作"，如果形势发生变化时再另作规定。

对国民党政府施行诱降，是日本政府的一项既定方针。在一度暂停对重庆的诱降活动以后，1943 年 5 月底又提出使汪伪政府"对重庆进行政治工作"的问题。9月,日本大本营和政府联席会议制定了《对重庆政治工作方案》。方案提出的"和平"条件是:解除在华美英军队的武装,并使其撤出中国;断绝同美英的交通联系,对帝国实行的大东亚战争,作实质上的协助。这项工作要由日本"指导"汪精卫去进行。但是,日本在欧洲战局已经发生重大变化,太平洋的作战已经失利,又不愿放弃夺到手的在华权益的情况下,同国民党"达成全面和平",已经不可能了。

由于太平洋战争爆发后中国国际地位的提高,由于美英企图利用中国的力量抗日,1942年10月中美两国达成协议,取消美国在华的治外法权及其他有关各项权利。1943年1月11日签订了《中美关于取消美国在华治外法权及处理有关问题条约与换文》。同一天中国和英国签订了同样性质的条约。条约规定美英两国放弃在华治外法权,放弃关于公共租界和其他租界内的及有关的一切权利和利益,放弃1901年《辛丑条约》上的权利。在中国领土内的美英两国人民,受中华民国政府的管辖。这是中国近现代历史上同外国签订的平等条约之一。条约的签订标志着中国国际地位的重大提高。国统区和解放区都为废除不平等条约,召开了盛大的庆祝会。11月间,罗斯福、丘吉尔、蒋介石在开罗举行会谈。会后发表了《开罗会议宣言》,宣布"日本所窃取于中国之领土,例如满洲、台湾、澎湖群岛等,归还中华民国"。三大盟国力使日本无条件投降要进行"长期作战"。中国以世界大国的名义出现在国际舞台上。

3. 蒋介石的《中国之命运》之亡命

在1943年,西方的德国节节败退,东方的日本也不断失利,整个形势处在大变化的前夜。面临这种形势,国民党顽固派一则以喜,一则以惧。喜的是欧战一旦结束,美英就可集中力量对付日本,自己可以不费力地取得抗战的胜利。怕的是德日意三个法西斯国家垮台,人民民主力量上升,会冲击自己的买办封建法西斯统治,甚至有灭顶之灾。为了维护以至扩大法西斯统治,感到有再来一次大规模的反共行动的必要。3月,以蒋介石的名义发表《中国之命运》一书,是这次反共行动的开始。

《中国之命运》对中华民族，对中国历史特别是近现代历史，对所谓"革命建国的根本问题"，对所谓"中国革命建国的动脉及其命运决定的关头"等一系列问题，作了歪曲和反动的论述。它是一本比较完整地表述蒋介石法西斯集团的立场、观点、哲学思想、内外政策的书。它攻击的矛头主要指向中国共产党和共产主义思想体系，同时也攻击资产阶级民主主义。它从理论上为买办封建法西斯统治辩护，也为反共高潮做舆论准备。蒋介石在这本书里，宣布了他反共反人民的决心。他说，"中国从前的命运在外交，今后的命运则全在内政"。共产党和它领导的军队"割据地方""破坏抗战""妨碍统一"，必须铲除。如果不"根本放弃武力割据的决心"，"那就是无论怎样宽大，绝不会发生什么效果，亦找不出有什么合理的方法了"。中国命运的决定，"不出于这二年之中"。《中国之命运》发表后，国民党发动了一个攻击共产主义和民主主义的大规模舆论宣传。

6月18日胡宗南召开部署进攻陕甘宁边区的军事会议。集中在边区周围的军队多至四五十万人，准备大举进犯。中国的政局面临着十分危险的形势。在这次反共活动中，蒋介石用自己的名义发表《中国之命运》，系统阐述中国式法西斯主义思想体系，并示意决心发动反共内战，这就给全国人民一个指名批判蒋介石的机会。《中国之命运》的发表，和对蒋介石集团思想体系的批判，是抗日战争时期政治思想战线上斗争的高潮，也是中国现代史上中国新民主主义和中国式法西斯主义斗争的一个高潮。在反击这次反共高潮的政治斗争中，共产党人在报刊上发表了大量的社论和文章，批判蒋介石和《中国之命运》。周恩来作了专题报告《论中国的法西斯主义——新专制主义》。这些社论、文章和报告，论述了共产党的理论、主张、任务和政策，从各方面批判了蒋介石国民党的反动思想和政策。中国共产党的批判主要是：（1）指出"中国思想界现在的中心任务，就是从思想上彻底打垮和消灭法西斯主义"；（2）揭露了蒋介石"中国式的法西斯主义"，是中国封建思想糟粕和外国法西斯主义的"杂种"；（3）批判了法西斯主义的"诚的哲学"或"力行哲学"，是极端唯心主义的愚民哲学；（4）揭露了实际上存在着的法西斯主义的政纲和策略；（5）驳斥了国民党对共产党的"奸党""奸军""新式封建""变相军阀"之类的诬蔑，说明了中国共产党及其领导下的军队和解放区在抗战中的巨大作用。国民党发动的这次反共行动，不仅激起解放区军民的强烈反抗，也遭到国统区进步势力、中间势力的反对，国际舆论也谴责国民党分裂国内团结和发动内战的企图。同时各解放区做了迎击国民党军队进攻的准备。

当时中日矛盾仍是中国的主要矛盾，国民党的反动行径又受到国内外的反对，在这种情况下，它不得不使这次反共高潮缓和下来。1943年9月，蒋介石在国民党五届十一中全会上声称"中共问题是一个纯粹的政治问题，因此应该以政治方法来解决"。

共产党鉴于国民党停止了这次反共高潮，为了坚持团结、坚持抗战，向国民党表示愿意随时恢复谈判。随后就恢复了两党之间的谈判。

4. 中国的民主运动进入一个新阶段

1943年世界形势的重大变化，给中国民主党派和民主人士以巨大鼓舞。世界上许多资产阶级政治人物把第二次世界大战说成民主同法西斯之战。这一年苏美英转入反攻，意大利墨索里尼政府垮台，德日两个法西斯国家最后崩溃的命运已经可以断定。他们认为法西斯主义的没落，同时就是民主主义的发扬。因此民主思潮在全世界一度高涨起来。这个形势也影响到中国。

1943年9月民盟主席张澜发表小册子《中国需要真正民主政治》，其中说："年来保障人类自由，倡行民主政治的同盟各国，逐渐胜利，声势日振，正义日张，民主政治，乃为世界各国所重新认识，加强重视，均认为此次世界大战，完全是民主政治与独裁政治的战争，也就是自由、平等、独立和奴役、压迫、侵略的战争。""一般人认为墨索里尼之坍台，所影响于世界的重要性，将较其影响于欧洲战事者为多，从此独裁政治，将日趋于崩溃，民主政治，更将普遍的成为世界各国政治形态的唯一极则。"另一个重要民主人士说："说到中国，民主几乎已成了今日的万应丹。在这个世界的大势以至国内的大势所趋之下，在客观上，中国的民主前途，已绝对可以断定，而完全无可怀疑了。"由于国际形势的影响，由于国统区的政治形势日趋黑暗，由于民族资本的日益陷入困境，由于国共谈判的进行，1943年以后国统区的民主运动走向高涨。从1944年1月起，民主宪政运动又活跃起来。

1月初黄炎培、张君劢、左舜生、沈钧儒、章伯钧等再次召集宪政问题座谈会，在这年上半年开会多次。同时，黄炎培、张志让等创办《宪政》月刊，宗旨是研究宪法与宪政问题，"协助政府从事关于提倡实施宪政之宣传"。《宪政》月刊社邀集重庆实业、教育、银行等各界人士，陆续举行了多次宪政问题座谈会，讨论中国的宪政和宪政实施前的民主设施问题。2月，张澜、邵从恩、李璜等在成都组织了"蓉市民主宪政促进会"，"积极进行倡导民主，实行民主，促进宪政，研究宪草的工作"。3月，中共中央发出《关于宪政问题的指示》，指出国民党的准备实施宪政，目的在欺骗人民，稳定独裁统治。同月，周恩来发表《关于宪政与团结问题》的演说，指出中国所需要的宪政应该是"新民主主义的宪政"。5月，民盟发表《对目前时局的看法与主张》，指出"中国必须成为一个十足道地的民主国家"，国民党应当放弃十余年来的"特殊地位"。同月，中国西南实业协会、迁川工厂联合会、中国全国工业协会等团体举行宪政问题座谈会，要求国民党政府取消经济统制政策。重庆、成都、昆明各高等学校出现了许多研究宪政讨论宪政的团体和集会。9月，三届三次国民参政会在重庆召开，中共根据当时形势的发展，正式提出希望国民党结束一党专政，"由国民政府召集各党各派、各抗日部队、各地方政府、各人民团体的代表，开国事会议，组织各抗日党派联合政府"。10月10日民盟发表《对抗战最后阶段的政治主张》，号召立即结束一党专政，建立联合政府，实行民主政治。这样，中国的民主运动就进入了一个新阶段。这是抗战后期中国政局的新发展。

5. 抗战胜利的前夜

1944年4月，日本帝国主义为了支援侵入南洋的军队，为了解除利用中国基地的美国空军对日本本土的威胁，为了准备在中国大陆作最后挣扎，发动了"打通大陆交通线"的豫湘桂战役。在八个月的作战中，日军占领了河南、湖南、广西等省的大部分土地和洛阳、长沙、桂林、郑州、柳州等146个中小城市，打通了"大陆交通线"。国民党损失兵力五六十万，国土20多万平方公里，使6000多万民众沦于日寇的铁蹄之下。国民党军的大溃败，是国民党政治、军事极端腐败的突出表现。这个事实大大激发了国统区人民对国民党政权的愤恨，促进了人民的抗争。

同国民党战场大溃败的形势相反，解放区战场发动了局部反攻。到1945年4月，八路军、新四军和华南抗日纵队已发展到91万，民兵发展到220万。建立了19个解放区，地域包括辽宁、热河、察哈尔、绥远、陕西、甘肃、宁夏、山西、河北、河南、山东、江苏、浙江、安徽、湖南、湖北、广东等省的大部或一部，总面积达95万平方公里，人口达9500多万。尤其重要的是解放区处在全国重要的战略地区，许多重要城市如北平、天津、太原、石家庄、济南、郑州、徐州、南京、上海、广州等，都处在人民军队包围之中，许多重要港口处在人民军队控制之下或活动范围之内。共产党领导的军队和解放区已成为全面大反攻的重要力量和夺取抗战最后胜利的强大基地，同时也是抵制国民党独占抗战胜利果实的强大力量。

1944年6月6日，英美联军在法国北部诺曼底登陆，开辟了欧洲第二战场。苏军反攻的胜利和第二战场的开辟，使欧洲反法西斯战争进入决战阶段。在世界反法西斯战争的末期，左右世界战局和政局的美苏英三大国，特别是美苏两国，为了取得战争的最后胜利和安排战后的世界格局，于1945年2月召开雅尔塔会议。参加者有罗斯福、斯大林、丘吉尔。会议主要讨论了处置德国问题、波兰问题、对日作战和处理日本问题。在三国签订的关于日本的协定中，大大损害了中国的主权。其中规定苏联恢复1904年以前沙俄在我国东北的权益，即保证苏联对大连港的"优越权益"，租用旅顺港为海军基地，中苏两国共同经营中东和南满铁路等。这些规定随后在国民党政府同苏联签订的《中苏友好同盟条约》中予以承认。雅尔塔会议确定了由美苏安排的世界格局。中国也被安排在这个格局之内。但是由于中国共产党领导人民进行了卓有成效的斗争，局部地打破了它们控制的这种世界格局，使中国局势朝着有利于中国人民的方向发展。

1945年5月1日，苏军攻克德国首都柏林。5月8日和9日德国签署了无条件投降书。欧洲反法西斯战争胜利结束。这时日本帝国主义彻底失败的命运已经注定了。4月1日美军在冲绳岛登陆。4月5日苏联宣布废除日苏中立条约，并迅速向远东增兵。日本政府曾想在除"不改变满洲国的现状"外，其他在华利益可以放弃或商谈的条件下，与国民党政府媾和，但于本年年初被蒋介石拒绝。总之，当时的形势是欧洲的战争已经结束，中国抗战胜利的局面已经确定。中国正处在大变化的前夜。

6. 国民党六大路线违反人民的公意

中国国内的政治斗争由于美国的干涉而更加复杂。国民党政府由于得到美国的支持而增加了反动性。1944年10月，罗斯福按蒋介石的意见撤换了与蒋有矛盾的史迪威，表明美国选定蒋介石作为自己在中国的代理人。1945年4月2日美国驻华大使赫尔利在华盛顿发表声明，宣布美国只同国民党合作，不同共产党合作；中国"统一"的障碍在于"武装的政党"中国共产党。这时美国以大量军援供应和装备国民党军队。美国的用意在于加强国民党对共产党的政治军事优势，帮助国民党准备抢夺抗战胜利果实，以加强战后美国同苏联抗衡的力量，扩大美国在华势力。

进入1945年，中国各党派各种政治力量的首要任务虽然还是打败日本，但是他们已经着眼于战后，为自己能够控制战后政局而积极做准备。中国共产党第七次全国代表大会和中国国民党第六次全国代表大会于1945年上半年同时召开，说明中国正处于一个紧要关头。人民抗战的胜利果实是归人民所有，还是被国民党抢占？中国仍然是一个买办封建专政的国家，还是成为一个人民民主国家？这是两个大会所要回答的主要问题。

国民党第六次全国代表大会于5月5日至21日召开。大会议题之一是"实施宪政"，实际是坚持一党专政，拒绝成立联合政府。蒋介石在开幕词中大谈"实施宪政"，但又说"还政于民之后"，国民党"保育民国"的责任，"不但不因之减轻，而无宁更为加重"。大会决定在1945年11月12日召集国民大会，通过宪法。但"国大"代表仍是1936年国民党包办选出的代表，制定宪法要以"五五宪草"为依据。这样的"还政于民"，实际上是把独裁大权由左手交给右手。大会的第二项重要议题是决定"彻底实行民生主义"。实行的目的除了说些"增进人民生活"之类的空话之外，真正用意在于"防止资本垄断的发生""消除阶级斗争的原因"。前者在于扩大官僚资本，扼制和吞并民族资本，后者主要在反对共产党。为了上述两种目的，大会通过了《政纲政策》《农业政策纲领》《工业建设纲领》等文件。这些文件规定：都市土地，一律收归公有。"一切山林川泽矿产水利等天然富源，应立即宣布完全归公"，"凡有独占性之企业及为私人之力所不能办者，均归国营或公营"，"原属民营之事业产量未足定额时，由政府筹措"。国民党所说的"平均地权""节制资本"的核心内容，就是这些。大会通过了一项《对中共问题之决议》，声称"在不妨碍抗战危害国家之范围内，一切问题可以商议解决"。国民党"六大"的路线是坚持独裁反对民主、扩大官僚资本扼杀民族资本、反对土地改革的路线。这条路线不仅违反全国人民的公意，也违反世界潮流。

7. 中共七大是取得抗日胜利的保证

中国共产党第七次全国代表大会，1945 年 4 月 23 日至 6 月 21 日在延安召开。在会上，毛泽东作了《论联合政府》的政治报告，朱德作了《论解放区战场》的军事报告，刘少奇作了关于修改党章的报告，周恩来作了《论统一战线》的发言。这次大会分析了国内外形势，总结了中国共产党领导新民主主义革命的经验，特别是抗日战争中国共两条抗战路线斗争的经验，提出了党在当前革命阶段的总路线与党的一般纲领和具体纲领，制定了新的党章，选举了新的中央领导机构。毛泽东在报告中指出，世界反法西斯战争即将取得胜利。在胜利之后，反法西斯的人民大众和法西斯残余势力之争，民主和反民主之争，民族解放和民族压迫之争，仍将充满世界的大部分地方。但人民将取得胜利。中国的形势和世界的总形势是相合的。这样，"在中国人民面前摆着两条道路，光明的道路和黑暗的道路。有两种中国之命运，光明的中国之命运和黑暗的中国之命运"。两种前途都存在，但要争取好的前途。中国人民当前的任务是成立民主联合政府，最后打败日本侵略者，在抗战胜利后，将中国建设成为一个独立、自由、民主、统一和富强的新国家。为了实现这样的任务，大会制定的路线是：放手发动群众，壮大人民力量，在我党的领导下，打败日本侵略者，解放全国人民，建立一个新民主主义的中国。大会通过的新党章的显著特点是规定：中国共产党，以马克思列宁主义的理论与中国革命实践之统一的思想——毛泽东思想，作为自己一切工作的指针。新党章强调群众路线，指出这是共产党的"根本的政治路线"和"根本的组织路线"。大会选举毛泽东、朱德、刘少奇、任弼时、林祖涵等44人为中央委员。大会后召开的中共七届一中全会上，选举毛泽东为中央委员会主席，毛泽东、朱德、刘少奇、周恩来、任弼时为书记处书记。这次大会是中国共产党空前团结的大会。大会为取得抗日战争的胜利和人民民主革命的最后胜利，提供了重要的保证。

同时召开的国民党和共产党的两个大会，代表了中国历史发展的两条道路两个方向。它们表现了当时抗战和建国问题上的分歧和斗争，也预示中国主要矛盾的即将转化。

8. 八年的抗日民族解放战争胜利了

1945年7月中旬到8月初，苏联部长会议主席斯大林、美国总统杜鲁门、英国首相丘吉尔（后换为新任首相艾德礼）在柏林近郊波茨坦举行会议，决定要日本政府"立即宣布所有日本武装部队无条件投降"。这就是"波茨坦公告"。8月6日，美国使用原子弹轰炸日本广岛。8月8日苏联政府对日宣战。9日零时后，苏军在4000多公里长的战线上对日本关东军发起全线总进攻。9日美军向长崎投下第二颗原子弹。苏军很快歼灭了日本关东军，解放了东北四省和察哈尔省。苏联的对日宣战，使中国抗日战争立即进入最后阶段。8月9日中共中央主席毛泽东发表声明，指出"最后地战胜日本侵略者及其一切走狗的时间已经到来"，要求抗日军民猛烈地扩大解放区，缩小沦陷区。同时要注意制止内战危险，促成联合政府的建立。8月10日延安总部总司令朱德命令解放区抗日部队迅速进行大反攻，收复失地，限令日伪军无条件投降。8月11日蒋介石命令国民党军队"加紧作战，积极推进"，但却"命令"人民军队"就原地驻防待命"，不得向日伪军"擅自行动"。同时他要日本军队在原地做"有效之防卫"，以阻止人民军队受降，甚至要日军向新解放的地区收复"失地"，并要伪军"负责维持治安"。人民军队拒绝执行蒋介石的命令。国民党军队抢夺抗战胜利果实的行动，使国内矛盾尖锐了起来。

8月15日，日本天皇裕仁以广播《停战诏书》的形式，正式宣布接受波茨坦公告，无条件投降。9月2日，在美舰密苏里号上举行日本投降签字仪式。在中国战区，9月9日在南京举行日本投降签字仪式。侵华日军最高指挥官冈村宁次在投降书上签字。至此，历时八年的抗日民族解放战争胜利结束。

抗日战争的胜利，是中国在战争全局上打败侵略中国的帝国主义的胜利。这个胜利扭转了一百年来中国同帝国主义作战中屡战屡败的局面。这个胜利是除汉奸、卖国贼、亲日派以外所有中国人的胜利，是中华民族的无上光荣。这个胜利使新民主主义革命的历程大大前进了一步。中国的抗日战争，正如毛泽东所说的，是战争史上的奇观，中华民族的壮举，惊天动地的伟业。

第十七讲　各党派的建国主张以及政治协商会议

世界反法西斯战争和中国抗日战争胜利以后，中国面临着新的政治形势，需要解决新的重大的全局性的问题。这些问题就是和平、民主、团结、统一，概括起来就是"建国"问题。这是每一个要求政治民主、国家富强、社会进步的中国人共同关心的问题。各党各派都对这些问题发表了自己的主张。

1. 中共中央发表《对目前时局的宣言》

抗日战争结束以后，中国历史进入一个新时期。1945 年 8 月 25 日中共中央《对目前时局的宣言》提出，"在这个新的历史时期中，我全民族面前的重大任务是：巩固国内团结，保证国内和平，实现民主，改善民生，以便在和平民主团结的基础上，实现全国的统一，建设独立自由与富强的新中国"。为了奠定今后和平建设的基础，宣言要求国民党政府立即实施包括以下内容的措施：承认解放区的民选政府和抗日军队；实现和平，避免内战；公平合理地整编军队，办理复员，救济难胞，减轻赋税，以苏民困；承认各党派合法地位，取消一切妨碍人民集会、结社、言论出版自由的法令，取消特务机关，释放爱国政治犯；立即召开各党派和无党派代表人物的会议，商讨抗战结束后的各项重大问题，制定民主的施政纲领；结束训政，成立举国一致的民主的联合政府，并筹备自由无拘束的普选的国民大会。中国共产党声明"愿意与中国国民党及其他民主党派，努力求得协议，以期各项紧急问题得到迅速的解决，并长期团结一致，彻底实现孙中山先生的三民主义"。

2. 民盟的《在抗战胜利声中的紧急呼吁》

1945年8月15日中国民主同盟发表《在抗战胜利声中的紧急呼吁》，提出"民主统一，和平建国"的口号。10月，民盟在重庆召开临时全国代表大会，通过了纲领、政治报告、宣言和章程。前三个文件体现了民盟的基本政治理论和主张。政治报告认为战后时期是"中国建立民主国家千载一时的机会"，民盟的任务就在"把握住这个千载一时的机会，把中国造成一个十足道地的民主国家"。

它认为英美和苏联的制度各有优缺点，要"拿苏联的经济民主来充实英美的政治民主，创造一种中国型的民主"。这是民盟关于民主政治的基本思想。纲领主张"以渐进方式完成土地国有；国家确认人民私有财产，并确立国有及公有财产"。大会宣言就政治协商会议、民主联合政府、国民大会、人民自由、军队、经济、外交等重大问题，提出了民盟的主张和政策。

宣言说："举国一致的民主联合政府是当前国家和平、统一、团结的唯一途径，同时亦是全国通力合作群策群力共同建国的唯一途径。"

3. 民建宣言：建立一个和平奋斗的典型

1945年12月16日，胡厥文、章乃器、施复亮、李烛尘等在重庆召开大会，正式成立民主建国会。大会通过了宣言和政纲。民主建国会以"合力推进民主政治，并以互助方式发展各种有利建国之事业为宗旨"。它在宣言中提出了自己的各项主张：在国际上，对美苏两国采取平衡政策。对于国内政治，主张和平统一；各政党相忍相让，通过政治的民主化，达成军队的国家化；直接普选产生各级议会，由议会行使各级政权。在经济方面，主张要有民主的经济建设计划，与在计划指导之下的充分企业自由；在目前阶段，国家必须以全力培养资本，而不能以节制资本的名义消灭资本；用合理的手段解决土地问题。在社会方面，主张政府须制定公平合理的分配制度，奠定劳资合作的基础；"工会农会应鼓励其自由组织"，但"工农以外的政治社会力量，不应加以控制与操纵"。宣言表示"愿以纯洁平民的协力，不右倾，不左袒，替中国建立起来一个和平奋斗的典型"。

此外，洪门致公党在国外发表宣言，三民主义同志联合会、中国民主促进会、九三学社、国民党民主促进会等先后正式成立并发表政治主张。他们的共同愿望是在中国保持一个和平的环境和实现民主政治。这些党派及其成员，为了把握千载一时的良机，建立长期追求的资产阶级民主国家，做着不懈的努力。在反对国民党法西斯专政，要求实现民主政治的基础上，他们同共产党联合。他们在促进政协召开，维护政协路线和反内战、争和平、反独裁、要民主的运动中，发挥了重大作用。

4. 国民党不容改变买办封建法西斯专政

决定中国政局的一个重要方面是中国国民党。实行专制统治、扩大官僚资本是它一贯的方针。抗战胜利后国民党政府接收了大量敌伪产业。至1946年8月底止，经济部接收的厂矿企业共2849个单位，其中大部分由经济部直接接管复工。国民党政府的四行二局接收了敌伪的正金、住友、朝鲜、中央储备等银行。通过接收，四大家族官僚资本空前膨胀，骤增至200亿美元之多。维护这个国家垄断资本及建立于其上的政治制度，是国民党政策的基本之点。但是在当时的条件下，它不得不打出和平建国、实行民主政治的旗号。国民党政府教育部编的《战后新中国》中说，"民主立宪乃国民革命之预定目标，外应世界潮流，内应国民要求，不可缓亦不能缓。战后新中国之政治，此其主流也"。但和平建国、民主宪政的口号，不过是搪塞人民民主要求、坚持反动统治的一种手段。蒋介石一方面说"民主宪政不容再缓"，但又提出种种"先决条件"，阻挠民主政治的实现。他在1946年元旦《告全国军民同胞书》中说："除了革命的责任不能放弃，国家的统一不容损害，根本大法不容变更，政府基础不容动摇以外，其他无不可以容忍，无不可以协商。"这就是说，蒋介石集团是不容许改变买办封建法西斯专政的国家实质的。这是国民党对待战后中国问题的基本立场。

5. 美国支持蒋介石反人民打内战的道路

战后的中国政治同美帝国主义的对华政策分不开。美国要以国民党政府作为侵略和控制中国的工具，蒋政权要以美国援助做靠山。在这个基础上，美蒋进一步勾结起来。由于国际形势、美国国内情况和中国内部矛盾发展状况的制约，美国的援蒋反共政策有一个演变过程。战后美国对华政策面临着三种抉择：一是完全摆脱一切牵连。这在美帝国主义是不会采取的，因为它不能放弃对中国的侵略。二是大规模地在军事上加以干涉，援助国民党击毁共产党。但美国慑于中国人民力量的强大，美国人民和世界人民的反对，也由于美国国力的限制，在世界大战刚刚结束，人们需要和平的时候，还不敢冒巨大风险，直接出兵进行大规模的武装干涉。三是一面援助国民党尽可能广大地在中国确立其权力，一面鼓励国共双方从事协商，达成妥协。美国选择了第三条途径。在这条途径上，美国企图采取一种临时办法，以便将共产党人以一种类似西欧共产党所居的地位，纳入资产阶级民主政治的轨道，使国共两党及民主党派参加一个亲美的、蒋介石为首的、经过改组的联合政府。

当时美国估计这种可能性是存在的。但是这种办法和途径，是不利于中国人民的，因而不断受到共产党的揭露和抵制；同时也不完全符合国民党一党专政和蒋介石个人独裁的需要，因而受到国民党内法西斯势力的反对。美国预计的办法无法实现。抛开蒋介石政府，由美国干预另外组建一个代表美国利益的政府，又是不可能的。

在这样的形势下，美国对华政策逐步走上了支持蒋介石反人民打内战的道路。

1945 年 12 月美国总统杜鲁门发表对华政策声明，表示赞成召开全国主要政党代表的会议，"以促成中国之统一"；同时又说，共产党军队的存在，是"与中国政治团结不相符合"的。同月，美国总统特使马歇尔来华执行美国对华政策。他以"调处"为名，参与国共谈判，支持国民党政府发动内战。1947年1月离开中国。一年间马歇尔的活动，反映了美国对华政策的实施演变过程。

6. 苏联与美国一致支持蒋介石统一中国

苏联也是影响中国内政的一个重要国际因素。1945年2月美英苏三国签署的《雅尔塔协定》，规定苏联恢复日俄战争前沙俄在中国东北的一切权益。同时三国达成协议一致支持以蒋介石为首的国民党政府。1945年8月14日国民党政府和苏联政府签订了《中苏友好同盟条约》及其他协定，国民党承认了苏联要求在我国取得的权益，以换取苏联的支持。苏联领导人则一再向美国和国民党表示：与美国一致支持由蒋介石统一中国，支持蒋介石的国民政府。

7. 国共重庆谈判

在以上这些国际国内条件下，中国历史上出现了一个斗争尖锐而又曲折复杂的短暂时期。这个时期中国问题的中心是政治协商会议；而国共两党的重庆谈判是当时国内政治发展的一个关键。

1945年8月28日，毛泽东应蒋介石电邀，由赫尔利、张治中陪同，偕周恩来、王若飞前往重庆，与蒋介石进行谈判。毛泽东同蒋介石就和平建国大计进行了多次商谈。中共代表周恩来、王若飞与国民党政府代表王世杰、张群、张治中、邵力子经过40天的谈判，于10月10日签订了《政府与中共代表会谈纪要》，即"双十协定"。

这次谈判的主要成果是国民党承认了和平建国基本方针。纪要中说，国共双方"必须共同努力，以和平、民主、团结、统一为基础，长期合作，坚决避免内战，建设独立、自由和富强的新中国，彻底实行三民主义"。在此前提下，中共承认蒋介石的领导地位。双方认为"政治民主化，军队国家化及党派平等合法，为达到和平建国必由之途径"。国民党应该结束训政，实施宪政，召开政治协商会议讨论和平建国方案及召开国民大会各项问题。军队国家化和解放区政权问题，是双方谈判斗争的焦点。国民党仍坚持"军令政令统一"，拒不承认人民军队和解放区政权的合法地位。在军队问题上共产党提出自己领导的抗日军队可以缩编至 24 个师，至少 20 个师，并将散布在南方的部队撤至陇海路以北及苏北、皖北的解放区。国民党对此未置可否。关于解放区政权问题，共产党提出的方案，都被国民党拒绝。没有达成协议的问题，双方同意以后继续商谈或提交政治协商会议解决。双十协定的签订是政治协商会议得以召开的先决条件。

国共谈判期间，内战在局部地区相当激烈地进行着。1945 年九十月间，国民党军在平绥路、上党地区、平汉路向人民军队发动进攻。人民军队进行自卫反击战并取得了胜利。从 11 月起，在国民党统治区爆发了大规模的人民反内战运动。为镇压人民反内战运动，国民党政府制造了一二·一惨案。人民军队自卫反击战的胜利和人民反内战运动，对国民党的内战政策起到了一定程度的暂时的抑制作用。12 月间，苏美英三国外长在莫斯科举行会议，重申对华政策。这些因素使政治协商会议得以举行。

8. 国民党破坏政协会议及和平民主气氛

1946 年 1 月 10 日至 31 日政治协商会议在重庆召开。参加会议的共有五个方面 38 名代表，其中有国民党的孙科、吴铁城、陈布雷等八人；共产党的周恩来、董必武、王若飞等七人；青年党的曾琦、陈启天等五人；民主同盟的张澜、罗隆基、章伯钧、沈钧儒等九人；无党派的"社会贤达"郭沫若、王云五、傅斯年等九人。蒋介石为会议召集人和当然主席。参加政协的五个方面实际代表中国三种政治力量。会议的过程，就是三种政治力量、三种国家政权主张、三条中国道路的一场尖锐复杂的较量过程。在斗争过程中，中国共产党同中间势力在一起，共同反对国民党的法西斯独裁政治。会议围绕改组国民政府、施政纲领、军队、国民大会、宪法草案五个问题进行了激烈的争辩。

关于改组政府问题。国民党主张"扩大政府组织"，不同意改组政府。具体意见是：扩大国府委员名额。国府委员由主席提出经国民党中央执行委员会通过。在委员名额中国民党要具有"特定程度的多数"。国府委员会无用人权。国府主席有紧急处置之权。共产党主张：承认蒋介石的地位和国民党是第一大党，但政府必须改组。改组政府要有共同纲领。国府委员会应有用人权。国民党在政府中的人数不能超过三分之一。国府委员人选不能由国民党中央通过。要防止"手令制"。民盟代表提出改组政府的三项要点：要有共同纲领，决策机关要真能决策，执行机关要真能执行。经过争辩和协商，最后通过了《政府组织案》。其中规定：国民政府委员会为政府之最高国务机关，有权议决立法原则、施政方针、军政大计、财政计划及预算，任免各部会长官及任用立法委员等。国府委员名额为40人，国民党占一半。重要议案须经三分之二以上委员通过。这就基本上否定了国民党的主张，体现了共产党和民主党派民主人士的要求。

关于军队问题。这个问题是会上斗争的焦点。国民党坚持"军令政令统一"的既定方针，一定要"军队国家化"。青年党强调"军队国家化为政治民主化的先决条件"，贯彻了国民党的意图。民盟则主张"全国所有军队应即脱离任何党派关系，而归属于国家"。共产党主张：不能"先有军队国家化，然后才能政治民主化"，要二者同时实行。军队国家化就是要使军队成为人民的军队。经过争论勉强达成了协议，通过了"军队属于国家""军党分立""军民分治""以政治军"等原则规定，但没有解决实际问题。

关于国民大会问题。国民党坚持1936年选出的国大代表仍然有效，另外"合理增加"名额。增加的名额中有将近一半为国民党指定。这种意见遭到中共、民盟和进步的无党派代表的强烈反对。最后达成的协议规定，国大代表名额共2050人。包括新增台湾、东北地区的代表150名，增加党派及社会贤达代表700名。"宪法之通过，须经出席代表四分之三同意为之。"这就基本上打破了国民党控制国民大会的企图。

关于宪法草案问题。国民党坚持1936年制定的"五五宪草"仍然有效，多数代表强烈反对，主张对它做原则性的修改。共产党代表提出制定宪法的四条原则：宪法应保障人民权利，不应限制人民权利；中央与地方权限应取均权主义原则；省为自治单位，省长民选，省得自制省宪法；宪法上明白规定有关军事、文教、经济各方面的民主政策。经过争论，决定了对"五五宪草"的修改原则。这些原则规定：立法院为国家最高立法机关，其职权相当于各民主国家之议会；行政院为国家最高行政机关，行政院对立法院负责；省为地方自治之最高单位，省长民选。这就规定了国会制、内阁制、省自治制的政治制度，否定了国民党一党专政的政治制度。

关于施政纲领问题。基本上按照共产党提出的《和平建国纲领草案》，正式通过了一个《和平建国纲领》，作为宪政实施前"施政之准绳"。

政治协商会议是中国政治史上特殊的一幕。由于共产党、民主党派、民主人士的共同斗争和国民党内民主分子的努力，使会议通过了有利于和平民主、有利于人民的协议。会议决定实行国会制、内阁制、省自治制的政治制度，这是对国民党一党专政和蒋介石个人独裁的否定。由于这些成就和协商解决问题的做法，使它在中国政治上产生了很大的影响。

政治协商会议的召开本身就是违反国民党统治集团的意志的。政协协议如果得到实施，就是对国民党法西斯专政的否定。因此政协会议及其各项决议，必然遭到国民党内根深蒂固的反动势力的强烈反对。在会议进行期间和闭幕以后，国民党特务和暴徒多次破坏在沧白堂举行的演讲会，打伤讲演的政协代表郭沫若、张东荪等；国民党政府的警察宪兵非法搜查政协代表黄炎培的住宅；国民党特务和暴徒制造了"较场口血案"，打伤知名人士李公朴、郭沫若、章乃器、施复亮、马寅初等及群众60余人。从2月22日起，国民党在重庆和其他一些大城市陆续举行反苏反共游行。这些暴行和游行，目的就是破坏政协会议的正常进行和会议后一度出现的和平民主政治气氛。

9. 国民党推翻政协会议的民主宪政原则

1946年3月1日至17日国民党在重庆召开六届二中全会。会上法西斯分子猖狂反对政协协议，尤其反对关于宪草问题的协议。蒋介石宣称宪草修改原则的若干点"与五权宪法的精神相违背"，要"多方设法来补救"。全会通过了一项《对政协报告之决议案》，提出五条宪草修改原则：（1）制定宪法应以建国大纲为依据；（2）国民大会应为有形之组织，用集中开会的方法行使职权；（3）立法院对行政院不应有同意权及不信任权；（4）监察院不应有同意权；（5）省无须制定省宪法。这次全会还决定由国民党中央政治委员会"指导"国民政府的工作。又决定各党推选的国府委员要拿到国民党中常会去选任。这些都是国民党一党专政的做法。这就完全推翻了政治协商会议决定的民主宪政原则。

第十八讲　全面内战与军事政治形势的转折

1946 年上半年，国民党在践踏政协协议的同时，加紧部署全面的内战。在关内，国民党调动了 210 个旅约 130 万人到内战前线，侵占解放区县城 40 座。在东北，国民党实行"武力接收"政策。杜聿明部不遵守国共双方达成的协议，从锦州西攻热河，直达赤峰、承德。这一行动的战略意图在于隔断华北解放区同东北解放区的联结。在美国支持下，国民党从上海、广州、越南等地将新一、新六等五个军运进东北，投入内战。5 月，蒋军侵占四平、长春、永吉，向北达到松花江南岸。在全面内战爆发以前，已经形成"关内小打，关外大打"的局面。

1. 国民党大举进攻解放区，全国性内战开始

1946 年 6 月 26 日，国民党军队十余万人向中原解放区的宣化店大举进攻。全国性的内战从此开始。

这也是国民党军向解放区战略进攻的开始。8 月 10 日马歇尔、司徒雷登发表联合声明，宣告"调处"失败。这是美国放手让蒋介石大打内战的一种表示。进攻中原解放区之后，紧接着蒋军以徐州绥靖公署薛岳、吴奇伟所属 58 个旅 46 万人，开始进攻苏皖及山东解放区；以郑州绥靖公署刘峙部及徐州绥署军队一部 28 个旅 24 万人，开始进攻冀鲁豫解放区；以河北省主席孙连仲及傅作义所属 18 个旅 16 万人，开始进攻晋察冀解放区；以太原绥署阎锡山部 20 个旅 9 万人及傅作义军、胡宗南军各一部，开始进攻晋绥解放区；以西安绥署胡宗南所属 19 个旅 15 万人，开始进攻陕甘宁边区；以 19 个旅 7 万余人进攻广东各游击区及海南岛琼崖解放区。

8月初国民党军飞机七架轰炸延安。10月杜聿明所属16个旅16万人向东北解放区发动新的进攻。7月至10月，蒋介石以其全部正规军248个旅约200万人的80%，即193个旅160余万人，向各解放区发动了全面进攻。10月11日侵占张家口，达到进攻的顶点。至此共侵占解放区城市153座。国民党政府国防部参谋总长陈诚，在北平向中外记者狂妄地吹嘘，同共军作战"三个月至多五个月便能解决"。

国民党为了在被其攻占的解放区恢复和建立反动统治，10月正式成立行政院绥靖区政务委员会，以宋子文、白崇禧为正副主任。将所侵占的解放区及其临近地区划分为15个绥靖区，并制定了《绥靖区施政纲领》《土地问题处理办法》等。蒋军所到之处，国民党党棍、特务、还乡团跟踪而至。国民党在占领区建立党组织，编练保甲，实行连坐法，强夺农民分得的土地，残杀革命群众。蒋介石企图以这种"行政配合军事"的办法，巩固占领地区。

2. 共产党对全面内战的爆发是早有准备的

中国共产党对全面内战的爆发是早有准备的。在国共谈判和政协会议期间，各解放区就开展了大规模的减租减息和发展生产的运动。在各部队开展了练兵运动，建立和扩充了炮兵和工兵。1946年5月4日中共中央发出《关于清算减租及土地问题的指示》，决定把抗日时期的减租减息政策改为没收地主土地分给农民的政策。这个改变标志着民主革命的深入。巩固解放区和发展生产等各项政策的实施，练兵运动的开展，为即将到来的全国性内战做了准备。

日本投降以后，共产党确定了"向北发展，向南防御"的战略方针，派大批干部和部队进入东北。在清剿土匪肃清敌伪残余势力，进行反奸清算、减租减息、土地改革和支援自卫战争的斗争中，逐步建立了广大的东北根据地。在各根据地建立了统一战线的人民政权。东北解放区的建立，对以后解放全国起了巨大作用。

3. 蒋介石军队与我人民解放军的全面较量

蒋介石集团发动全面内战的时候，总兵力共有430万人，占有三亿以上人口的地区，接收了100万投降日军的装备，并获得了美国大量的军事经济援助。当时人民解放军总兵力为120万人，装备落后，武器不足。解放区有人口一亿多。总的形势是解放军具有相当雄厚的力量，但蒋军占着明显的优势。针对优势敌军的战略进攻，中共中央军委制定了正确的作战方针。解放军作战以集中优势兵力各个歼敌为原则。以集中兵力打运动战为主，以分散兵力打游击战为辅。以歼灭敌军有生力量为主要目标，不以保守或夺取地方为主要目标。可以主动放弃一些城市或地方，诱敌深入，然后集中优势兵力，选择敌人薄弱或孤立的部分，在运动中予以各个歼灭。

蒋军向中原解放区发动进攻后，该地的解放军在李先念、郑位三领导下，突破敌人的包围，实行了战略转移。七八月间，华东解放军在陈毅、粟裕、谭震林等领导下，举行苏中战役，歼敌五万余人；随后又歼敌八个旅于宿北、鲁南地区。1947年2月主动撤离临沂，挥师北上，在莱芜地区一举歼敌五万余人。晋冀鲁豫解放军在刘伯承、邓小平领导下，主动出击陇海线，尔后又举行定陶、鄄城、滑县、巨金台、晋西南战役，共歼敌七万余人。晋察冀解放军在聂荣臻、肖克等领导下，在九十月间抗击了敌人从东西两面向张家口的进犯，在歼敌两万余人后，撤出张家口，尔后在保定地区打击敌人。贺龙、李井泉领导下的晋绥解放军，在晋察冀解放军的配合下，在晋北歼敌8000余人。东北解放军在林彪、罗荣桓领导下，在辽南新开岭地区歼敌二十五师全部。接着在1946年2月至1947年4月间，举行了三下江南、四保临江战役，歼敌五万余人，结束了敌人在东北的进攻。林彪（1907—1971年），又名育容，湖北黄冈人。罗荣桓（1902—1963年），湖南衡山人。

林彪，生于地主家庭；九岁入私塾，13岁起就读于林育南、恽代英等在黄冈八斗湾创办的浚新学校；15岁转入武昌共进中学。随着"五四运动"的发生和各种进步思潮的兴起，林彪逐步接受了新的思想；16 岁加入了中国社会主义青年团，曾被武昌地委指定为共进中学团支部书记；18 岁时南下广州，入黄埔军校学习军事，接受了马克思主义理论，并加入了中国共产党。

北伐战争开始后，林彪奉命参战，北伐军打到武汉后，他被派到国民革命军第二十五师七十三团任排长。大革命失败之后，林彪选择了革命道路，参加了南昌起义。随后林彪又参加了湘南武装起义，并随着武装起义的队伍上了井冈山，成为中央苏区的开创者之一。

在井冈山的斗争中，林彪初任工农红军第四军的营长、团长，因指挥作战有方，提升很快，1929 年 1 月，随红四军主力下井冈山，转战赣南、闽西，3 月任红四军第一纵队纵队长（亦称司令员）。期间，支持毛泽东继续担任红四军前委书记。

1930 年 6 月，林彪任红一军团第四军军长，在毛泽东和朱德的领导下参加了中央红军的多次重大战役，1932 年 3 月，他升为中央红军主力部队之一的第一军团总指挥，后来改称为军团长。率部参加了文家市、长沙、吉安、赣州、漳州、南雄水口、乐安宜黄、金溪资溪等重要战役和中央苏区历次反"围剿"和长征，曾多次指挥所部担任战役战斗的主攻任务，成为红一方面军能征善战的高级指挥员之一。在此期间，他还曾被选为中共红一方面军总前委委员、中共苏区中央局委员、中华苏维埃共和国第一、第二届中央执行委员和中央革命军事委员会委员。

从井冈山根据地的创立到红军被迫撤离中央苏区，林彪始终在第一线坚持指挥战斗。他参加了中央革命根据地的历次反"围剿"斗争。参加了红军长征。1934 年 10 月，中央红军长征开始后，与聂荣臻指挥所部参加了突破国民党军四道封锁线和强渡乌江作战。他率领的红一军团是长征的主力部队之一。1935 年 9 月，红一方面军改称陕甘支队，任支队副司令员兼第一纵队司令员。到达陕北后，陕甘支队恢复第一方面军番号，重任红一军团军团长，并当选为西北革命军事委员会委员。随后率部参加了直罗镇战役和东征战役。林彪在中央革命根据地的斗争中，从排长逐步升为军团长，并以此奠定了他一生的重要领导地位。

红军长征到达陕北后，党中央决定成立抗日红军大学，1936 年 6 月，林彪被任命为中国抗日红军大学（后改称抗日军政大学）的校长，后兼任政治委员。1937年1月，"红大"从保安迁至延安并改名为中国人民抗日军事政治大学，即"抗大"，继续任校长兼政治委员，并兼任抗大第一分校校长和政治委员。

抗日战争爆发后，中国工农红军改编为国民革命军第八路军，下辖三个师，林彪被任命为八路军第一一五师师长和该师军政委员会书记，是三位师长中最年轻的，并任中共中央革命军事委员会和军委前方分会委员。红军改编为八路军后，以师为单位分头开赴抗日前线，林彪率部挺进华北抗日前线。

1937年9月在平型关率部全歼板垣师团一部，取得大捷。平型关之战，是八路军挺进抗日战争前线后的第一仗，也是中国军民歼击日军规模较大的一次。平型关大捷之后，林彪继续率一一五师战斗在抗日前线。

抗日战争胜利后，林彪奉派到山东拟任山东军区司令员、中共山东分局委员。1945年9月下旬，林彪接到中央电令，遂奉命兼程转赴东北，于10月底抵达沈阳。此后历任东北人民自治军总司令，东北民主联军总司令兼政治委员，东北军区、东北野战军司令员兼政治委员和中共中央东北局书记，并兼任东北军政大学校长等职。进入东北初期，曾根据形势变化，向中央军委提出缩短战线的建议并被采纳。尔后，参与领导建立东北根据地，并组织指挥了四平、新开岭、三下江南四保临江等战役。1946年1月，部队改称东北民主联军。2月，指挥所部在辽宁彰武和法库之间的秀水河子歼灭国民党军第八十九师一部。该战是民主联军在东北反击国民党军的第一个歼灭战，打击了国民党军的嚣张气焰。1946年6月，林彪任中共中央东北局书记、东北民主联军总司令兼政委。1946年7月，林彪主持召开东北局扩大会议，讨论通过由陈云起草的《东北的形势与任务》，简称"七七决议"，强调发动群众、建立根据地的必要性。

1947年，先后发动夏季、秋季、冬季攻势，歼国民党军30余万人，为在东北进行战略决战创造了条件。此后，曾对中央军委南下作战的指示迟疑不决，直到1948年7月才初步定下实施辽沈战役的决心。9月战役打响后，对敌情做出正确判断，在攻克锦州后果断举行辽西会战，围歼国民党军"西进兵团"，取得战役的决定性胜利。此次战役共歼敌47万余人，解放东北全境，并使东北部队由出关时的13万余人发展到100余万人，成为人民解放军一支强大的战略机动力量。同年11月奉命率部入关，任人民解放军平津前线司令员和中共平津前线总前委书记，与罗荣桓、聂荣臻一起，统一指挥东北野战军和华北军区部队进行平津战役，歼灭和改编国民党军52万余人。

在东北战场上，林彪较充分地显示出他的指挥才能。他总结出"一点两面""三三制""三猛"等战术原则。"一点两面"就是在进攻敌人时集中力量突破一点，得手之后迅速扩大战果，正面进攻与侧面迂回包围、分割、穿插相配合；"三三制"即每班分成三个战斗小组，每个战斗小组三至四人，进攻时以小组为单位，队形疏散可减少伤亡，容易聚拢便于形成战斗力；"三猛"即猛打、猛冲、猛追。林彪把复杂的战术问题用几个字简练地概括，好学好记，便于推广，这些战术原则，在东北野战军中推广很普遍，应用也很广泛。至此，基本上解放了华北地区，使国民党军队驻华北主力基本丧尽。平津战役结束后，东北野战军改称为中国人民解放军第四野战军。

1949年春，林彪率领部队继续南下，指挥所部进军中南。3月任第四野战军司令员，5月兼任华中军区司令员，并任中共中央华中局（12月改称中南局）第一书记。6月率野战军主力渡过长江，先后指挥了宜沙、湘赣、衡宝、广东、广西、海南岛等战役，共歼国民党军43万余人，解放湘、鄂、粤、赣、桂5省。

罗荣桓，1927年4月到武昌中山大学读书，加入了中国共产主义青年团，随入中国共产党。同年7月被派往鄂南通城从事农民运动，参与组织通城、崇阳农民武装，同年参加鄂南暴动，任党代表。这支武装在江西修水编入了武昌国民革命军第二方面军总指挥部警卫团，罗荣桓任特务连党代表，参加湘赣边秋收起义。经三湾改编，随毛泽东进入井冈山，历任中国工农红军第一军第一师一团特务连党代表、第四军第十一师三十一团营党代表、第二纵队党代表。积极建立军队基层的共产党组织，实行民主制度，尊重爱护士兵，反对军阀作风。

1929年年底，罗荣桓参加第四军第九次代表大会，即古田会议，被选为四军前敌委员会委员。1930年8月任第四军军委书记兼政治委员。1932年3月任第一军团政治部主任。1934年1月被选为中华苏维埃共和国中央候补执行委员，获红星奖章。同年9月任第八军团政治部主任。长征中八军团撤销，他先后任总政治部巡视员、第一军团政治部副主任。到陕北后，参加了东征战役。1936年6月入中国人民抗日红军大学学习，并兼任培训高级干部的第一科政治委员。1937年1月任军委后方政治部主任,7月任第一军团政治部主任。

抗日战争初期,任八路军第一一五师政治部主任。1937年9月,率师政治部和少数部队,在晋冀边界的阜平、曲阳、灵寿一带发动群众,组织抗日武装,建立抗日民主政权。1938年到吕梁山地区,与代师长陈光指挥午城、井沟和薛公岭等战斗,保卫了黄河河防。同年秋,他参加扩大的中共六届六中全会,随后任一一五师政治委员。1939年3月初,与陈光率一一五师师部和主力一部进入山东,参与指挥樊坝、梁山等战斗,重创日伪军。1941年8月任山东军政委员会书记。

1943年3月任山东军区司令员兼政治委员,一一五师政治委员、代师长,中共中央山东分局书记,统一领导山东抗日民主根据地的党政军工作。他重视党的思想建设和组织建设,领导了整风运动。在抗日战争最艰难的岁月,领导山东军民进行精兵简政,实行主力部队地方化,加强连队基层建设,开展分散性、群众性游击战争,针对日军对根据地的"扫荡"和"蚕食",提出"敌人打过来,我们就打过去"的"翻边战术",扭转了山东抗日根据地的被动局面。1944年开始组织一系列战役,实行局部反攻,巩固、发展了山东抗日根据地。1945年指挥部队在山东进行大反攻,控制山东境内的津浦、胶济、陇海铁路,收复除济南、青岛少数城市之外的山东大部地区。此时罗荣桓的麾下已经拥有27万正规军,即为我党当时最强大的军事集团,建立了中共最强大的抗日根据地——山东抗日根据地。1945年6月,被选为中共第七届中央委员。抗日战争胜利后,从1945年10月底开始,罗荣桓领导的山东军区部队陆续出发,绝大多数都是分三批乘船到东北。山东军区开创了我军历史上最大规模的渡海行动。10月24日,中央要他"率轻便指挥机关,日内去东北"。除六万余人正规部队以外,山东军区还派往东北20个基干团,约三万人。这样,山东军区在抗日战争结束后,向东北共输送了九万人的干部、战士。在罗荣桓一行到达东北的前后,除万毅和萧华所率领的干部、战士外,还有许多山东军区的部队到达东北,成为东北民主联军的中坚力量。剩下的20余万正规军也成为第二野战军主力。

进军东北后任东北人民自治军第二政治委员,东北民主联军副政治委员。1946年后,任中共中央东北局副书记、东北人民解放军副政治委员、东北军区第一副政治委员、东北野战军政治委员。他强调打破和平幻想，准备长期作战，积极贯彻中共中央"让开大路、占领两厢"的战略方针，曾提出发动群众，创建东北根据地的建议。他组织领导了东北地区大兵团作战中的政治工作。1947 年在部队中推广第三纵队诉苦教育经验，增强指战员的战斗意志，提高部队战斗力。这一经验后经毛泽东批示在全军推广。他主持组建二线兵团，为主力部队输送了大量兵员。将东北野战军，即四野，由 11 万余人发展到 150 万人，成为各大野战军中实力最强的野战，占全国军队总数的三分之一。

罗荣桓参与指挥辽沈战役，在辽沈战役中，他坚决执行中共中央军委关于先打锦州，把国民党军封闭在东北予以全歼的战略决策，对夺取辽沈战役胜利起了决定性作用。

1949 年 1 月，罗荣桓任第四野战军政治委员，作为中共平津前线总前委委员和人民解放军平津前线政治委员，参与指挥平津战役，主持和平解放北平的谈判工作。1949 年 5 月，罗荣桓任第四野战军第一政治委员，1949 年 6 月以后被任命为中共中央华中局（后为中南局）第二书记，华中军区（后为中南军区）的第一政治委员。

在 8 个月的作战中，解放军放弃了 105 座城市和一些地方，但是取得了消灭敌军 65 个旅、71 万余人的战绩。蒋军虽然侵占了解放区的许多城市和地方，但是军队大量被歼，战线延长，兵力分散，机动攻击力量大大减少，因此从 1947 年 3 月起，不得不改变全面进攻的方针，采取对山东和陕甘宁两解放区实行重点进攻的方针。

1947 年 4 月蒋军开始对山东解放区进攻。蒋介石调集 60 个旅约 45 万人的兵力，自临沂、泰安一线北犯。华东解放军于 4 月下旬至 5 月中旬，先在泰安歼敌整编七十二师，后在孟良崮地区一举歼敌主力之一的整编七十四师。两役共歼敌 5 万 6000 人。孟良崮战役是粉碎敌军对山东解放区重点进攻的有决定意义的一战。此后蒋军又集中 32 个旅 24 万人向沂蒙山区进攻。解放军以一部兵力正面抗击敌人，主力则向敌后出击，迫使部分蒋军由鲁中西撤。1947 年 3 月，国民党军集中 25 个旅 20 多万人的兵力，向陕甘宁解放区进攻，企图攻占延安，摧毁共产党的领导中枢。中共中央于 3 月 19 日撤出延安，但仍留陕北，领导全国和西北的解放战争。不足三万人的西北解放军在彭德怀指挥下，按照诱敌深入方针，灵活地捕捉战机消灭敌人。经过青化砭、羊马河、蟠龙、沙家店等战役，5个月内歼敌三万余人，挫败了蒋军的重点进攻。同时其他战场的解放军举行了局部反攻。

中国人民解放军经过一年的作战，歼敌112万余人，挫败了蒋军的全面进攻和重点进攻。蒋军总兵力由430万人减至370万人，机动兵力只有40个旅左右。解放军损失35万8000人，但总数由120万发展到195万，装备有了改善，战斗力大大增强。战争形势发生了根本改变。此后，解放军由战略防御转为战略进攻，蒋军则由战略进攻转为战略防御。

4. 国民党亲美卖国破坏协议，国共关系破裂

国民党政府进行大规模内战，更加重了它对美国的依赖。而美国也需要向中国推销商品。由于共同的需要，1946年11月国民党政府外交部长和美国驻华大使在南京签订了《中美友好通商航海条约》。这项条约用"友好"的词句，以"平等""互惠"的形式掩盖着不平等的侵略的内容和性质。它是战后美国奴役中国、国民党政府出卖国家主权和利益的一项条约。条约中规定：美国人有在中国"领土全境内"居住旅行、从事商务、制造、加工、科学、教育、宗教和慈善事业，勘探和开发矿产资源的权利，并为此可以在中国保有建造、租赁土地及房屋，从事各种职业。美国的"法人及团体"与中国的"法人及团体之待遇相同"。美国商品在中国征税、销售、分配或使用，享有不低于任何第三国和中国商品的待遇。中国对美国任何种植物、出产物或制造品的输入，以及由中国运往美国的任何物品，"不得加以任何禁止或限制"。美国船舶可以在中国开放的任何口岸、地方或领水内自由航行。条约签订后，驻美大使宣称"全中国领土均向美国商人开放"，行政院院长张群发表了欢迎外国投资的声明。这项条约正如当时的舆论所说，是"绝对不利于中国的片面独惠的丧权辱国的新的不平等条约"。中美商约受到全国人民的反对。

国民党破坏政协协议，发动全面内战之后，为了给它的反动统治披上一件合法的民主的外衣，为了摆个样子讨好美国以便争取美援，便加紧了所谓"制宪"的步骤。1946年7月3日国民党政府国防最高委员会决定

本年 11 月 12 日召开国民大会。蒋军侵占张家口的次日，即 10 月 12 日，正式宣布了召开日期。参加大会的除少数青年党、民社党的代表和某些"社会贤达"代表以外，都是国民党的代表。这次大会的任务是制定宪法，因此被称为"制宪国大"。大会在通过了《中华民国宪法》后，宣告闭幕。1947 年元旦，国民党政府颁布了这部宪法，并宣布 12 月 25 日开始实施。这部宪法抄袭了资产阶级宪法中的一些自由民主词句，实质上与《训政时期约法》一脉相承。它的基本特点是以根本大法的形式确认了蒋介石独裁统治的国家制度。这次国民大会的召开和宪法的制定，完全违反政协协议及其规定的实现民主政治的程序，因此共产党认为这个大会是非法的，坚决予以抵制。11 月 19 日周恩来率中共代表团返回延安。民盟和无党派民主人士及国民党内的民主分子代表，也纷纷拒绝参加。民盟为了维护自己的正确立场，决定将参加国民大会的民社党开除出盟。

国民党召开"国大"之后，紧接着就"改组政府"。1947 年 4 月蒋介石在国防最高委员会和国民党中央常务委员会联席会议上选任了国民政府委员和五院院长。蒋介石任国民政府主席，孙科任副主席。行政院院长张群，立法院院长孙科，司法院院长居正，监察院院长于右任，考试院院长戴传贤。委员 29 名，其中国民党 17 人，青年党 4 人，民社党 4 人，"社会贤达" 4 人。4 月 23 日，改组后的"国民政府"正式成立。国民党把这个政府说成符合民主原则的"多党政府"，并说"国民党已实践还政于民之诺言"。这个政府只是在人员组成上有几个青年党、民社党的成员和亲蒋的"社会贤达"，实际上仍然是蒋介石一人、国民党一党控制的独裁政府。这个政府的反人民性质和过去的国民党政府是一样的。

国民党发动全面内战之后，国民党统治区掀起了大规模的人民民主运动。国民党加紧对人民民主运动进行镇压。1946 年 7 月中旬，国民党特务一周之内在昆明杀害了热心民主运动、反对内战独裁的民盟负责人李公朴、闻一多，制造了震惊中外的惨案。李公朴（1902—1946 年），江苏常州人。闻一多（1899—1946 年），湖北浠水人。

李公朴，幼年家境贫寒，13 岁到镇江京广洋货店做学徒。五四运动爆发后，他因组织爱国团，抵制日货，被店主解雇，后就读于镇江润州中学、武昌文华大学附中、上海沪江大学附中，毕业后升入沪江大学半工半读。

第一次国共合作时期，他投军北伐。1927年四一二反革命政变后，他愤然离开军队，次年8月赴美留学，半工半读，并在《生活》周刊上向国内介绍美国社会情况。1930年11月，李公朴回到上海。当时日本军国主义步步进逼，他满腔热血投入抗日救亡活动，与邹韬奋等筹办《生活日报》，在史量才支持下创办《申报》。1934年他和艾思奇一起创办《读书生活》，发表了大量反对日本帝国主义侵略、抨击国民党反动派统治的文章，宣传抗日民族统一战线的思想，进行哲学、社会科学和自然科学通俗化的尝试，传播马列主义的一些基本知识，引导许多青年走上了革命的道路。1936年，他创办读书生活出版社，出版了许多进步的通俗读物，包括马克思的经典著作《资本论》。同年全国各界救国联合会成立，李公朴被推为负责人之一，积极与东北抗日人士联系，支持抗日斗争。同年11月，国民党反动派竟将他与沈钧儒等六人逮捕入狱，即"七君子事件"。

抗战全面爆发后，李公朴在山西，经周恩来决定，他担任"民族革命战争战地总动员委员会"委员兼宣传部长，开展统一战线工作。同时创办了由他担任社长的"全民通讯社"，为抗战宣传教育及推动统一战线工作四处奔波。1937年11月，与沈钧儒等积极筹建全国抗敌救亡总会。12月，他和沈钧儒创办《全民周刊》，并成立了全民通讯社总社。1938年1月，《民众动员论》在武汉出版。同月，他应山西阎锡山之邀，到山西临汾创办民族革命大学，被委任为副校长，聘请一些进步学者、教授到民大任教。1938年5月，《抗战教育的理论与实践》出版。7月，为动员全民抗战，将自己创办的《全民周刊》与邹韬奋主编的《抗战》合刊为《全民抗战》。在抗日战争的艰苦时期，他到了延安，在中共中央的支持下，组织了"抗战教学团"，到晋、察、冀边区进行抗战教育工作，并把自己的亲身经历撰写成书《华北敌后——晋察冀》，客观公正地宣传共产党、八路军。太平洋战争爆发后，他由北方最前线转入西南大后方昆明。1942年12月创建北门书屋，1944年创办北门出版社。1944年他加入中国民主同盟，被选为民盟云南省支部执行委员，并担任《民主周刊》的编委工作。1945年在民盟全国代表大会上当选为中央执行委员和民主教育委员会副主任。12月，全国各界救国联合会召开会员大会，改名为中国人民救国会，会上他被选为中央委员和中央常务委员。1946年年初，他与陶行知共同创办"社会大学"，任副校长兼教务长，实施民主教育的理论与实践相结合的方针。同时主编《民主教育》月刊。为了迎接政治协商会议的召开，他参加发起成立政治协商会议陪都各界协进会，被选为理事。在政协会议期间，他经常主持举办各种报告会、演讲会。1946年2月10日重庆各界在较场口举行庆祝旧政协胜利闭幕大会，他担任总指挥。会上国民党特务进行破坏，制造了"较场口血案"，李公朴等人被特务殴伤，送医院治疗。同年5月，社会大学由于国民党反动当局百般刁难被迫停办，李公朴从重庆返回昆明，准备将北门出版社迁至上海，并开始编写《世界教育史》。此时他遭到国民党特务的严密监视，但他争取和平民主的决心愈加坚定。他说："我两只脚跨出门，就不准备再跨回来！"1946年7月11日晚，李公朴被国民党特务杀害。

闻一多，原名闻家骅，书香子弟。1912年考入清华大学，喜读古诗、诗话、史书、笔记等。1916年开始在《清华周刊》上发表系列读书笔记，总称《二月庐漫记》。同时创作旧体诗。1919年五四运动时积极参加学生运动，曾代表学校出席全国学联会议。1920年，发表第一篇白话文《旅客式的学生》。同年9月，发表第一首新诗《西岸》。1921年年底与梁实秋等人发起成立清华文学社，次年3月，写成《律诗的研究》，开始系统地研究新诗格律化理论。1922年7月，他赴美国芝加哥美术学院学习。年底出版与梁实秋合著的《冬夜草儿评论》，代表了闻一多早期对新诗的看法。1923年出版第一部诗集《红烛》，把反帝爱国的主题和唯美主义的形式，典范地结合在一起。

1925年5月回国后，历任国立第四中山大学（1928年更名中央大学）、武汉大学任文学院首任院长，国立山东大学、清华大学、西南联合大学的教授，曾任北京艺术专科学校教务长、南京第四中山大学外文系主任、武汉大学文学院院长、山东大学文学院院长。

1928年出版第二部诗集《死水》，在颓废中表现出深沉的爱国主义激情。此后致力于古典文学的研究。对《周易》《诗经》《庄子》《楚辞》的整理研究，后汇集成为《古典新义》，被郭沫若称为"前无古人，后无来者"。

1937年抗战开始，他在昆明西南联大任教。那时，他留了一把胡子，发誓不取得抗战的胜利决不剃去，表示了抗战到底的决心。1943年后，因目睹国民政府的腐败，于是奋然而起，积极参加反对独裁，争取民主的斗争。1945年，他为中国民主同盟会委员兼云南省负责人、昆明《民主周刊》社长。一二·一惨案发生后，他更是英勇地投身爱国民主运动，反对蒋介石的独裁统治。1946 年 7 月 15 日在悼念被国民党特务暗杀的李公朴的大会上，发表了著名的《最后一次的演讲》，当天下午在西仓坡宿舍门口被国民党特务枪杀，举世震惊。

闻一多遗著，后由朱自清编成《闻一多全集》四卷。

1946 年年底和 1947 年年初，由于美军在北平强奸北京大学一女生，爆发了全国规模的抗议美军暴行的运动。1947 年 5 月，爆发了全国规模的"要饭吃、要和平、要自由，反饥饿、反内战、反迫害"的学生运动。5 月 20 日京沪杭地区的学生在南京请愿时遭到国民党军警特务殴击，许多人被捕和受伤。由于粮价暴涨，人民挨饿，各地城市贫民在 1947 年春掀起了抢米风潮。1947 年 2 月 28 日台湾省人民举行了大规模的起义，反抗国民党法西斯统治。这次起义遭到残暴镇压。从国民党破坏政协会议开始，到 1947 年下半年，在国民党统治区，出现了以学生为中坚、各阶层人民广泛参加的人民民主运动，形成了武装斗争以外的中国人民反蒋斗争的第二条战线。它与人民解放军的胜利作战相配合，给国民党反动统治以沉重打击，使国民党政府处在全民的包围之中。这是中国即将发生根本变化的重要前兆。

全面内战的发动表明了蒋介石反动到底的决心。他彻底断绝了国共之间维持了十年之久的联系。1947 年 2 月国民党通知驻京沪渝的共产党谈判代表和工作人员要全部撤走。3 月上述人员全部撤回延安。蒋介石在国民党六届三中全会上说"政治解决"已经"绝望"，明确宣布国共关系破裂。6 月 25 日国民党政府最高法院检察署下令"通缉毛泽东"。这样国民党反动派就不留余地地破坏了国共关系和国内团结，进一步走上了自取灭亡的道路。

5. 第三大党运动的失败和中间路线的破产

国民党发动全面内战，破坏政协协议，召开非法的国民大会，关闭和谈之门，这一系列行动，使政协期间一度高涨起来的民主党派建立资产阶级共和国的希望越来越渺茫，驱使中间派一步一步走向绝境。但是，由于国民党的压力迫使他们不得不抗争，由于对形势估计的错误，由于旧民主主义对人民民主主义的排拒性，某些党派和个人更竭力地宣传中间路线和其他资产阶级政治主张，为实现中间路线，扩大中间派势力而奔走呼号。

中间路线的基本主张是"调和国共""兼亲美苏"。民盟一再表示站在第三者地位，"在调节武力党争上继续尽其最大的努力"。宣传"中间派的政治路线"最积极的人是民主建国会领导人之一的施复亮。施复亮（1899—1970年），又名施存统，浙江金华人。他主张中间派的政治路线应是实现英美式的民主政治和发展民族资本主义。"在政治上反对任何形式的一党独裁或阶级独裁。""中间派在行动上的态度应当是和平的、改良的，不赞成暴力的革命的行动。"在他看来，"目前的政局是：国民党不能用武力消灭共产党，共产党也不能用武力推翻国民党；而国际形势也不许可有一个完全右倾的国民党政权或完全左倾的共产党政权。在这种客观的情势之下，唯一可能的正确的道路，就是恢复中间性的政协路线"。为此必须造成一个"强大的中间派"，在国共之间"取得一种举足轻重的地位"。

正当中间派为实现他们的主张而奔走呼号的时候，国民党政府已经决定对他们进行彻底镇压了。它首先拿民盟开刀。1947年5月国民党中央社发表假造的文件《中共地下斗争路线纲领》和某政治观察家的谈话。谈话声称："民主同盟及其化身民主建国会、民主促进会、三民主义同志联合会等团体，其组织已为中共所实际控制，其行动亦均系循中共意旨而行。"这是打击民主党派的信号。10月国民党政府内政部宣布民盟为"非法团体"。随后民盟被迫以张澜的名义发表《中国民主同盟总部解散公告》，宣布民盟盟员一律停止政治活动，总部解散。没有被迫宣告解散的民主党派也失去了公开活动的自由。

民盟被强令解散，说明标榜实施"宪政"的国民党政府，连资产阶级的自由民主也不允许存在。民盟的解散宣告了"第三大党运动"的彻底失败和中间路线的彻底破产。

6. 人民解放战争彻底胜利不可缺少的条件

内战进行了一年以后，除蒋军和人民解放军在力量对比上发生重大变化之外，蒋军在军事态势上出现了非常不利的情况，重点进攻的结果，主要军事力量集中于东西两端，而中间和后方则非常空虚。这就给解放军实行中间突破，向敌人后方发展的战略提供了客观条件。人民解放军抓住时机转入战略进攻。解放军选择中原地区为进攻的突破口，把进攻的矛头直指大别山地区。这里是国民党战略上最敏感而兵力配置上又很薄弱的地区。为了开展战略进攻，中共中央做了三军配合、两翼牵制的部署。三军配合是：以刘伯承、邓小平等率领的晋冀鲁豫解放军主力实施中间突破，直趋大别山；由陈毅、粟裕等率领的华东解放军主力为左后一军，挺进苏鲁豫皖地区；由陈赓、谢富治率领的兵团为右后一军，自晋南挺进豫西。三军在长江、汉水、黄河之间布成"品"字形阵势，互为犄角，逐鹿中原。两翼牵制是：以西北解放军在陕北出击榆林，调动胡宗南部北上，以山东解放军在胶东展开攻势，继续把山东的蒋军引向海边，以便利上述三军的行动。

1947 年 6 月 30 日，晋冀鲁豫野战军主力在张秋镇至临濮集之间渡过黄河，挺进鲁西南地区，揭开了战略进攻的序幕。在进行鲁西南战役以后，8 月上旬晋冀鲁豫野战军分三路南下，紧接着涉越黄泛区，渡过沙河、汝河、淮河，于 8 月下旬进入大别山地区。10 月，陈谢兵团在平陆盂县间渡过黄河，挺进豫西。随后解放了陕县、灵宝、阌乡、卢氏等地，威胁西安。至 11 月底开辟了豫陕鄂根据地。9 月华东野战军外线兵团挺进鲁西南，越过陇海路，南下豫皖苏。至 10 月底，解放了洪泽湖以西、平汉路以东、淮河以北广大地区。12 月底三路大军在豫南的遂平西平地区会师。鄂豫皖、豫皖苏、豫西三个新解放区连成一片。三路大军也由各自作战变为直接协同作战。在三路大军同国民党军逐鹿中原的同时，其他战场的解放军也转入外线作战或内线反攻。各个战场的攻势作战，组成了人民解放战争全国规模战略进攻的总阵势。

人民解放军经过半年作战，歼灭敌军 75 万余人。到 1947 年年底，战争已经不是在解放区内进行，而是在国民党统治区内进行了。丧失了大量有生力量，机动兵力消耗殆尽的蒋军，完全处于被动的防御地位了。至此，国民党反动派走上了临近灭亡的道路，中国人民革命日益接近最后胜利。中国到了一个历史的转折点。在这个历史转折关头，1947 年 10 月 10 日，中国共产党发布了《中国人民解放军宣言》，提出"打倒蒋介石，解放全中国"的总口号。这是中国人民解放战争中的一个重大战略决策。宣言公布了解放军的也就是中国共产党的基本政策，其中包括：打倒蒋介石独裁政府，成立民主联合政府；没收官僚资本，发展民族工商业，改善职工生活；废除封建剥削制度，实行耕者有其田的制度；各少数民族有平等自治权利；废除一切卖国条约，同外国订立平等互惠通商友好条约等。宣言适应人民革命高潮的形势，给全国人民指出了打倒国民党反动政府，建立新中国的总目标。

由于战争的胜利和战争推进到国统区进行，共产党抓紧时机进行解放区的巩固、建设和发展生产等工作。1947年7至9月共产党召开全国土地会议，制定了《中国土地法大纲》。大纲公布后，解放区土地改革运动进一步广泛深入地展开。到1948年年底，老区、半老区的土改基本完成，在1亿5000万人口的地区约1亿农民获得了土地。土地制度改革的实现，激发了农民革命和生产的积极性，从而使解放军的兵源、战争勤务和军民需用的物资有了重要保证。

在革命战争的转折关头，1947年12月下旬中共中央召开会议，讨论了当前形势和革命任务，通过了毛泽东所作的《目前形势和我们的任务》的报告，确定了打倒蒋介石反动集团，建立新中国的经济、政治纲领和政策原则。毛泽东的报告阐明了共产党的经济纲领，即"没收封建阶级的土地归农民所有，没收蒋介石、宋子文、孔祥熙、陈立夫为首的垄断资本归新民主主义的国家所有，保护民族工商业"。经济的指导方针以发展生产、繁荣经济、公私兼顾、劳资两利为总目标。在政治方面，重申了由工农兵学商各被压迫阶级、各人民团体、各民主党派、各少数民族、各地华侨和其他爱国分子，组成民主联合政府的基本纲领。

会议详细讨论了党内存在着的错误倾向问题，以及土地改革和群众运动中的具体政策问题。随后发布若干文件对错误进行了纠正。纠正错误的指导思想概括起来有以下几点：

（一）在革命斗争中正确执行政策和策略是极端重要的。"政策和策略是党的生命。"

（二）具体政策同党的新民主主义革命总路线不可分离，必须紧紧把握党的总路线。

（三）必须掌握划分阶级的正确标准，那就是各种不同的剥削被剥削关系。

（四）无产阶级政党实现对同盟者的领导，要有适当的条件和正确的政策。

中共中央正确文件的发布，切实地纠正了"左"倾错误。这就巩固和扩大了人民民主统一战线，孤立了国民党反动派和其他敌人，保护和发展了社会生产力。这些是人民解放战争取得彻底胜利不可缺少的条件。

7. 国民党反动政府的颓败形势已无可挽回

在刘邓大军开始渡河的时候，国民党政府为了挽救危机，在1947年7月举行的国务会议上，通过了蒋介石交议的"厉行全国总动员，以戡平共匪叛乱，扫除民主障碍，如期实施宪政，贯彻和平建国方针案"，并颁布了总动员令。接着蒋介石发表"戡乱建国"演说，国民党政府公布了《动员戡乱完成宪政实施纲要》。各省市参议会和所谓"人民团体"通电表示拥护。国民党在各地召开"戡乱建国"动员大会，实施"戡乱总动员"。蒋介石实行"总动员"的目的之一是要他的反革命队伍警觉"覆巢"的严重危机，全力做困兽之斗。另一个目的是以此更疯狂地搜集国统区的人力、物力、财力用于战争，更残暴地镇压人民民主运动。

在"戡乱"总动员之下，国民党实行所谓"总体战"。1947年冬至1948年上半年，国民党多次召开"剿匪会议""绥靖会议"，研究"绥靖区总体战"问题，制定了《总体战方略》《绥靖区总体战实施纲要》和《绥靖区总体战实施方案》等。"总体战"的方针是这样的："国军应以军事、政治、经济三位一体之总体战，同时进剿，采竭泽而渔之战略，斩断匪军生存滋长之来源，将战场内一切人力物资，尽量征购迁移，集中控制，使匪所到之处，野无所掠，行无所倚，不能于战场中求得生存；再以军事上网罟钩钓兼用之战法，以绥靖区部队及地方团队、民众武力，扼要堵剿，分区清剿，将国军编成若干机动兵团，分进围剿，轻装追剿，捕捉匪主力而歼灭之。"但这种狠毒的办法并没有使国民党获得成功。

在军事指挥方面，国民党政府做了新的部署。国防部长白崇禧坐镇九江，统一指挥华中军事，并指导鄂豫皖赣湘五省政务。1947年12月裁撤保定、张家口两绥署，设立"华北剿匪总司令部"，以傅作义为总司令。

1948 年 5 月正式撤销北平行辕。1947 年 8 月国民党政府撤销东北保安司令长官部，由东北行辕负政治军事全责，陈诚任行辕主任。1948 年 1 月又任命卫立煌为行辕副主任兼东北"剿匪"总司令。但所有这些都未能挽救国民党军继续溃败的局面。

到了 1947 年夏天，国民党虽然保持着战场优势，但是军事、政治、经济上的不利形势已经出现，甚至还相当危险。6 月胡宗南给蒋介石的电报中说，"当前我军几均处于劣势，危机之深，甚于抗战"。国民党企图获取美国的援助来解救危机。国民党政府副主席孙科 6 月间两次发表谈话，希望在军火、借款及政治支持等方面，得到美国的"援助及鼓励"，其中尤以军火为最重要。但是美国当权者深知国民党的腐败，对援助能否产生效果深感怀疑。为了确定美国对华政策之具体执行，美国政府派魏德迈率使团来华进行调查。七八月间魏德迈在中国停留了一个多月，在沈阳、北平、天津、青岛、南京、上海、汉口、广州、台湾等地作了考察，在国民党政府国务会议上发表演说。离开中国时发表了一个声明。回国后向杜鲁门做了书面报告。魏德迈的意见主要是这样的：在中国，在各方面所看到的是"麻木与怠惰"。"许多中国人的卑屈的失败主义，令人气馁心灰。""为了恢复及维持人民的信任，中央政府必得立即施行彻底的深远的政治和经济的改革。"中国的"复原须有有感召力的领导"。他认为"一个共产党统治下的中国，对美国利益是有害的"，因此必须援助国民党政府。但是这种援助，如果"不顾到中国现在存有一个不受人民欢迎并压迫人民的政府，则任何援助必归无效果"。因此美援计划要由美国顾问监督执行。按照魏德迈建议的意见，美国政府对国民党政府实行在美国顾问监督之下的有限援助的政策。这种政策，是在中国革命浪潮汹涌澎湃、国民党政府颓败形势无可挽回的情况下，美国对蒋政策陷入困境的表现。此后美国给了国民党政府一定的援助。1947 年 10 月决定给予 2700 万美元物资的援助。12 月美国国会通过给予 2800 万美元的"临时援助"。1948 年 6 月美国国会决定给予 4 亿美元的援助。至此，美国在日本投降以后援助国民党政府的贷款、物资、服务的总值共达 43 亿 4000 余万美元。

1948 年 3 月 29 日至 5 月 1 日，国民党在南京召开所谓"行宪国大"，选举总统、副总统，从此就"还政于民"，实行宪政。对于这次选举，美国事先已估计到"不能希望由这次选举会产生一个代表性超过现政权的政府"。抛开蒋介石让其他人当选为总统，在当时是办不到的。美国支持"资望日高"的李宗仁竞选副总统，准备在适当时机换马。蒋介石在经过辞让和拥护者"劝进"之后，被选为总统。关于副总统的人选，蒋介石支持孙科，反对李宗仁。李孙二人经过激烈的角逐，李宗仁当选为副总统。5月，孙科、陈立夫当选为立法院正副院长。正副总统宣布就职。任命翁文灏为行政院长。这样所谓根据宪法产生的政府就成立了。这次"国大"通过了一个《动员戡乱时期临时条款》，赋予蒋介石以紧急处置的权力。蒋介石和国民党反动分子仍牢固地控制着国民党政府的大权。

国民党政府的"戡乱"没有能够遏止国统区人民的革命斗争。1947年10月，国民党政府逮捕浙江大学学生自治会主席于子三，并把他杀害。浙大学生奋起进行反抗斗争。校长竺可桢和教授们支持学生的正义行动。以浙大血案为触发点，整个国统区掀起了反迫害运动的高潮。

1948年年初上海申新九厂工人为要求补发被扣工资举行罢工。反动军警进行镇压，造成"申九血案"。上海同济大学学生为抗议国民党指使学校当局开除进步学生举行罢课，反动军警进行镇压，制造了"一·二九血案"。五六月间爆发了声势浩大的反对美国扶植日本侵略势力复活的爱国运动。投入这次运动的除了学生和教职员以外，还有大批其他各界人士。美国声称"受惠"于美国救济的中国人无权反对美国的政策，为此朱自清、金岳霖、张奚若、吴晗等百余人发表声明，拒绝接受美国的"救济物资"，拒购美援平价面粉。轰轰烈烈的"反美扶日"运动，进一步孤立了美帝国主义和国民党反动派。从此以后，由于解放战争的胜利进展，解放大城市的日子日益临近，国统区人民改变了大规模反蒋的斗争方式，积极进行配合解放军解放大城市的工作。

国民党政府取缔中国民主同盟和镇压其他民主党派，促进了民主力量的新结合，使人民民主统一战线进一步巩固和扩大。1947年冬，国民党民主促进会的李济深、蔡廷锴等，三民主义同志联合会的谭平山、陈铭枢等，民主革命同盟的王昆仑等，联合国民党内的民主派和民主分子，在香港召开国民党民主派联席会议，组成中国国民党革命委员会。1948年1月1日，民革发表宣言、行动纲领、告本党同志书，正式宣告成立。民革宣言阐述了它的两大任务，即反帝反封建和三大政策即"联俄、联共、扶助农工"，并说明"在目前中国民族民主革命阶段中，坚持两大任务与三大政策的中国国民党，仍不失其革命领导地位"。它主张耕者有其田，号召打倒蒋介石独裁政权，主张成立联合政府，反对美国干涉中国内政。民盟遭到镇压之后，沈钧儒、章伯钧、周新民等秘密去香港。他们与一部分在香港的民盟中委于 1948 年 1 月召开民盟三中全会。会议通过了三中全会紧急声明、宣言和政治报告。全会否认以前"解散总部"和"停止盟员活动"的声明。宣布彻底摧毁南京反动独裁政府，彻底实现民主、和平、独立、统一的新中国，为民盟的新方针。会议批判了过去的"中立""中间"的说法，表示与中国共产党"密切合作"。其他民主党派的多数成员，也在国统区和香港坚持反蒋爱国斗争。民革的成立和民盟三中全会的召开，标志着中国资产阶级民主运动发展到新的阶段。

8. 筹建全国性的民主政权的条件已经具备

中国革命发展到 1948 年上半年，筹建全国性的民主政权的条件已经具备了。5 月 1 日，中共中央在《纪念五一劳动节口号》中，发出"各民主党派、各人民团体、各社会贤达迅速召开政治协商会议，讨论并实现召集人民代表会议，成立民主联合政府"的号召。这一主张立即得到全国人民的热烈拥护。5 月 5 日，各民主党派领导人和著名民主人士沈钧儒、章伯钧、李济深、何香凝、马叙伦、陈其尤、彭泽民、李章达、蔡廷锴、谭平山、郭沫若等，响应共产党筹备召开政治协商会议的号召，通电国内外，号召国人共策进行。从此，各民主党派和民主人士以香港为中心，开展了新政协运动。从 8 月起，各民主党派领导人和民主人士相继离开香港和南方大城市，进入东北和华北解放区，同共产党人一起着手进行新政协的筹备工作。

第十九讲　中华人民共和国成立了

经过两年的作战，战争形势发生了根本变化。中国人民解放军发展到280万人，其中正规军149万人。军政素质和战术技术大为提高。已经有了相当强大的炮兵和工兵，并且掌握了攻坚战术；已经组成了西北、华北、中原、华东、东北五支强大的野战部队。在两年作战中，蒋军被歼260余万人，总兵力下降到365万人，其中正规军198万人。蒋军虽然精锐尚存，仍有相当大的实力，但在战略上已被解放军分割为六个孤立的集团，即东北、华北、徐州、华中、西北、山西这几个军事集团。这种力量对比和军事态势表明，解放军同蒋军进行战略决战是可能的。中共中央和毛泽东综观战争全局，正确地判断形势，果断地做出了进行战略决战的决定。

1. 蒋介石举棋不定但辽沈战役已经打响

由于战局的发展日益不利，蒋介石集团也在谋求军事上的出路。1948年年初蒋军内部议论过东北撤守问题，但悬而未决。8月初国民党政府在南京军事会议上决定实行"重点防御"，对东北决定"原则上不放弃沈阳，同时亦做撤退准备"。正在蒋介石集团举棋不定的时候，辽沈战役已经打响了。

1948年9月16日至24日，华东野战军发动了济南战役，攻克敌人坚固设防的济南城，全歼守军11万人，俘第二绥靖区司令官兼山东省主席王耀武。这是攻占敌军坚固设防的大城市、大规模围歼敌军主力的开始。

1948年9月12日至11月2日，林彪、罗荣桓所部东北野战军70万人进行了辽沈战役。9月12日东北野战军突然奔袭北宁路的锦榆段,将铁路切断,包围了锦州。10月15日解放锦州,歼敌10余万人,活捉东北"剿总"副总司令范汉杰。东北蒋军同华北蒋军的联系被切断。紧接着守长春的蒋军一部起义,一部投降,长春被解放。锦州、长春解放后,蒋介石决定以锦西、葫芦岛的蒋军与彰武的廖耀湘兵团向锦州对进,企图夺回锦州。10月26日解放军将行进中的廖兵团包围在黑山、大虎山及其以东地区。至28日全歼该敌10余万人,活捉兵团司令廖耀湘。在歼灭廖兵团后,解放军立即向沈阳、营口前进,11月2日将两地解放,歼敌14万9000余人。

这个战役历时52天,共歼蒋军47万余人。至此解放了东北全境。

2. 淮海战役

1948年11月6日至1949年1月10日,陈毅、粟裕、谭震林率领的华东野战军和刘伯承、邓小平率领的中原野战军及军区部队60余万人进行了淮海战役。11月6日华东野战军对由海向运河以西收缩的蒋军黄百韬兵团发起攻击。敌军西逃,解放军猛追。11月8日国民党第三绥靖区副司令何基沣、张克侠率部起义,让开道路。11日解放军将黄百韬兵团包围于徐州以东的碾庄地区,至22日歼灭蒋军10万人,黄百韬被击毙。淮海战役开始后,蒋介石急调黄维兵团增援徐州。该兵团进至宿县西南双堆集地区时,被中原野战军团团包围。至12月15日,该兵团被全歼,黄维被俘。在黄维兵团被围时,蒋介石命令徐州"剿总"副司令杜聿明放弃徐州,率邱清泉、李弥、孙元良三个兵团救援黄兵团,尔后合力南逃。12月4日解放军将敌军三个兵团全部围困在永城东北地区。孙元良部企图突围,被全歼。1949年1月6日华东野战军向杜聿明部发起猛攻,至10日全歼邱、李两兵团。邱被击毙,杜被活捉。

淮海战役结束。这次战役历时65天,共歼敌55万余人。至此,解放军基本上解放了长江以北的华东地区和中原地区,国民党统治中心南京处在人民解放军的直接威胁之下，为进军江南创造了条件。国民党统治已陷入土崩瓦解的状态。

3. 天津被攻克后的北平文化古城和平解放

1948年11月29日至1949年1月31日，东北野战军80万人和华北的杨得志、杨成武两个兵团，共同进行了平津战役。解放军自11月29日开始进攻张家口。12月5日起发动强大攻势，至20日即将敌军分割包围于张家口、新保安、北平、天津、塘沽5个孤立据点。12月22日全歼新保安敌军。24日歼灭企图从张家口逃跑的敌军5万4000余人。1949年1月14日，解放军向拒绝和平解决的天津敌军发起总攻，15日解放天津，全歼守敌13万余人，天津警备司令陈长捷被俘。16日塘沽敌军乘舰逃走，次日塘沽解放。在张家口、天津被攻克以后，北平国民党军傅作义部的生路已被完全断绝。因此接受解放军平津前线司令部提出的和平条款，自22日起开出城外等候改编。至31日移动完毕。同日解放军入城接防。2月3日解放军举行了隆重的入城仪式。中国著名的文化古城和平解放，平津战役结束。这一战役共歼灭和改编敌军52万余人。

辽沈、淮海、平津三大战役，历时四个月零十九天，共歼敌154万余人。整个东北完全解放，华北地区除太原、大同等几个孤立据点以外，都解放了。国民党反动集团被彻底打败的日子已经不远了。

4. 蒋家南京政府的彻底失败已无可挽救

和国民党在军事上遭到致命打击、在政治上走到绝路同时，国统区的财政经济也陷入总崩溃的境地。自抗战后期以来国统区经济的衰败就日益加紧。发动全面内战以后，大量的军费开支已使国民党政府的财政到了不堪负担的程度。1948年财政赤字达到900亿元。以这年6月为例，收入仅为支出的5%。为了弥补赤字，只有大量发行纸币。法币发行额至

1948年8月已达663万6900余亿元，比1937年6月增发了47万多倍。法币与美钞的比价，1月为17万8000元比1元，8月为1108万8000元比1元。法币购买力急剧下降，物价飞涨，以米价为例，上海每市担白米，1月为150万元，8月为6500万元。法币的价值已下降到不抵自身的纸张和印刷费用了。由于恶性通货膨胀、美货倾销、官僚资本吞并和繁重的捐税，民族工商业纷纷停产或倒闭。1948年上海3000多家大工厂开工率只有20%。正常的工业生产和商业经营都无法维持。国民党政府为了挽救财政经济的崩溃，1948年8月19日颁布《财政经济紧急处分令》及四项挽救办法。办法的要点是：

（一）发行总额为20亿元的金圆券作为本位币，限期以法币300万元折合金圆券1元的比价收兑法币。

（二）限期收兑人民所有的黄金白银及外国币券，过期任何人不得持有，不在限期内兑换或存储者，一律没收。

（三）限期登记管理本国人存放在国外的外汇资产，违者予以制裁。

（四）全国各地各种物品及劳务价格，应照1948年8月19日该地各种物品货价依兑换率折合金圆券出售，由当地主管官署严格监督执行；所有按生活指数发给薪资的办法一律废止；禁止工厂罢工怠工。这就是所谓"币制改革"和限价政策。

国民党政府在全国设上海、广州、天津等管理区，派蒋经国、宋子文、张厉生为上述三地的经济管制督导员或副督导员。为了推行"币制改革"和限价政策，反动政府派出大批特务、警察，设立特种刑事法庭，采取逮捕和枪毙等野蛮手段，压迫人民就范。这实际上是对各阶层人民进行大掠夺、大洗劫。在物资极端匮乏的情况下，依靠暴力劫持工商业者所造成的"平价"局面，是维持不住的。从10月初开始，抢购风潮很快普及到国统区各大城市。"币制改革"和限价政策再也推行不下去了。11月国民党政府宣布取消"限价"，宣布金圆券大量贬值，撤销金圆券发行20亿元的限额。此后金圆券大量印发，飞快地贬值，1949年4月15日一天之内贬值40%。金圆券也成了废纸。物价的狂涨更加惊人，以1948年8月物价总指数为准，11月上涨25倍，12月上涨35倍，1949年1月上涨128倍。国民党政府用金圆券挽救经济危机的办法完全破产。经济的总崩溃促进了国民党政府的灭亡。唯一的"好处"是国民党掠夺了大量金银外币运往台湾。

时局发展到 1948 年下半年，蒋介石南京政府彻底失败的命运已无可挽救。这时，美国迫使蒋介石辞职，支持李宗仁出面进行和谈的暗中策划便公开化了。在美国和桂系的压迫下，蒋于 1949 年元旦，发表了一个表示要"和谈"与"引退"的文告。他声称愿意同共产党"商讨停止战事，恢复和平的具体方法"，但必须以保存法统宪法和军队为条件。如果和平实现他可以"引退"。这个和谈建议遭到共产党的严厉拒绝。1 月 21 日蒋介石以"因故不能视事"作借口，前往奉化溪口，把总统职务交给副总统李宗仁代理。

李宗仁代理总统以后，即电邀李济深等共同策进和平运动，并接受共产党提出的和平条件作为谈判的基础。但蒋介石仍以国民党总裁名义"以党控政"并指挥着军队与特务系统。国民党中宣部曾发指示反对和谈。3 月 8 日孙科提出辞去行政院院长职务，李宗仁以何应钦为行政院院长。3 月 24 日由张治中、邵力子、黄绍竑、章士钊、李蒸（后又加派刘斐）组成南京政府和谈代表团。代表团与中共谈判的最低限度的要求，是力求"就地停战"和与中共以同等名额组成政治协商会议和联合政府，实现"划江而治"和"体面的和平"。中共对李宗仁的和谈采取宽容与争取的态度，但没有同意他的和谈条件。3 月 26 日中共派周恩来、林伯渠、林彪、叶剑英、李维汉（后又加派聂荣臻）为和谈代表。4 月 1 日双方开始谈判。经过反复协商终于达成了《国内和平协定》（最后修正案）。协定对战犯问题、国民党军队官兵、政府工作人员，都做了宽大处理。对其他问题也做了适当的解决。上述协定，中共代表宣布以 4 月 20 日为最后签字日期。但是李、何拒绝在协定上签字。4 月 21 日凌晨人民解放军开始渡江。

5. 胜利前夕的西柏坡中共七届二中全会

1949 年春，已经到了中国人民革命在全国胜利的前夕，为了解决面临的一系列重大问题，中国共产党于 1949 年 3 月 5 日至 13 日，在河北平山西柏坡召开七届二中全会。毛泽东、刘少奇、周恩来、朱德、任弼时等出席了会议。毛泽东在会上做了报告。会议讨论了最后摧毁国民党统治争取全国胜利的战略安排、党的工作重心的转移、革命胜利后国家的政治经济基本政策、胜利后党的思想建设等重大问题。全会指出，过去党的工作重心在乡村，从现在起，开始了由城市到乡村并由城市领导乡村的时期，工作重心必须放在城市，必须学会管理城市和建设城市。当然城乡必须兼顾。毛泽东在报告中指出了全国胜利后中国社会的基本矛盾和由新民主主义发展到社会主义的总任务。会议考虑到今后阶级斗争形式和共产党地位的变化，及时提醒全党警惕骄傲自满以功臣自居情绪的滋长和资产阶级"糖衣炮弹"的袭击。会议的一个突出内容是对国家经济形态的分析和经济政策原则的议定。在此以前中共已经进行了广泛的经济工作。

中共中央东北局常委张闻天对经济问题做了认真的调查研究，在1948年9月写成《关于东北经济构成及经济建设基本方针的提纲》。这个文件受到中共中央的高度重视。它成为这次会议分析中国经济构成和制定基本经济政策的基础。毛泽东在报告中指出，中国的工业和农业手工业在国民经济中所占比重的悬殊，即工业生产的极端落后，是中国一切问题的基本出发点。"从这一点出发，产生了我党一系列的战略上、策略上和政策上的问题。"报告还指出，国家经济成分包括国营经济、合作社经济、私人资本主义经济、个体经济和国家资本主义经济。这些不同性质的经济成分及其相互关系"就构成了新民主主义的经济形态"。对于私人资本主义经济，一方面要容许它存在和发展，一方面要加以限制。"限制和反限制，将是新民主主义国家内部阶级斗争的主要形式。"这些都是随后制定政治协商会议共同纲领的指导思想。会后中共中央由西柏坡迁到北平，加紧进行新中国的筹建工作。

6. 内蒙古和新疆人民的革命斗争崭新发展

在解放战争期间，内蒙古人民和新疆人民的革命斗争都有新的发展，成为整个中国革命运动的重要组成部分。中国共产党把进行内蒙古自治运动作为内蒙古人民革命斗争的中心环节。1945年11月25日内蒙古人民代表大会在张家口举行，决定成立内蒙古自治运动联合会。1946年1月16日成立了东蒙古人民自治政府。在中共领导的推动下，1946年4月

3 日联合会和东蒙自治政府在承德召开内蒙古自治运动统一会议。会议决定在目前以联合会为公开领导机构，选举乌兰夫为自治运动联合会执行委员会主席。从此内蒙古人民的革命力量统一起来了。1947 年 4 月 24 日，在乌兰浩特召开内蒙古人民代表会议，通过了《内蒙古自治政府施政纲领》，选出了临时参议会，经参议会选出了内蒙古自治政府。5 月 1 日内蒙古自治区正式成立。自治区成立后在经济和文化教育方面有很大发展，在军事上为人民解放战争做出了巨大贡献。

新疆伊犁、阿山、塔城三区的革命是从 1944 年开始的。1945 年年底革命武装全部控制了伊犁、阿山、塔城三区，消灭国民党军队约二师之众，并牵制了相当数量的国民党军队，国民党政府不得不与三区代表举行谈判。1946 年达成协议，在迪化（今乌鲁木齐）成立了联合政府。主席张治中，副主席阿合买提江、包尔汉。1947 年 2 月联合政府破裂，三区代表撤回伊犁。7 月以后三区革命处于十分困难的时期，但三区人民继续坚持武装保卫胜利果实的斗争，直到新疆和平解放。

7. 解放军发动渡江战役并向全国进军

在李宗仁拒绝接受《国内和平协定》的第二天，4 月 21 日，中国人民革命军事委员会主席毛泽东、中国人民解放军总司令朱德发布向全国进军的命令，命令人民解放军"奋勇前进，坚决、彻底、干净、全部地歼灭中国境内一切敢于抵抗的国民党反动派，解放全国人民，保卫中国领土主权的独立和完整"。解放军开始了渡江和向全国进军的大规模作战。

淮海战役结束后，九江以东、长江北岸的国民党军除据守个别据点外，都撤退到江南，国民党政府的首都南京暴露在解放军面前。国民党军事当局利用和谈的时机，布置了长江防线。蒋介石调集残余陆军 115 个师、海军第二舰队、280 多架飞机，共约 75 万人的兵力，担任宜昌至上海 1800 多公里的长江防务。汤恩伯任江防总司令。以九江为界划为东西两段，分别由汤恩伯和白崇禧指挥防守。

中国人民解放军 100 万大军已于 4 月上旬集结在长江北岸。4 月 21

日进军令下达后,解放军在西起湖口、东至江阴,长达500余公里的战线上,强渡长江。中路军三野第七、九兵团首先突破敌军安庆、芜湖间的防线,进占繁昌、铜陵等地。西路军二野第三、四、五兵团于21日下午,在贵池、湖口间突破敌人防线,占领东流、彭泽等地。同时东路军三野第八、十兵团突破镇江、江阴间的防线,占领镇江、江阴等地。共产党地下组织领导江阴要塞国民党官兵举行起义,控制了江阴要塞,封锁了长江水路。国民党的千里江防全线崩溃了。

解放军大军渡江成功后,南京的国民党大员纷纷向外地逃跑。4月23日解放军进入南京,在蒋介石的总统府插上了解放的红旗。国民党统治中心南京的解放,宣告了国民党南京政权的灭亡。

在南京政府垮台以前,国民党政府已经分裂。2月5日行政院自动宣布"迁政府于广州"(不久又迁回)。3月何应钦代替孙科为行政院院长。4月23日晨,总统府和行政院迁往广州,代总统李宗仁逃往桂林。6月12日阎锡山任行政院院长,朱家骅任副院长。7月16日蒋介石在广州组织国民党非常委员会,这是国民党残余势力的最高决策机关。蒋自任主席,阎锡山、何应钦、张群、孙科、陈立夫等为委员。这种布置是蒋介石由幕后操纵到前台指挥的阶梯。随后在台北成立分会,由陈诚负责。广州解放后国民党政府一度逃往重庆,随后又逃往台湾。

南京解放后,解放军各路大军向南挺进,展开追击作战。5月3日解放杭州,随后即控制了浙赣路。5月中旬解放军在团风至武穴间渡过长江,解放了华中重镇汉口、汉阳、武昌。23日解放南昌。南京解放后,国民党军汤恩伯部20余万人盘踞淞沪地区。解放军于5月12日发动淞沪战役,于27日解放了中国最大城市、中国最重要的经济中心上海。歼敌15万余人。汤恩伯残部由海上逃跑。

渡江战役自4月21日开始,至5月27日结束,共歼敌40余万人,取得了极大胜利。与此同时,华北解放军先后肃清了太原、大同、安阳、新乡等敌人据点,第一野战军也解放了西安。此后解放军继续向西北、西南、华南进军,进行解放全国的作战。

在华东地区,1949年5月至7月解放了除定海外的浙江地区。8月17日解放福州,10月17日解放厦门。至此华东大陆全境均获解放。此后解放军进行解放沿海岛屿的战斗。在西北地区,8月26日解放兰州,9

月 5 日解放西宁，9 月 23 日解放银川。9 月下旬，新疆省警备司令陶峙岳、省主席包尔汉先后宣布起义。10 月 20 日解放军王震部进驻迪化。新疆省和平解放。9 月 19 日国民党政府西北军政副长官、绥远省主席董其武宣布起义，绥远和平解放。

人民解放军发动渡江战役后，国民党残余部队大部集中于华南、西南地区。白崇禧集团据守湖南、广西，余汉谋集团据守广东，胡宗南集团和川滇黔地方势力据守西南。这几个集团的军队总数在 100 万以上。他们互相联合，组织湘粤联防和西南防线，企图顽抗。如果防守不成则退往云贵和广西南部，最后在国内无法立足时则逃往国外。解放军对白崇禧集团及西南各敌，采取大迂回大包围然后回打的方针，尽量把敌人消灭在国内。1949 年 7 月，解放军对白崇禧集团发动强大攻势，白部自长沙地区南逃。8 月 4 日国民党政府湖南省主席程潜和第一兵团司令陈明仁宣布起义，长沙和平解放。9—10 月间发起衡宝战役，歼灭了白军大部主力。10 月 14 日解放广州。10 月 26 日在阳江地区歼灭了企图逃往雷州半岛的余汉谋集团。11 月 22 日解放桂林。12 月 4 日解放南宁，并将白部两个兵团围歼于粤桂边境。至此桂系军队除 3 万人逃往越南外，全部被歼。

人民解放军于 11 月初开始进行大西南围歼战。11 月 15 日解放贵阳。30 日解放重庆。随后即向成都前进，与自陕西南下的解放军配合，将胡宗南集团及川境残敌数十万人压缩到成都地区。在解放军的胜利威势之下，12 月 9 日国民党政府云南省主席卢汉、西康省主席刘文辉、西南长官公署副长官邓锡侯、潘文华宣布起义，云南、西康和平解放。12 月 27 日解放成都。胡部及退集成都地区的其他残敌全部被歼。至此，全国大陆除西藏外全都解放了。人民解放军自 1946 年 7 月至 1949 年 9 月底共歼敌 625 万余人。在扫荡残敌过程中，摧毁了国民党各级地方政权，建立了人民民主政权，为新中国的建立奠定了基础。

在人民解放军扫荡残敌，摧毁国民党各级反动政权的同时，作为新国家标志的中央人民政府的筹建工作，正在加紧进行。1949 年 6 月 15 日至 19 日新的政治协商会议筹备会第一次会议在北平召开。筹备会的任务是为迅速召开新的政治协商会议，成立民主联合政府做好准备。参加这次会议的有共产党、各民主党派、各人民团体、各界民主人士、各少数民族、海外华侨等 23 个单位的代表，共 134 人。这次会议通过了《新政治协商会议筹备会组织条例》和《关于参加新政治协商会议的单位及其代表名额的规定》，选出了以毛泽东为主任，周恩来、李济深、沈钧儒、郭沫若、陈叔通为副主任的筹备会常委会。在常委会下设立六个小组，加紧进行各项具体筹备工作。

　　一个新国家即将诞生了。它是一个什么性质的国家？各个阶级在这个国家中的地位作用和相互关系是怎样的？这个国家的政治制度经济制度是怎样的？政治的、经济的基本政策是什么？这些问题中国共产党早就有过论述，但是在新的历史条件下，还有进一步阐述的必要。1949年6月30日毛泽东发表《论人民民主专政》一文，论述了新民主主义国家即人民民主专政的国家的理论和基本政策，为讨论新国家的重大问题和确立国家制度，提供了指导思想和理论依据。在文章中，毛泽东首先提出人民民主专政的前途和国家消亡问题，表明了共产党人在阶级、国家政权、政党问题上的基本观点，向全国表明，中国共产党领导全国人民建立人民民主政权的目的是大公无私的，不像剥削阶级那样是为少数人的利益的。接着毛泽东论述了中国人民如何找到马克思列宁主义这个革命指导思想和旧民主主义革命失败、新民主主义革命胜利的基本过程，阐明在中国建立人民共和国的历史必然性。他论述了民主和专政这个国家学说的中心问题。这个国家对地主阶级、官僚资产阶级和国民党反动派实行专政，人民内部则实行民主制度。工人阶级、农民阶级、城市小资产阶级、民族资产阶级都是人民。工人阶级是领导阶级，工农联盟是基础。民族资产阶级在现阶段有很大的重要性。国家在将来要消亡，但是现在必须强化。中国由农业国进到工业国，由新民主主义社会进到社会主义社会和共产主义社会，没有国家这个条件是不行的。这些是《论人民民主专政》阐述的一些基本问题。

　　新国家的经济制度怎样，这是决定国家性质、为各阶级人民普遍关心的大问题，也是政协会议中讨论最多的问题。共产党人根据七届二中全会的决定，进一步阐述了这个问题。6月刘少奇在共产党内讲了新中国的经济建设方针。他说，新中国的经济主要由国营经济、合作社经济、国家资本主义经济、私人资本主义经济、小商品经济和半自然经济五种经济成分所构成。这种国民经济就是新民主主义经济。这五种经济成分都应加以鼓励，使其发展，但要以发展国营经济为主。普遍建立合作社经济，并使它同国营经济密切地结合起来。扶助独立的小生产者并使之逐渐地向合作社方向发展。组织国家资本主义经济。在有利于国计民生的范围内，容许私人资本主义经济的发展，而对于带有垄断性质的经济，则逐步地收归国家经营，或在国家监督之下采用国家资本主义的方式经营。在可能的条件下，逐步地增加国民经济中的社会主义成分，加强国民经济的计划性，以便逐步地稳当地过渡到社会主义。这种过渡要经过长期的、激烈的、艰苦的斗争过程。9月22日周恩来在政协会议上谈了新民主主义经济政策的基本精神。

南京政府的垮台，新中国的筹建，说明了美国对华政策的彻底破产。这个事实震惊了美国统治者，引起统治集团内部在对华政策问题上的争吵。麦克阿瑟等一些人攻击当权的杜鲁门、艾奇逊等的对华政策。杜鲁门等为了替自己辩护于1949年8月5日发表《美国与中国的关系》白皮书。白皮书正文共八章，附件186个（实为232件）。它叙述了从1844年美国强迫中国订立《望厦条约》至1949年中国全国基本解放期间的中美关系，着重叙述了抗战期间和解放战争期间美国干涉中国内政遭到失败的经过。这样，白皮书就在客观上成为美国侵华罪行的自供状，就成了中国人民揭露美国侵略的有用材料。1949年8月12日新华社发表《无可奈何的供状》，开始了对白皮书的批判。接着毛泽东为新华社写了五篇批判白皮书的社论。在新华社的发起和带动下，各民主党派、各人民团体、各报社、各学校、各界人士进行了广泛的讨论，发表了许多声明谈话和文章。讨论的范围涉及中美关系，中外关系，中国革命和世界革命的关系，国民党反动派和中国人民的关系，各民主党派各人民团体及各界民主人士在反帝斗争中应取的态度，自由主义者或民主个人主义者在整个对内对外关系中应取的态度，中国人民对帝国主义的新阴谋如何对付等。在这许多重大问题上展开这样广泛的讨论，在中国近代史上是空前的。白皮书的发表和对它的批判，宣告了100年来帝国主义侵略中国的终结。这是新民主主义革命胜利的主要标志之一。这是对亲美崇美思想的一次大扫除，也是对资产阶级共和国道路的又一次批判。这场批判为人民民主专政国家的建立扫除了很多思想障碍。

8. 中国人民政治协商会议在北平隆重开幕

　　1949 年 9 月 21 日，中国人民政治协商会议第一届全体会议在北平中南海怀仁堂隆重开幕。会议代表共 662 名，其中有中国共产党、中国国民党革命委员会、中国民主同盟、民主建国会、中国民主促进会、中国农工民主党、中国人民救国会、三民主义同志联合会、中国国民党民主促进会、中国致公党、九三学社、台湾民主自治同盟等各党派的代表，无党派爱国民主人士的代表，区域代表，人民解放军代表，人民团体代表，少数民族代表，爱国华侨代表，宗教界代表以及特邀代表。这是一次空前的盛会。中国共产党中央委员会主席毛泽东在会上致开幕词，他说，我们的会议是一个全国人民大团结的会议；我们的工作将写在人类的历史上，它将表明：占人类总数四分之一的中国人从此站立起来了；我们的民族将从此列入爱好和平自由的世界各民族的大家庭，以勇敢而勤劳的姿态工作着，创造自己的文明和幸福，同时也促进世界的和平和自由。经过充分的讨论协商，9 月 29 日通过了《中国人民政治协商会议共同纲领》。9 月 30 日选出了以毛泽东为主席的第一届中国人民政治协商会议全国委员会；选出了 63 名委员组成中央人民政府委员会，毛泽东为中央人民政府主席，朱德、刘少奇、宋庆龄、李济深、张澜、高岗为副主席，周恩来、陈毅、董必武、贺龙、林伯渠、叶剑英、陈云、邓小平、陈嘉庚、马寅初、马叙伦、郭沫若、沈钧儒、沈雁冰、黄炎培、张治中、傅作义等为中央人民政府委员会委员。代表们一致通过了宣言，向人民解放军致敬电和竖立人民英雄纪念碑办法及碑文。会议还决定：

　　（一）中华人民共和国的国都定于北平，并把北平改名为北京。

　　（二）采用公元纪年。

　　（三）国歌未正式制定前，以《义勇军进行曲》为国歌。

　　（四）国旗为五星红旗。

　　当天下午全体代表到天安门广场举行了人民英雄纪念碑奠基礼。

　　会议通过的《中国人民政治协商会议共同纲领》规定了中华人民共

和国的性质及政权机关、军事制度、经济政策、文教政策、外交政策的总原则，是具有临时宪法性质的重要文件。共同纲领规定："中华人民共和国为新民主主义即人民民主主义的国家，实行工人阶级领导的、以工农联盟为基础的、团结各民主阶级和国内各民族的人民民主专政。""国家政权属于人民。人民行使国家政权的机关为各级人民代表大会和各级人民政府。""经济建设的根本方针，是以公私兼顾、劳资两利、城乡互助、内外交流的政策，达到发展生产、繁荣经济之目的。"国家应调剂各种社会经济成分，使之在国营经济领导之下，分工合作，各得其所，以促进整个社会经济的发展。文化教育是新民主主义的，即民族的、科学的、大众的。国内各民族一律平等。实行民族区域自治。外交政策以保障本国独立、自由和领土主权的完整，拥护国际的持久和平和各国人民间的友好合作，反对帝国主义的侵略政策和战争政策为原则。会议规定人民政协是全国人民民主统一战线的组织形式。在全国人民代表大会召开以前，代行全国人民代表大会的职权。在全国人民代表大会召开以后仍将长期存在，成为各民主党派、各人民团体的协商机关。

9. 中华人民共和国的成立

1949年10月1日下午2时，中央人民政府委员会宣布就职。委员会任命周恩来为中央人民政府政务院总理，毛泽东为革命军事委员会主席，朱德为中国人民解放军总司令，沈钧儒为最高人民法院院长，罗荣桓为最高检察署检察长。下午3时，首都30万人齐集天安门广场，举行庆祝典礼，宣告了中华人民共和国的成立。

中华人民共和国的成立，是中国新民主主义革命胜利的标志。数千年来的封建压迫，100年来的帝国主义侵略，22年的国民党反动统治，一齐被中国人民葬入了坟墓。半殖民地半封建时代过去了，中国历史进入了一个新的时代。

中华人民共和国的成立，标志着买办封建专政的国家、资产阶级共和国、人民共和国三条政治路线、三种国家命运长期斗争的终结。从此人民成了国家的主人，工人阶级成了国家的领导阶级，社会主义性质的国营经济成了国民经济的领导成分。这样，就使我国不仅具备了必将成为繁荣富强的现代化国家的某些基本条件，而且开辟了通往社会主义的道路。

中国革命的胜利使世界殖民体系遭到严重打击，大大削弱了帝国主义的力量，促进了世界民族解放运动的发展。

中国人民为取得革命胜利而英勇奋斗的丰功伟绩，是人类历史上极其光辉灿烂的一章。

第二十讲　世界历史进程向中国提出问题

1. 把握近代中国历史揭示出来的主要规律

1919—1949 年的中国史属于近代后期。这是因为，在这个阶段里，中国社会的性质和近代前期相比没有变化，但是由于新的政治力量的成长，中国社会的发展又出现了新的前景。

从国际地位上看，中华民国的建立没有改变中国的屈辱地位，各种各样的不平等条约和帝国主义列强的侵略与干预，使中国更深地卷入了列强们操纵与控制的世界体系，成为它们共有的半殖民地，部分地区还一度沦为日本的殖民地。从经济与政治结构看，中国近代工业有了初步发展，交通、通讯和近代文化教育事业开始兴起，但是军阀割据的封建统治依然存在，国家政权在频繁的更迭中没有得到民主化改造，封建军阀的统治和封建地主的剥削继续阻碍着经济和社会的进步。所以，反对帝国主义和封建主义，争取民族独立和人民解放，为实现整个国家和社会的现代化创造必要的政治前提，仍然是这个时期中国社会发展的主要任务。

中国近代工业的发展，引起了中国社会阶级关系和政治力量对比的重要变动。马克思主义的传播和中国化，为近代中国提供了新的可供选择的社会主义前途。中国共产党的成立和它所领导的人民革命力量的壮大，使中华民族在走向现代化的道路上出现了更加光明的前景。

我们在当今所要考察的，就是这 30 年里中国社会发展的主要趋势，以及每一个小的历史阶段和每一个大的历史事件后历史发展的主要方向，以便人们从宏观上把握近代中国历史揭示出来的主要规律。

2. 悠久文明的中国远远落在了时代的后面

在世界各地，率先进入资本主义时代的是英国、法国。随后是欧洲的其他地区和北美、日本。当宣告世界跨入近代的资产阶级革命的钟声敲响的时候，那里的许多国家，走到了世界历史的前列。而具有悠久文明的中国，远远落在了时代的后面。

资本主义国家强盛起来以后，对外展开了侵略和扩张。马克思和恩格斯在《共产党宣言》中曾指出："它（指资产阶级）迫使一切民族——如果它们不想灭亡的话——采用资产阶级的生产方式；它迫使它们在自己那里推行所谓文明制度，即变成资产者。一句话，它按照自己的面貌为自己创造出一个世界。"这种所谓的"创造"，是通过侵略、剥夺、奴役其他民族或国家来完成的，是资本主义国家对落后地区进行军事的征服、政治的奴役、经济的掠夺和文化的输出的结果。这也就是毛泽东所说的，西方资产阶级按照自己的面貌用恐怖的方法去改造世界。用恐怖的、对外扩张的方法去改造世界，这就是侵略。资产阶级对外侵略的目的是征服和掠夺，但为了达到他们的目的，不可避免地给落后地区和国家带来许多新的因素，使那里的社会、思想、政治、经济发生变化。

从人类历史的发展进程来说，人类世界由此开始了资本主义现代化（或叫近代化）的过程。这个过程也是世界走向一体化的过程。在人类生活的许多领域，开始打破了国家和民族的界限。例如在生产方式、科学技术、文化教育、生活方式、社会习俗等许多方面，发生了从未有过的广泛的相互交流和影响。在当时，使世界走向资本主义化是进步的社会发展趋势，但诉诸武力的恐怖手段受到人们的普遍厌恶和排拒。资产阶级把他们用恐怖方法改造世界的活动推行到中国，表现为用大炮轰开了中国的大门。中国政府的闭关锁国政策遭到破产。中国人以天朝大国自居，孤立于世界之外的局面无法继续维持了。封闭型的中国封建社会开始被打破，中国被迫地开始了痛苦的近代化过程。从此以后，中国历史与世界历史更紧密地融合起来。

中国的大门被打开以后，在相当长的时间内中国仍然是落后的国家。与先进的西方资本主义国家和后起的强国日本相比较，逐渐暴露出中国社会存在和发展中的一系列根本性问题。客观地说，这些问题也就是世界历史或世界历史新时期向中国提出来的主要问题。随着资本主义国家对中国侵略的加紧和中国在抵抗外国侵略中的屡战屡败，这些问题日益被人们更深切地感受到。从总体上说，这些问题也就是中国的现代化问题。

3. 为建立一个新国家、形成一个新社会而奋斗

现代化是人类历史上一场深刻、剧烈而又无法避免的社会变革。不管是福是祸，这些变革终究会波及与资本主义国家有所接触的一切民族。就近代中国而言，现代化所要解决的主要是三大问题，即三个方面的现代化：

（1）政治现代化：即政治民主化，反对和消除封建主义、专制主义，建立民主的政治制度，树立民主的社会观和人生观，实行民主的政治生活。同时，现代化的国家还必须是主权独立、领土完整的国家。

（2）经济现代化：包括生产技术、生产方法、生产组织形式、经济制度、经营方式、管理方法等的现代化。实现经济现代化的一个重要前提是变革生产关系，废除封建土地所有制。

（3）思想和生活现代化：包括人们的思想观念、伦理道德、风俗习惯、生活方式等的现代化。从整个社会来说，现代化要求创造一代新人，具有新的思想、新的知识、新的技能的人，从事新的政治的、经济的、文化的、社会的生活。这是现代化应包括的主要内容。

实现了上述现代化的社会是一个新社会，这样的国家是一个新国家。近代中国的历史就是中国人民为建立一个新国家、形成一个新社会而奋斗不息的历史，现代化始终是先进的中国人追求的目标。

中国的现代化问题是世界历史发展进程向中国提出来的，而不是当时中国社会发展自身产生的，这个事实对中国人影响巨大。鸦片战争前，中国社会发展远远落在资本主义先进国家的后面，还没有产生和发展资本主义的条件，距离进入资本主义社会之门还很遥远。这样，西方资本主义的经济、政治、军事、文化侵略，打在中国人头上，压在中国人身上，渗透进中国的政治、经济、文化和社会生活，造成了对中国封建皇朝的极大冲击。这种冲击使整个中国社会的运行轨道发生错位，中国社会在非常不利的国际环境下被迫转轨，寻求新的生存形式。这种情况可称为历史的断裂，它是中国人感到的有史以来最大的变化，因而"创巨痛深"。

4. 中国历史进入一个新的时代

为什么说这是中国人感到的有史以来最大的变化呢？我们可以追溯一下中国历史自古及今的发展过程，作一个简单的说明。从人类社会出现以来，自无阶级社会到阶级社会的转变，曾是一次根本性的转变，这种转变的完成经历了千万年的时间。家庭形态的改变，私有财产的产生，政治权力的确立，国家的出现，都经历了长期的渐变过程，以至于我们甚至无从确定历史上是否曾有一个发生这种转变的关键时期，或者是否有一个过渡时期。虽然人类社会发生了极大变化，但是这个转变是不自觉的，是当时人类感受不到、认识不到的。和后世相比，这次转变完全是一个自发的过程。

中国社会的又一次重大转变是由奴隶制社会到封建制社会的转变。中国的史学界曾有人很强调新兴地主阶级同奴隶主阶级的斗争，强调法家和儒家的斗争，并大量写入史书。这种历史描述有很多夸张不实的地方，特别是"文化大革命"期间的著作。至于中国何时由奴隶制社会进入封建制社会，史学界有西周说、春秋战国之际说、秦汉说、魏晋说。从西周到西晋，时间跨度约 1300 年。各种说法都没有充足的依据否定对方的观点。新中国成立后出土了许多文物，但仍不能为解决社会历史分期问题提供足够的材料。这里的核心问题是，中国至今没有发现肯定奴隶制社会何时确实存在的充分根据。"雨我公田，遂及我私""千耦其耘"等史料记载，甲骨文、金文中关于赐予奴隶的记录，多人殉葬墓的发现，都是零碎的，不能证明一种完整的社会形态的存在与否。关于中国是否经历过奴隶制社会形态的争论由来已久，这些问题我们不去讨论。举出以上问题，用意在于说明：今天的史学家对奴隶制社会向封建制社会的转变，尚看不清、说不明，可见这种转变在当时并没有引起如现在有些人所说的社会大震荡。历史材料的缺乏正是这种转变很不显著的有力证明。

近代中国社会的转变与前两次转变不同。它不仅是涉及政治、经济、社会、文化和人们的思想观念、生活方式的巨大变化，是根本性的变化，而且是人们感觉到的最大最最深刻的变化。

先进的中国人不仅感觉到这种变化，而且认识到非变不可。康有为在《上清帝第四书》中非常明确地说："泰西诸国之相逼，中国数千年来未有之变局也。曩代四夷交侵，以强兵相凌而已，未有治法文学之事也；今泰西诸国以治法相竞，以智学相上，此诚从古诸夷之所无也。"康有为认为，中国非变革不行，"能变则全，不变则亡；全变则强，小变仍亡"。这些思想反映了当时中国人的深刻觉醒。

"值四千年之变局"，是近代中国曾经面临的真实情况。在康有为之前，王韬、郭嵩焘、曾纪泽等已有见于此。毛泽东在 1957 年也说，我们现在是处在一个社会大变动的时期。中国社会很久以来就处在大变动中间了。这个大变动从鸦片战争开始，时至今日还没有结束。社会变革有多种形式，在阶级社会里，政治上、经济上、思想上的变革，有的直接表现为阶级斗争，有的受阶级斗争的支配、制约和严重影响。变革一旦实现，就会有人失去统治权、经济特权，代之而起的是新的力量执掌统治权、经济权，因而这一过程充满了斗争。在近代中国，广大人民要求建立一个新国家，帝国主义和中国反动派要维持一个旧政权。双方展开的尖锐斗争，开始了中国反对帝国主义和封建主义的民主革命进程，同时也开始了中国走向现代化的进程。这样，近代中国的阶级斗争出现了新的形式，增加了新的内容。过去国内阶级斗争主要是农民阶级同地主阶级的斗争，现在除了这种斗争以外，又出现了资产阶级同地主阶级的斗争，工人阶级同资产阶级的斗争，还有国内各阶级同帝国主义的斗争。在这纷纭复杂的矛盾斗争中，使中国走向现代化是一个总的社会发展趋势。

在五四运动之前，中国的现代化是资本主义的现代化。发展资本主义经济，建立资本主义社会，是当时中国社会发展的总任务。这样一个观点，在毛泽东写的《新民主主义论》中有清楚明确的论述。中国史学界关于中国近代史的发展线索问题存在分歧，一种观点认为反对帝国主义和封建主义的革命斗争是近代中国历史发展的主线，另一种观点认为资本主义的发展是近代中国历史发展的主线。其实，按照我们的看法，这两个过程是统一的、一致的，中国旧民主主义革命的过程就是资本主义现代化的过程。但是，中国历史的这个发展方向在五四运动以后发生了变化。俄国"十月革命"之后，世界上出现了社会主义国家，这对中国影响极大，从此中国现代化的内容和性质都发生了变化。中国从五四运动到共产党成立，再到党的民主革命纲领的提出，进入了一个新的时期，即新民主主义革命的时期。从此，中国社会的发展方向是社会主义。在新民主主义革命胜利之后，中国要实现现代化，就不再是资本主义的现代化，而是社会主义的现代化了。

尽管如此，我们认为前面提到的三个方面的现代化的任务，是贯穿在整个中国近代史（1840—1949）之中的，并且延续到中华人民共和国成立以后。从整体上说，从历史发展的长过程来看，中华人民共和国的建立，为中国在整体上实现现代化创造了政治的、经济的前提，从而使中国整体的现代化真正成为可能。但这只是"万里长征走完了第一步"，真正的中国现代化历史从此开始。

关于政治民主化问题：戊戌变法和辛亥革命提出了政治民主化的问题，无论是资产阶级改良派还是民主派，他们的目的都是建立资产阶级的民主国家。中国共产党领导人民进行反帝反封建的民主革命，打倒国民党政府，建立人民民主国家，也是为了实现中国历史上提出来的民主任务。不过这个民主是人民民主，同资产阶级的民主有着根本的区别。今天，人民民主国家早已建立，社会主义制度已经建立，但是民主制度还不完善，民主的生活方式和生活习惯还要经过长时间才能养成。完善社会主义民主制度，培养民主的生活方式和生活习惯，学会运用民主的方法组织社会生活、处理各种关系，仍是今天政治生活中的重要问题。

关于经济现代化问题：鸦片战争中资本主义国家的坚船利炮教训了中国的封建统治者。他们从维护封建统治出发，"师夷之长技"，造武器、开矿藏、练新军、修铁路，创办了一批近代企业。随后，民办的资本主义工业艰难起步。由于受到封建地主阶级和外国资产阶级的双重压迫，中国的资本主义经济发展缓慢。中国国民党政权建立后，官僚买办资本的扩张又阻碍了民族资本主义经济的发展。新中国成立后，废除封建土地所有制，没收官僚资本，国民经济出现了迅速发展的前景。但是，由于指导方针错误，经济现代化的任务还远远没有完成。在一个相当长的时期内，发展国民经济、实现经济现代化仍然是中国的一项主要任务。

关于思想和生活的现代化问题：从开展洋务运动到变法维新，再到辛亥革命、五四运动，以至共产党领导下的社会大变革，中国人的思想观念发生了极大的变化。鸦片战争前，清皇朝的统治者自居天朝大国，对西方各国蔑称"西夷"；洋务运动中，一些较开明的地主阶级代表人物如曾国藩、李鸿章、左宗棠等开始筹办工业，学习西方的器物制造；变法维新时，资产阶级改良派进一步提出学习西方政治制度，主张君主立宪；辛亥革命前，资产阶级革命派公开打出"天赋人权"旗号，要求建立"民有、民治、民享"的民主共和国。这是一个文化思想不断前进的过程。在此期间，人们的生活方式和习俗也发生了变化。

现代化并不等于单纯地学习西方，"全盘西化"在中国行不通。中国的现代化必须立足于自己的基础之上，吸收外国的长处，加以改造和创新，形成一种新的政治制度和精神文明，也就是说，要建立中国式的社会主义现代化国家和现代化社会。这是一项长期的历史任务，需要所有中国人为之做出长时间的不懈的努力。

近代中国民主主义革命过程就这样开始了，中国历史发展总趋势就这样确定了，国家和中华民族的总任务就这样被客观地规定了下来。中国历史随着世界历史的发展进入了一个新的时代。